원온원
대화의 기술

GLAD WE MET: THE ART AND SCIENCE OF 1:1 MEETINGS, FIRST EDITION
© Steven G. Rogelberg 2024

GLAD WE MET was originally published in English in 2024. This translation is published by arrangement with Oxford University Press. Sejong Books, Inc. is solely responsible for this translation from the original work and Oxford University Press shall have no liability for any errors, omissions or inaccuracies or ambiguities in such translation or for any losses caused by reliance thereon.

Korean translation copyright © 2024 by Sejong Books, Inc.
Korean translation rights arranged with Oxford University Press through EYA Co., Ltd.

이 책의 한국어판 저작권은 EYA(에릭양 에이전시)를 통해
Oxford University Press 사와 독점계약한 세종서적에 있습니다.
저작권법에 의하여 한국 내에서 보호를 받는 저작물이므로
무단전재 및 복제를 금합니다.

원온원 대화의 기술

스티븐 G. 로겔버그 지음 | 양민경 감수 | 이재득 옮김

GLAD
WE
MET

개인, 팀, 조직을 변화시키는
일대일 미팅의 힘

세종

이 책에 대한 찬사

회의를 효율적으로 개선하는 방법에 관한 한, 지구상에서 스티븐 로겔버그를 따라갈 사람은 없다. 지난 회의를 돌아보며 '이메일로도 충분했을 텐데' 하고 한숨을 쉬어 본 적이 있는가? 이 책에 담긴 수많은 자료와 실용적인 조언을 참고하면 앞으로의 회의를 덜 비참하고 더 의미 있게 만들어갈 수 있을 것이다.

— 애덤 그랜트, 《싱크 어게인》, 《히든 포텐셜》 저자

《원온원 대화의 기술》로 아주 많은 걸 배웠다! 원온원은 모든 관계의 기반으로, 시대나 유행을 타지 않는 중요한 주제. 스티븐 로겔버그가 그런 중요한 회의를 가장 잘 해내는 법에 대한 권위 있는 가이드를 제시해주어 매우 기쁘다.

— 앤절라 더크워스, 《그릿》 저자

리더와 팀원들 사이의 원온원으로 팀은 단단해질 수도 있고, 부서질 수도 있다. 로겔버그는 어떻게 원온원으로 업무 만족도와 생산성을 향상할 수 있는지 차근차근 보여준다. 매우 가치 있는 책이다.

— 캐롤 드웩, 《마인드셋》 저자

참신한 실용서인 이 책은 제대로 된 회의를 위한 최고의 안내서다. 특히 당신에게 의지해 업무를 추진하고 성과를 내는 이들과 함께하는 원온원에 적합하다. 중요성에 비해 상대적으로 연구가 부족한 회의 분야에서 최고 권위자인 저자는 누구나 더 나은 리더가 될 수 있는 실천 가능한 조언을 제공한다.

— 에이미 에드먼드슨, 《두려움 없는 조직》 저자

당신은 원온원으로 당신의 팀과 조직을 견실하게 이끌어갈 수도 있고 송두리째 무너뜨릴 수도 있다. 팀장이라면 꼭 읽어봐야 할 로겔버그 박사의 이 획기적인 책은 데이터에 근거해 팀장이 자신과 자신이 이끄는 팀을 한 단계 끌어 올리는 방법을 조목조목 짚어준다.

— **라즐로 복**, 전 구글 최고인적자원책임자

회의 분야 세계 최고의 석학이 회의의 모든 것, 그중에서도 가장 중요한 팀장과 팀원들 사이의 직접적인 소통에 대해서 낱낱이 밝혀놓았다. 이 책은 깊이 있는 연구를 토대로 하면서 실행 가능한 아이디어들로 가득해, 원온원이라는 꼭 필요한 미팅을 왜 해야 하는지, 그리고 어떻게 진행해야 할지 올바로 이해할 수 있도록 이끌어준다. 《원온원 대화의 기술》은 오늘날 새로운 업무 환경에서 자신의 발판을 다지려는 모든 사람이 읽어야 할 필독서다.

— **다니엘 핑크**, 《파는 것이 인간이다》 저자

스티븐 로겔버그 교수가 새롭게 펴낸 이 책은 편안한 문체로 실용적인 툴과 예시를 많이 담고 있다. 수많은 조직에서 이제는 일상적으로 활용되고 있는 원온원을 제대로 이해하려면 꼭 읽어봐야 할 책이다. 작가의 전작과 마찬가지로 탄탄한 과학에 근거한 조사와 연구가 녹아든 책인데도 읽기 쉽고 실용적이다. 리더들을 염두하고 쓰인 책이지만, 사실상 원온원의 주인인 팀원들에게도 유용한 책이다.

— **알렉시스 핑크**, 메타 인재 분석 및 전략 부사장

조직 성장의 해법은 인재 육성인데, 그 성장의 싹이 처음 움트는 곳이 바로 원온원이다. 원온원은 대부분 준비가 소홀하고, 중요하지 않다는 판단에 걸핏하면 취소되지만, 제대로 진행된다면 사람에 대한 값진 투자가 될 뿐 아니라 조직 구성원들의 인정 욕구를 충분히 채워준다. 바로 스티븐 로겔버그가 수십 년간 쌓아온, 탄탄한 연구에 기초한 실용적인 원온원 접근법이 유용한 이유다. 모든 리더(그리고 부모)가 당장 읽어봐야 할 책이다. 당신이 이 책을 읽었다는 사실을 알게 되면 가족이나 팀원들이 기뻐할 게 분명하다.

― **휘트니 존슨**, 경영학계의 노벨상 '싱커스 50' 상위 10위 경영 이론가

스티븐 로겔버그는 광범위한 연구를 토대로 왜 효과적인 원온원이 직원 업무능력 향상과 행복감 증진은 물론, 기업의 성공에도 결정적인 역할을 하는지를 놀라울 정도로 구체적으로 풀어냈다. 인력을 관리하고 있다면, 승승장구하는 기업을 일구고 싶다면 꼭 읽어봐야 할 훌륭한 책이다.

― **엘리자베스 F. 처칠**, 구글 선임이사

《원온원 대화의 기술》은 직급을 막론하고 모든 리더의 사고·행동 방식에 혁신을 선사할 책이다. 원온원의 중요성과 원온원이 개인과 팀 전체에 미치는 영향을 명확히 밝혀냈다. 과학에 기반을 두었을 뿐만 아니라 실용적인 팁과 사례들을 수록하고 있어, 읽는 내내 즐거운 책이다.

― **로빈 코헨**, 존슨앤드존슨 인재경영 제약 및 기업 부문 R&D 책임자

놀라운 책이다! 내가 전혀 몰랐던, 그리고 늘 궁금했던 원온원의 모든 것이 이 책에 담겨 있다. 신임 팀장이나 임원, 신입사원, 수십 년 경력을 지닌 사람들이 이 책을 꼭 읽어보길 바란다.
— **애덤 후세인**, 워너브라더스디스커버리 글로벌 엔터프라이즈 데이터 사이언스 부문 수석 부사장

우리는 타인과 함께 사고하는 과정에서 생각이 확장되고 지능이 향상되는데, 그중 가장 확실한 방법이 바로 원온원이다. 스티븐 로겔버그는 《원온원 대화의 기술》에서 원온원을 더욱 세심하게 목표에 맞춰서 시행해야 하는 강력한 이유를 제시한다. 그는 수십 년에 걸친 연구를 바탕으로 효과적이고 생산적인 원온원을 위한 청사진을 제공한다. 팀을 성공으로 이끌고자 하는 리더라면 꼭 읽어야 할 필독서다.
— **애니 머피 폴**, 《익스텐드 마인드》 저자

창업해서 기업을 성장시키고 유지하는 데 있어 유능한 인재 영입은 필수 조건이다. 그런데 인재 육성에 단연 최고의 방법이면서도 가장 활용도가 낮은 방법이 바로 원온원이다. 저자는 원온원을 하는 시간을 의미 있게 만드는 강력한 기법을 실용적이고 구체적으로 제시한다. 《원온원 대화의 기술》을 읽고 나면 당신과 당신 팀원들 모두 그 결과를 톡톡히 맛보게 될 것이다.
— **아리아나 허핑턴**, 쓰라이브글로벌 창립자이자 CEO

이 책을 읽고 나면 분명 원온원에 관한 생각이 180도 바뀔 것이다! 원온원이 지닌 잠재력을 최대한 활용해 더 강력한 인간관계를 구축하고, 궁극적으로 인간 중심의 직장 문화를 조성하는 데 도움이 되는 매우 매력적인 도구와 전략이 《원온원 대화의 기술》에 담겨 있다. 반드시 읽어보길 바란다.

― **제니퍼 피셔**, 회계법인 딜로이트 최고 웰빙 책임자

인간은 자신의 경험을 타인과 나누며 싹튼 소통을 통해 생존하고 번성해왔다. 직장이든 직장 밖이든, 작은 행동이 커다란 결과로 이어질 수 있다. 노자가 말했듯, '작은 행위들이 모여 엄청난 결과가 된다.' 로겔버그 교수는 원온원이 바로 그 '엄청난 결과'를 낳는 '작은 행위들'임을 날카롭고 설득력 있게 상기시켜 준다. 검증된 자료를 기반으로 하는 이 책에는 평범한 원온원을 개인, 팀, 그리고 조직이 통째로 변화하는 에너지 넘치는 원온원으로 바꿀 수 있는 실행 가능한 조언들이 가득하다.

― **데이비드 올트먼**, 크리에이티브 리더십 센터 최고 연구/혁신 책임자

검증된 자료에 기반한 특별한 통찰이 가득한 놀랍고 즐거운 책이다. 《원온원 대화의 기술》에는 관리자와 팀원 모두가 직장생활에 큰 활력을 얻을 수 있는 지혜가 담겨 있다. 필독서다!

― **타샤 유리크**, 《자기통찰》, 《결과를 낳는 리더십》 저자

스티븐 로겔버그는 리더십 분야 최고의 작가다. 이 책은 깊은 통찰력을 제공하는 압도적인 책이다. 로겔버그는 팀 분위기 모니터링, 팀원들의 몰입도 향상, 신뢰 구축 등 리더가 수행해야 할 중요한 역할이 어떻게 대화로 완성되는지를 보여준다.

― **딘 스타몰리스**, 러셀레이놀즈어소시에이츠 경영 컨설팅 전무이사

많은 리더가 어떻게 원온원을 이끌어갈지 고민한다. 이들은 자신들이 진행하는 원온원을 팀원들이 실제 느끼는 것보다 더 긍정적으로 바라보고 착각하는 경우가 많다. 스티븐 로겔버그는 이러한 원온원의 현주소를 바로잡고 원온원이 지닌 엄청난 잠재력을 널리 알리기 위해, 모두의 시간과 노력이 성과를 얻으려면 어떻게 원온원을 진행해야 하는지 설득력 있고 실용적인 근거를 바탕으로 한 지침을 제공한다. 전 세계 조직의 리더, 직원, 팀원 모두가 꼭 읽어봐야 할 책이다.

—**알렉스 알론소**, 인적자원관리협회SHRM 최고지식책임자

《원온원 대화의 기술》은 원온원이 신뢰를 쌓고 개인의 성과와 몰입을 유도하는 가장 강력하면서도 리더들이 가장 노력을 덜 쏟는 툴이라는 사실을 부각한다. 로겔버그는 원온원에 필요한 기술과 과학을 자세히 풀어주어, 리더들이 바로 실행할 수 있는 간단하고 실용적인 지침서를 마련하는 획기적인 일을 해냈다.

— **조시 그린월드**, TIAA 리타이어먼트 솔루션스 수석 부사장

로겔버그는 리더들이 왜 원온원을 당연시해서는 안 되는지를 입증해내는 놀라운 일을 해냈다. 저자는 설득력 있는 자료를 기반으로, 효과를 극대화하고 모두에게 긍정적 영향을 미치는 통찰력 있는 원온원 방식을 제공한다. 어느 위치에서 어떤 팀을 이끄는 독자든 큰 도움을 얻을 수 있는 책이다.

— **데이브 버윅**, 보스턴 비어 컴퍼니 CEO

Glad We Met

감수자의 글

2020년, 원온원의 운영 방식을 안내하는 '팀장을 위한 1:1 면담 가이드'라는 글을 블로그에 올렸다. 시간이 꽤 지났음에도 이 글을 찾는 사람은 꾸준하다. 지금까지 약 42,000여 명이 읽었고, 글에 첨부된 한 장짜리 운영 양식은 올해에만 600여 건 다운로드되었다. 이처럼 원온원에 대한 관심이 식지 않고, 오히려 이것을 채택하는 기업들이 더 늘고 있는 이유는 원온원의 유용성에 있다. 원온원은 리더가 업무를 더 잘 수행하고, 구성원들을 보살피며, 결과적으로 팀이 더 나은 성과를 낼 수 있게 돕는 간편하지만 매우 효과적인 도구다.

리더의 역할

팀장의 역할은 크게 업무 관리와 사람 관리로 구분된다. 업무 관리는 팀의 목표를 세우고, 팀원에게 역할과 책임을 부여하고, 업무 활동이 성과로 이어지도록 상황을 추적하며, 팀이 더 효과적으로 일할 수 있게 업무 프로세스를 개선하는 것과 관련된다. 이 같은 업무 수행과 성과 창출은 팀원을 통해 이루어지므로 모든 팀원이 목표와 기대 역할을 명확히 이해하도록 소통하고, 업무에 몰입할 수 있게 동기를 부여하는 등 사람 관리 역량이 요구된다.

갓 팀장이 된 리더들이 주로 어려움을 호소하는 영역은 바로 이 사람 관리다. 예를 들어, 자신의 관점에서는 합리적으로 팀원들의 역할과 책임을 분배했는데 기대한 성과가 나지 않고, 오히려 불만, 동기 저하 등의 문제와 맞닥뜨리게 되는 것이다. 상황을 개선하기 위해 리더십 책을 읽으며 관련 지식을 쌓지만 '비전을 제시하라', '구성원의 잠재력을 발굴하고 개발하라', '안전감과 소속감을 느끼는 문화를 조성하라' 등 좋은 리더십을 발휘하기 위해 자신이 알아야 할 것도, 해야 할 것도 너무 많다고 느껴져 그 무게에 짓눌려 버리기도 한다.

이런 리더들은 보통 '좋은 팀장'이 되고자 하는 열망이 높다. 그들이 쉽게 빠지는 함정은 팀장은 팀원보다 우월한 혹은 완벽한 존재여야 한다고 가정하는 것이다. 이를테면, 팀원이 단박에 수용할 수 있는 대안을 제시하고, 팀원에게 생긴 어려움을 그가 말하기도 전에 알아채 해결하는 것이 유능한 리더의 모습이라고 오해하는 것이다. 안타깝게도 이런 유형의 리더들은 잘하려고 하면 할수록 일이 엇나가고 더 힘든 상황에 빠지기 쉽다.

좋은 리더십을 발휘하기 위해 리더십 지식을 끊임없이 습득하거나 보다 완벽한 모습을 갖출 필요는 없다. 가장 쉽지만 효과적인 방법은 팀원에게 직접 묻는 것이다. "가장 재미있는 일은 무엇인가요?", "업무에서 가장 힘든 것은 무엇인가요?", "일하면서 가장 뿌듯했던 경험은 무엇인가요?", "자신의 강점은 무엇이라고 생각하나요, 어떤 업무에서 이러한 강점을 더 잘 발휘할 수 있을까요?"와 같이 팀원에게 직접 물어 그의 흥미, 가치, 강점을 파악하고 업무에 반영하면 그것이 바로 강점 기반 업무 설계가 된다.

마찬가지로 "업무는 어떻게 진행되고 있나요?", "지난주 우선순위에 두고 진행한 업무는 무엇이었나요?", "제가 도와줄 일이 있을까요?", "요즘 업무 생활의 만족도를 0~10점으로 표현해본다면 몇 점인가요, 그렇게 느낀 이유는 무엇인가요?"와 같은 질문은 팀원의 업무가 잘 진행되고 있는지, 몰입도는 어떤지 점검하고, 업무의 우선순위 조정과 조언, 격려 등 필요한 개입을 적시에 할 수 있도록 도와준다.

즉 효과적인 리더십을 발휘하기 위해 자신이 '완벽'에 가까워져야 하는 것이 아니라 구성원에게 직접 묻고 함께 더 나은 대안을 찾아가는 것이 핵심이다. 그것이 바로 기업들이 원온원을 도입하는 이유다.

원온원의 교과서 같은 책

지금 원온원을 해야 하는 리더들은 이것을 경험하지 못한 사람들이 대부분이다. 연 2회 권장되는 성과 면담조차 연말에 1회만 시행되고, 그나마도 업무 수행에 대한 충분한 피드백 없이 평가 등급만 통보받고 끝나는 경우가 많다. 그러다 보니 원온원을 어떻게 해야 할지 막막해서 이것을 미루게 되거나, 자신의 의도와는 다르게 원온원이 '주간 성과 평가' 성격으로 변질되기도 한다. 스티븐 로겔버그의 《원온원 대화의 기술》은 '원온원의 적정 주기는 얼마일까?', '시간은 어느 정도가 적정할까?'와 같이 운영 방식에 대한 질문부터 원온원에서 다루어야 할 주제, 후속 조치에 이르기까지 원온원의 시작과 끝을 세밀하게 다루고 있다. 근거에 기반한 가이드라인은 리더가 자신감을 가지고 원온원을 설계, 실행할 수 있게 해주고, 예시 질문과 사례를 통해 미리 상황을 그려봄으로써 리더를 더 잘 준비시킨다. 원온원의 다양한 측면을 점검할 수 있는 체크리스트 또한 원온원을 개선하고, 리더의 개발을 돕는 유용한 도구를 제공한다.

다만 이 책은 코칭을 위한 책이 아니라는 것을 분명히 하고 싶다. 이미 일대일 면담의 경험이 많고, 개인 특성별, 상황별 코칭 전략을 찾는 사람에게는 이 책이 적합하지 않다는 의미다. 그러나 원온원을 시작하거나, 시작한 지 꽤 되었지만 여전히 원온원을 어떻게 해야 하는지 잘 모르겠다고 느끼는 사람에게는 교과서 같은 책이 될 것이다. 교과서처럼 책상 위에 올려놓고 필요할 때마다 꺼내 보다 보면 어느 순간 원온원 스킬이 꽤 많이 늘어 있음을 발견할 수 있을 것이다.

양민경

차례

이 책에 대한 찬사 … 04
감수자의 글 … 11
추천의 글 … 21
들어가며 과학적 근거에 기반한 원온원, 어떻게 접근할 것인가? … 25

1부 원온원 대화를 시작하기 전에

1장	원온원을 꼭 해야 할까요?	37
2장	팀원들이 원온원을 부담스러워하진 않을까요?	52
3장	의논할 일이 생길 때 회의하면 되지 않나요?	61
4장	원온원 일정은 어떻게 잡아야 하나요? 하루에, 몰아서, 아니면 분산해서?	73
5장	산책하며 원온원을 해도 될까요?	81
6장	밝게 웃으며 잘 지내는지 정도를 물어보면 될까요?	95
7장	'아젠다'가 꼭 필요한가요?	114

‡ 원온원 준비를 위한 체크리스트 ‡ 137
1. 전반적인 원온원 스킬을 측정하는 자가진단 테스트 138
2. 원온원 주기를 결정하는 자가진단 테스트 141
3. 원온원 질문에서 흔히 저지르는 실수 점검표 143
4. 원격근무자를 위한 원온원 질문 144
5. 원온원 아젠다 템플릿 146
6. 원온원 아젠다 템플릿에 추가 가능한 항목들 149

원온원 대화의 성공적인 실행법

8장 원온원 진행에 활용할 수 있는 일반 모델이 있을까요? 155
9장 팀원의 니즈를 충족하려면 뭘 어떻게 해야 할까요? 168
10장 원온원은 어떻게 시작하고 끝을 맺어야 할까요? 187
11장 원온원에서 팀원은 뭘 해야 하나요? 206

‡ 원온원 진행을 위한 체크리스트 ‡ 225
 1. 원활한 원온원 준비 체크리스트 226
 2. 원온원에서 발생하는 부정적 감정에 관한 자가진단 테스트 229

 ## 원온원이 끝난 뒤 우리가 해야 할 일

12장 원온원이 끝났는데, 이제 뭘 하면 되죠? 235
13장 성공적인 원온원이었는가? 246

‡ 원온원 이후 피드백을 위한 체크리스트 ‡ 255
 1. 피드백 이후 팀원의 변화를 확인하는 체크리스트 256
 2. 피드백을 반영해 행동에 옮길 때 유용한 체크리스트 259

스킵 레벨 원온원과 회의 시간 절약법

14장 직속 상사의 상사와 하는 원온원이라는 게 있어요? 265

15장 회의가 많아 숨 막힐 것 같아요.
　　　방법이 없을까요? 284

16장 마치며: 원온원으로 어떻게 가치를 구현할 것인가? 300

‡ 스킵 레벨 원온원과 원온원 시스템 체크리스트 ‡ 305
　1. 최고의 스킵 레벨 원온원을 위한 체크리스트 306
　2. 조직 차원의 원온원 시스템 수립에 필요한 절차 308

감사의 글 311
주 313

일러두기

1. 본문에서 저자가 리더, 팀장, 관리자, 매니저 등의 용어를 혼용해서 사용하고 있어 원문을 따랐다.
2. 이 책에 나오는 도서 중 국내에 소개된 작품은 한국어판 제목을 따랐으며, 발표되지 않은 도서는 원서 명을 병기했다.

추천의 글

나는 40년 넘게 기업에서 간부 대상으로 교육을 진행해오며 조직의 리더들이 자신, 그리고 자신이 이끄는 팀원과 조직에 긍정적이고 영구적인 변화가 일어나도록 도왔다. 효과적인 리더십의 핵심은 리더가 팀원들과 쌓는 신뢰와 소통이다. 이러한 신뢰는 의미 있는 태도와 행동을 거치며 쌓이는데, 내 고객들이 늘 거쳐야 했던 과정은 피드백의 정반대 과정인 피드포워드 feedforward 였다.

● 과거 결과물에 초점을 맞추는 피드백과 달리, 피드포워드는 미래의 성장에 중점을 두고 팀원에게 방향을 제시한다. – 편집자 주

나는 간부 대상의 교육 담당자로 경험이 많지 않았던 시절부터, 많은 리더와 조직 구성원 혹은 팀원들이 업무 진행상황과 해당 업무 평가에 대해 일관되고 정기적인 피드백을 간절히 원하고 있다는 것을 알았다. 하지만 리더들이 부하 직원들과 이런 미팅을 하도록 돕는 것은 생니를 뽑는 것만큼이나 힘든 일이었다. 대부분 피드백이라고 하면 과거에 집중해 실패를 들추거나 말하기 불편한 주제를 놓고 대화해야 한다고 생각했다. 결국 부하 직원●도 업무 다음 단계에 대한 의미 있는 지침을 전혀 얻지 못했고 당연히 업무 성과도 떨어졌다. 일대일 미팅은 등골이 오싹해지고, 부정적인 이야기를 나누게 되고, 감정을 드러내야 하는 회의로 인식됐다.

피드포워드는 미래를 염두에 둔 아이디어와 제안에 집중하므로 피드백처럼 두렵거나 불편하지 않다. 원온원에서 관리자는 부하 직원에게 업무와 관련된 후속 조치뿐만 아니라 향후 변화에 대한 아이디어도 제공해야 한다. 이 과정의 핵심은 관리자 또한 자신의 리더십에 대한 조언을 구하고, 팀원들이 장차 관리자가 되었을 때 더 효율적인 리더십을 발휘할 방법을 생각해볼 기

● 요즘은 부하 직원이라는 표현을 잘 쓰지 않지만, 상사의 상사, 부하 직원의 부하 직원과 같이 보고상의 계층을 설명해야 하는 상황이 있어 해당 표현을 사용함. – 편집자 주

회를 주는 것이다. 단순히 안내하는 데 그치지 않고, 미래에 대한 조언을 구하는 원온원이 지닌 특별함 덕분에 참여자들은 더욱 겸손해졌고 소통도 늘어나는 계기가 되었다. 단 한 번도 본 적이 없는 현상이었다.

피드포워드가 낳은 또 다른 놀라운 성과는 최소한 한 가지 이상의 개인적·직업적 성장과 관련된 주제를 원온원에 포함했다는 것이다. 리더와 조직원이 궁금증과 애로사항을 터놓고 이야기할 기회가 생기고, 결국 그 전보다 훨씬 편안하게 서로 협력해 일하게 되었다. 내 고객들이 한 주 동안 가장 기다리는 시간이 원온원이 되었다. 팀원들과 소통이 더 잘된다고 느꼈고 팀원들의 향상된 업무 몰입도와 성과에 즐거워했다. 원온원에 개인적 욕구를 포함했던 이 작은 변화가 내 고객들에게 리더십의 축이 되었고, 그들이 속한 팀의 전반적인 문화와 생산성 또한 크게 개선됐다.

이 책에는 원온원이 가진 잠재력과 이점을 성공적으로 끌어내어, 팀에 의미 있는 소통과 성장이 이루어지게 하는 해법이 체계적으로 열거되어 있다.《원온원 대화의 기술》에는 원온원의 필요성, 원온원에서 다루어야 할 주제들, 어떻게 원온원을 진행해야 하는지에 대한 질문들이 담겨 있다. 이에 대한 답을 해나가면서 더 나은 원온원을 주도해가는 데 필요한 능력을 하나하나 갖추게 될 것이다. 원온원이 개선되어 가는 과정에서 팀 문화, 의사소통, 업무 몰입도와 생산성 같은 여러 측면의 개선도 뒤따를 것이다.

리더들이 팀원들에게 신뢰받고 긍정적 의사소통을 구축할 수 있도록 로겔버그가 코칭하고 도우며 20년 이상 축적해온 전문지식이 이 책에 고스란히 담겨 있다. 이에 대한 로겔버그의 광범위한 연구는 의미 있는 통찰과 과학적 근거자료에 기반하고 있다. 또한 이 책에는 단계별 구체적 실행방법과 실제 사례가 가득해, 관리자와 팀원 간 원온원은 물론, 그 어떤 회의에도 확대 적용할 수 있다.

《원온원 대화의 기술》로 당신의 팀에 투자하여, 긍정과 신뢰가 가득한 팀 문화를 일구어 가길 바란다.

마셜 골드스미스

● 마셜 골드스미스 박사Dr. Marshall Goldsmith는 경영학계 노벨상이라고 불리는 싱커스 50Thinkers 50에서 간부 코칭 부문 1등 수상자이자, 《숨 쉴 때마다 새로운 내가 된다면》, 《트리거》, 《이전 방식은 이제 안 통합니다What Got You Here Won't Got You There》 등을 펴낸 〈뉴욕타임스〉 베스트셀러 작가다.

들어가며

과학적 근거에 기반한 원온원,
어떻게 접근할 것인가?

원온원에는 그랜드캐니언만큼 큰 구멍이 있다.
— 데이비드 로드리게스, 전 메리어트 인터내셔널 최고인사책임자

나는 조직심리학자로서 개인과 팀의 성공에 결정적인 역할을 하는 조직 현상들을 연구한다. 그중에서도 아직 관련 연구가 부족하고 잘못 활용된 채로 널리 퍼져 있는 영역에 특히 관심이 많다. 그러다 보니 잘못 활용되고 있는 전형적인 사례인 일대일 미팅, 즉 원온원이 내 눈에 포착되는 건 시간문제였다. 나는 리더와 팀원 모두가 원온원의 놀라운 잠재력을 충분히 실현할 수 있도록 자료를 수집·종합하는 것을 중요한 목표로 삼았다.

원온원은 생각보다 훨씬 보편적으로 행해진다. 회의 기법 전문가 엘리제 키스Elise Keith는 최근 각종 보관 자료와 수많은 추정 작업을 신중히 거쳐 미국에서 회의 활동이 전반적으로 얼마나

많이 이루어지는지 분석했다. 그 결과 미국에서만 하루에 대략 6,200만에서 8천만 건의 회의가 열리고 있다는 결과가 나왔다.[1]

그렇다면 전 세계적으로는 회의가 얼마나 자주 열리고 있을까? 미국 인구는 전 세계 인구의 4퍼센트에 불과하다. 흥미로운 사실은 내가 찾은 유일한 문화 간 비교 연구에서도 회의 활동에 나라 간 큰 차이가 없었다는 점이다.[2] 이제, 전 세계에서 하루에 회의가 대략 몇 번이나 열릴지 계산해보려면 단순히 미국 수치에 25를 곱하면 된다. 키스가 도달한 결괏값 중 가장 낮은 값인 6,200만 건을 미국 수치로 잡고, 여기에 25를 곱하면 하루에 전 세계에서 열리는 회의는 15억 5,500만 건이다. 좀 더 보수적으로 끝자리를 쳐내고 회의가 10억 번이라고 생각해보자. 그것만 해도 회의가 엄청나게 많다. 그렇다면 원온원은 이 수많은 회의 중에서 어느 정도의 비율로 행해지고 있을지 자세히 살펴보자.

나와 다른 학자들의 연구에 따르면, 모든 회의의 20~50퍼센트가 일대일 미팅인 원온원이었다. 그렇다면 전 세계적으로 매일 열리는 원온원은 대략 2억~5억 건이다. 이제 원온원을 금전적 가치로 환산해보자. 기준은 다음과 같다. 가장 낮은 시급(BBC가 분석한 전 세계 평균 시급인 9.37달러[3])에 원온원 평균 지속 시간(내 연구를 기초로 보수적으로 잡아 20분), 여기에 참석자 2명을 곱하고, 매일 전 세계에서 열리는 원온원도 보수적으로 2억 건으로 계산하자. 계산 결과, 원온원에 투자되는 금액은 하루당 12억 5천만

달러다. '하루에' 그만큼이나 된다!

그런데 더 큰 문제는 내 초기 연구 결과, 팀원들의 거의 절반 가까이가 원온원을 비생산적이라고 평가한다는 점이다. 거의 절반이다! 더 심각한 문제는 원온원을 주도하는 리더들이 원온원을 잘 진행하고 있다고 믿으며 자기 능력을 과대평가하고 있다는 사실이다. 어찌 보면 리더의 '자질 부족'이라는 엄청난 구멍

원온원에서 균형 잡기

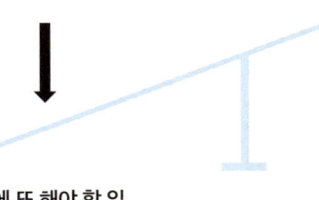

해야 할 일
- 업무에 집중
- 체계적인 회의 절차
- 단기적 업무에 대한 안내나 설명
- 명확한 회의 내용과 차후 업무 책임 확정
- 문제 해결
- 맞춤 원온원

동시에 또 해야 할 일
- 사람에게 집중
- 유연한 회의 절차
- 장기적 업무에 대한 안내나 설명
- 관계 지지와 구축
- 성장과 발전 도모
- 일관된 원온원

을 메우고 조직 생활을 하는 데 있어 매우 중요한 원온원의 투자 수익률을 극대화할 훌륭한 기회이기도 하다. 그런데 업무 일정에 원온원이 포함된 리더들이 많은데도, 어떻게 원온원을 진행해야 할지 알려주는 괜찮은 안내서를 찾기 어려웠다. 있다고 해도 실증적이지도, 과학적이지도 못한 경우가 허다했다. 결국, 관리자들은 하는 수 없이 내키는 대로 진행하거나, 다른 관리자들이나 선배들이 했던 방식을 따르거나, 짐작에 기댄다. 그러한 구멍을 메우려는 것이 이 책의 목적이다.

이 책은 객관적 자료를 기반으로 하는 보편성 외에도, 인지과학을 활용하여 원온원에 꼭 필요하지만, 쉽지 않은 균형 유지를 어떻게 하는지 알려줄 것이다. 여기서 말하는 균형이란 위의 그림에 열거된 사항들이다. 예를 들어, 원온원은 틀도 중요하지만, 융통성이 빠져선 안 된다. 단기적 문제도 다루어야 하지만, 장기적 주제를 놓쳐서도 안 된다. 문제를 해결해야 하지만, 관계 구축의 계기도 되어야 한다. 팀원의 니즈를 듣고 만족시켜 주는 것이 목표이기도 하지만, 팀 전체에 공평하게 진행되어야 한다. 이 책에 이런 다양한 균형점을 찾는 방법을 담았다.

원온원의 과학

회의에 과학이 있다? 그렇다. 회의를 이해하고 개선하는 데 쓰이는 과학이 실재한다. 내가 수년간 열정을 쏟아온 분야로, 전 세계 수십 명과 공동으로 내가 인생을 백 번 살았어야 다녀봤을 만큼의 수많은 회의를 분석했다. 나는 성공적인 회의를 하는 법, 회의 참석자가 느끼는 피로감, 훌륭한 회의 주선자의 특징, 회의에 지각하는 이유, 효과적인 회의 시간을 잡는 법, 회의를 제대로 설계하는 비법, 회의를 창의적으로 만드는 요소 등 다양한 주제를 연구해왔다. 특히 지난 몇 년간 내 주된 관심사는 원온원이었다. 수천 명의 팀원과 관리자를 대상으로 원온원에 대한 설문조사와 인터뷰를 진행해왔다.

예를 들어, 25주에 걸쳐 IT 업계 근무자들의 원온원을 반복적으로 추적하는 종단 연구를 통해 관리자에 대한 근무자들의 태도를 관찰했다. 또 다른 조사에서는 4개국 4천 명의 지식 노동자(프로그래머, 엔지니어, 건축가 등)를 대상으로 선호하는 원온원 방식과 그들이 제시하는 원온원 개선 방식을 알아봤다. 또한 간부와 조직 차원의 원온원 관행을 알아보기 위해 관련 자료를 수집했다. 해당 연구에서 페이스북, 볼보, 펩시, 딜로이트, 워너브라더스, 제약 기업 브리스톨 마이어스 스큅, 샘 애덤스 맥주를 생산하는 보스턴 비어, 전기 및 천연가스 지주 기업 듀크 에너지, 메리어트 호텔, 델, 구글, 뱅크오브아메리카와 같은 유수 기업에 근무하는 50명 이상의 임원을 인터뷰했다. 또한 내가 아끼는 박사과정 학생이었던 잭 플린첨Jack Flinchum의 논문에서 시작된 연구로, 원온원에서 리더의 행동이 팀원들의 니즈를 충족시키는지, 이후 업무 몰입도와 어떤 관계가 있는지를 조사했다. 원온원 자체에 관한 이러한 연구들 외에도 리더십, 협업, 코칭, 멘토링, 피드백, 의사소통 등 원온원에 적용할 수 있는 요소들에 관한 연구도 종합했다. 이 모든 작업이 원온원에 어떻게 접근하고 이해하여 효과적으로 수행할지에 대한 최신 연구와 권고사항을 이 책에 담아내기 위해 그동안 해왔던 일이다.

이 책의 구성과 특징

이 책은 원온원이 어려운 이유와 이를 오히려 기회로 삼을 방법, 조직이나 개인 상황에 맞게 설계하는 법을 중심으로, 원온원이 '무엇'이고, '어떻게' 해야 하며, '왜' 해야 하는지를 깊이 있게 탐구한다. 독자가 원온원을 실질적으로 차근차근 진행할 수 있도록 강의 형식으로 매 장 제목을 질문 형태로 제시했다. 그런 다음 이에 관련된 과학적 근거, 생생한 경험을 담은 사례, 모범적인 원온원 사례를 제시하여 질문에 답하는 방식으로 내용에 공감도를 높였다. 책 말미에는 팀원들이 자기 팀장의 상사와 갖는 스킵 레벨 원온원skip-level 1:1, 학자들이 '회의 부담meeting fatigue'이라고 부르는 지나치게 잦은 미팅을 어떻게 줄일 수 있는지와 같은 특별한 주제를 다루었다. 마지막으로, 책 전반적으로 원온원을 진행하는 데 필요한 회의 자료 템플릿, 원활한 진행을 위한 체크리스트, 자가진단표, 원격근무자와 원온원을 할 때 고려할 사항 등 성공적인 원온원을 하는 데 유용한 다양한 자료들을 담았다.

이 책은 연설이나 워크숍을 진행하듯이 친근한 화법으로 써 내려갔다. 대화체로 약간의 위트와 농담이 섞여 있기도 하지만, 과학적인 근거자료를 바탕으로 한다. 재미있는 TED 연설처럼 읽혔으면 하는 바람에서다. 11장 '원온원에서 팀원은 뭘 해야 하나요?'를 제외하고는 모두 리더에게 말하는 방식으로 쓰였다(본문에서는 '리더'를 '팀장', '매니저' 혹은 '관리자' 등으로 혼용해서 쓰고 있음을 밝혀둔다). 따라서 책에서 '당신'이라는 표현은 원온원을 계획하고 팀원을 소집하여 일대일 미팅을 진행하는 사람을 뜻한다. 대개 리더겠지만, 꼭 그렇지 않을 수도 있다. 그러한 측면에서 이 책은 직원을 관리하는 이들만을 위한 책이 아니다. 책에서 '팀원Team Member, TM', '부하 직원Direct Report, DR'으로 불리는, 매니저가 아닌 사람들도 이 책에서 배운 내용을 활용해 앞으로의 원온원에서 더 많은 것을 얻어갈 수 있다. 그들도 장차 원온원을 주최하는 매니저가 될 것이 아닌가. 책에서 전반적으로 다루는 내용은 당연히 리더와 팀원이 참여하는 원온원이지만 동료끼리, 또는 직원과 고객 간에 이루어지는 원온원에도 충분히 활용될 수 있다. 심지어 가족이나 친구들과의 원온원에도 적용 가능한 통찰을 얻게 될 것이다.

사회과학과 조직과학에 대한 폭넓은 이야기로 이 책을 시작하려 한다. 인간과 인간의 행동, 팀 행동, 그리고 어떻게 두 사람, 즉 한 쌍이 상호작용하는지를 연구하는 것은 본질적으로 복잡한 일이다. 연구를 거듭하다 보면 규칙적 패턴과 통찰, 배움을 얻을 수 있기는 하지만, 이것이 절대적 진리는 아니다. 아무리 철저히 연구해도 더 배울 것이 남아 있고, 조사해봐야 할 새로운 변수와 환경, 사람과 문화가 존재한다. 과학에서 얻는 진실은 그 당시 우리가 안다고 생각하는 차원에 국한된 제한적인 진실일 뿐, 향후 연구로 또 다른 발견이 이루어질 수 있다. 과학에 따라 행동하면 당신과 당신 팀에 최고의 결과를 기대할 수 있다. 과학은 진화한다는 측면을 고려하면 과학을 따르지 않는 방식도 제대로만 시행된다면 어떤 때는 좋은 결과를 낳을 수 있다.

한 예로, 월별 원온원은 매주 혹은 격주 원온원과 비교했을 때 팀원들의 업무 몰입도가 낮아진다는 것이 정설이다. 그런데도 내가 연구자료를 근거로 월별 원온원에 찬성할까? 당연히 아니다. 월별 주기처럼 정해진 주기가 팀의 규모, 리더와의 관계, 원온원을 참석하는 팀원의 직급, 원온원 참석자들이 조직을 위해 일해온 기간 등 모든 요소와 잘 맞아떨어질까? 물론, 잘 맞아떨어지는 경우가 있을 수도 있다.

　나는 이 책에서 근거에 기반해 원온원을 진행해야 함을 누누이 강조하겠지만, 타당하다면 다른 방향으로 시도해봐도 좋다. 독자의 개별적 상황에 맞는 선택과 조정을 권장한다. 하지만 데이터에 따라 일관성 있게 진행하는 편이 그렇지 않은 때보다 성공 확률이 높고, 결국 더 나은 결과를 안겨줄 수 있을 것이다.

원온원은 아무 조건 없이 한 개인의 성장을 도울 기회다. 꾸준하고 반복적인 대화로 개인의 성장을 돕는다면 개인적 성공과 더불어, 건강하고 생산적이며 위기에 강한 조직문화를 키워낼 수 있다.

— 크리에이티브 리더십 센터 임원

원온원이 개인과 조직 모두에 도움이 되려면 매번 명확한 의도와 목표, 진실함, 솔직함으로 신뢰를 키워나가야 한다. 그러면 팀워크가 더 단단해지고 진실한 유대감 속에 집단적 추진력과 성공이 싹튼다.

— 미 해군 제독

1부

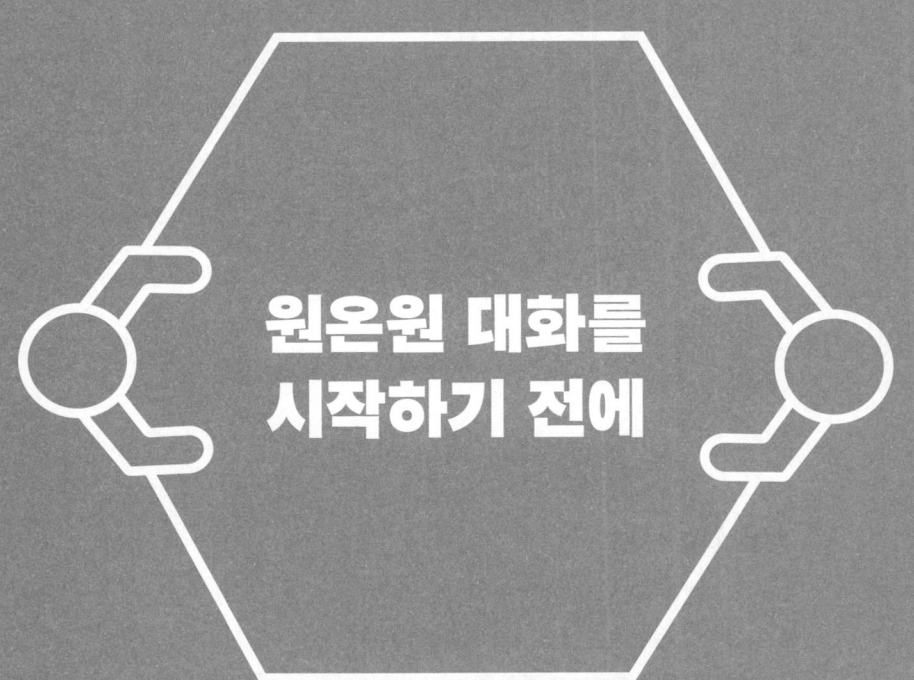

원온원 대화를
시작하기 전에

1부에서 다룰 주제들

첫째, 원온원을 하는 목적은 무엇인가?
둘째, 팀에 원온원의 목적을 어떻게 전달하는가?
셋째, 원온원을 실행하는 최적의 주기는?
넷째, 원온원을 하기에 좋은 일정과 장소는?
다섯째, 원온원에서 어떤 질문을 하는 것이 좋은가?
여섯째, 원온원에 적합한 주제는 무엇인가?

1장
원온원을 꼭 해야 할까요?

원온원을 꼭 해야 할까? 대답은 당연히 '예'다. 원온원을 주제로 책을 쓰는 작가가 이 질문에 '아니오'라고 할 리도 없고, 만일 그렇다고 하면 쓸 내용도 거의 없지 않겠는가? 그러니 질문을 좀 더 구체적으로 세분화해서 다시 해보자.

질문	답변
팀 미팅을 정기적으로 하고 있는데도 원온원을 또 해야 할까?	예/아니오
팀원들과 업무 외에 사교적인 시간을 꽤 많이 보내고 있는데도 원온원이 필요할까?	예/아니오
팀원들이 내 방문은 언제나 열려 있다는 걸 알고 있는데도 굳이 원온원까지 해야 할까?	예/아니오

질문	답변
이메일에 그때그때 바로 답변을 해주고 있어도 원온원을 해야 할까?	예/아니오
팀 전체가 일을 잘하고 있고 팀원 개개인의 업무 몰입도가 훌륭한데도 원온원을 해야 할까?	예/아니오
꽤 오랜 시간 팀과 함께 일해왔는데도 원온원이 의미 있을까?	예/아니오
팀원들이 굳이 요구하지 않는 원온원을 해야 할 필요가 있을까?	예/아니오

대답은 문화, 나라와 상관없이 무조건 '예', '예스', '그럼요', '네', '당연하죠'이다. 원온원에는 팀 미팅이나 팀장 사무실 문 개방 규칙, 업무 외 소통에는 없는 특별함이 있기 때문이다. 과장처럼 들릴지 몰라도, 이것은 사실이다.

리더의 핵심 업무, 원온원

최고의 리더들은 모두 원온원이 추가 업무가 아니라 '필수' 업무라는 사실을 잘 알고 있다. 리더가 이 사실을 깨닫고 철저히 실행에 옮긴다면 원온원 안에 잠들어 있던 잠재력이 실현되어 팀과 팀원들이 완전히 바뀔 것이다. 회의가 또 하나 더 늘어난다는 생각에 벌써부터 속이 쓰려올 수도 있다. 나 자신도 (특히 엉망인) 회의라면 질색하므로 충분히 공감한다. 하지만 원온원이 제대로 진행된다면 팀원 간 호흡이 더 잘 맞게 되어 팀이 더욱 탁월한 성과를 내게 된다. 원온원을 통해 팀원들의 궁금한 점이 해결되므로 갑작스러운 업무 차질도 줄어든다. 나아가 일에 대한 팀원들의 애정이 커져 이직률도 낮아진다. 새로운 직원을 찾고 채용해서 교육하는 데 드는 시간과 자원은 절대 적지 않다. 원온원이 제대로 이루어진다면 이러한 비용의 상당 부분을 절감할 수 있다. 다시 말해, 원온원이 기존 업무에 '추가'된 미팅이라는 느낌이 드는 건 사실이지만, 장기적으로 봤을 때 효율성을 높여줄, 반드시 해야 하는 미팅이다.

원온원이란?

간단히 말해, 원온원은 관리자와 팀원이 근무 만족도, 동기 부여, 생산성, 업무상 고충, 역할 혹은 업무의 명확한 정의, 타 업무와의 연계성, 업무 목표, 타 직원들과의 협력 문제, 자기 계발과 경력 문제를 정기적으로 의논하는 시간이다. 효과적이고 솔직하며 격려하는 분위기 속에서 팀원들과의 관계를 더 단단히 키워가자는 게 목표다. 궁극적으로 원온원은 팀원의 실질적 욕구는 물론, 개인적 욕구도 다루는 시간이다.[1] 실질적 욕구 practical needs란 팀원 개개인이 현재와 미래에 효과적으로 업무를 수행하고, 우선순위를 정하고 실행하는 데 필요한 지원을 말한다. 반면 개인적 욕구는 존중, 신뢰, 지지, 가치와 같은, 인정을 바라는 팀원 개인에 내재한 욕구다. 원온원에서 이 두 가지 사항을 함께 다루는 것은 간단한 일이 아니다. 이 책 1부 뒤에 나오는 체크리스트로 당신의 전반적인 일대일 미팅 능력이 어느 정도인지 파악해보길 바란다.

> 관리자마다 원온원을 다르게 이해한다. 한 관리자는 원온원이 전적으로 팀원을 위한 회의라고 말한 적이 있다. 팀 구성원이 의논하고 싶어 하는 주제에 관해 이야기 나누기 때문이다. 또 다른 관리자는 의사결정을 하는 데 원온원을 활용했다. 그는 팀원들에게 결정이 필요한 사안 목록을 작성해서 회의에 가지고 들어오라고 요청한다고 했다. 팀원들을 코칭하려고 원온원을 하는 관리자도 있고, 코칭보다는 전술적 문제들에 집중하려고 원온원을 하는 관리자도 있었다. 이들 모두 원온원 활용 방법이 될 수 있다. (일회성이 아닌) 장기적 관점에서 몇몇 관리자의 사례에 담긴 장점을 모두 담은 균형 잡힌 원온원이 바람직하긴 하지만, 그렇다고 어떤 천편일률적인 방법이 있는 것은 아니다. 과학적으로 접근해 원온원을 효과적으로 실행한다면 다양한 방식으로 성공과 실질적 가치를 끌어낼 수 있다.

시간을 할애해 팀원들과 진정으로 소통하려는 노력은 대개 당신이 하지만, 원온원은 팀원들의 이야기를 듣는 시간이다. 회의 주제나 기타 준비사항 등에 당신이 영향을 미치기는 하겠지만,

팀원들의 니즈나 애로사항, 바람같이 팀원들에게 중요한 주제가 중심이 되어야 한다. 즉, 원온원의 핵심은 당신이 원온원을 주관하되, 주인공은 당신이 밀어주려고 하는 팀원들이어야 한다. 나는 공식 업무 성과 평가 면담도 원온원에 해당하느냐는 상당히 중요한 질문을 자주 받는다. 둘 다 형식은 회의지만, 실적 평가 회의와 원온원은 전혀 다르다.

원온원을 성과 평가 시스템에 통합하라

원온원을 통해 조직 내 공식 성과 평가 시스템을 개선하고 보완할 수 있다. 실제로 원온원을 통해 공식 성과 평가 시스템이 잠재력을 최대한 발휘해 조직 발전을 이끄는 원동력이 될 수 있다. 그 이유를 이해하기 위해, 조직에 왜 공식 성과 평가 제도가 필요한지부터 살펴보자.

 공식 성과 평가가 효과적으로 이루어지면 조직원들이 어떻게 일하고 있는지를 정확히 문서화할 수 있다. 업무능력을 인정받으면 또 다른 바람직한 업무 수행으로 이어지는 선순환을 낳는다. 또한 공식적인 평가는 더욱 정확하고 근거 있는 방식으로 보상, 승진, (정당한 경우) 실적이 부진한 직원을 해고하는 일과 같은 인사 결정을 내리는 데 활용할 수 있다. 종합적으로 봤을 때 공식 성과 평가를 통해 조직의 강점과 약점, 잠재력이 높은 인재, 차후 인사 기용에 활용할 인재 파악과 같은 조직 전체 인력에 대한 큰 그림을 얻게 된다. 이뿐만 아니라 (집중적으로 개선할 필요가 있는 조직 자체의 약점과 같은) 조직의 교육 훈련 필요성을 파악하는 데 도움이 되며, 새로운 채용 시스템이나 교육 시스템 도입과 같은 조직 차원의 제도 도입에 활용할 수 있는 훌륭한 자료를 얻게 된다(예: X 시스템을 도입한 것이 직원들의 전반적인 실적 향상으로 이어졌는가?).

공식 성과 평가 제도로 앞서 말한 다양한 혜택을 기대할 수 있지만, 팀장과 팀원 모두 대체로 환영하지 않는 분위기다. 팀원들은 평가 제도가 공평하지 못하고 치우쳐 있으며, 여러 가지 업무 성과를 고려하기보다 최근 업무들에 무게가 실려 있다고 느끼는 경우가 많다. 평가의 잣대를 6개월 전 프로젝트에 맞추는 등 시기에도 문제가 있다고 생각한다. 또한 팀원은 평가 회의에서 어떤 이야기가 나올지, 또 자신에게 어떻게 도움이 될지를 생각하며 불안해하거나 초조해하기도 한다. 팀장의 입장도 마찬가지다. 자신이 주는 피드백을 팀원들이 어떻게 느낄지, 어떤 가치가 팀에 더해질지를 걱정한다. 여기에 여러 팀원과 했던 모든 미팅 내용을 일일이 기억하기도 쉽지 않아서, 시간을 들여 평가서를 작성하는 것은 팀장으로서는 꽤 고된 일이다.

원온원은 이에 대한 해법이 될 수 있다. 원온원을 하는 과정에서 실적 부진이나 성과가 일찌감치 논의되므로 원온원은 공식 성과 평가 과정의 불안 요소를 제거하는 효과가 있다. 게다가 원온원을 통해 누적된 회의 기록은 정식 평가에 활용될 수 있는 꽤 유용한 자료가 된다. 결국, 성과 미팅 준비는 당연히 수월해질 것이다. 당신의 평가도 더 정확해져서 최근 업무만을 놓고 성과 평가를 할 가능성이 줄어들어 팀원들이 느끼는 부당함도 줄어들 것이다. 또한 정기적인 원온원으로 그때그때 필요한 코칭을 받아 온 팀원들은 꾸준히 업무능력이 개선될 가능성도 크다. 공식 성과 평가 전후로 더 노력하여 실적 향상에 전력을 다할 것이다. 원온원을 이와 같이 활용하면 공식 성과 미팅은 관리자와 구성원 모두에게 덜 힘들고, 더 값지며, 심지어 더 즐거운 경험이 될 것이다.

지금까지 살펴본 것처럼, 원온원은 공식 성과 평가 절차를 보완하는 훌륭한 장치다. 실시간으로 변화를 끌어내며, 업무를 기록하고 팀원들을 지원하는 역할을 한다. 나아가 원온원 경험이 쌓이면서 신뢰도 함께 쌓여 관리자와 팀원들의 관계가 한층 두터워진다. 이를 통해 공식 성과 평가는 그 가치를 인정받아 모두가 반기는 시간으로 자리 잡을 것이다.

원온원이 어떻게 팀의 성과를 촉진하는가?

원온원을 정기적으로 제대로 진행하면 단기적인 실적 개선에 도움이 될 뿐 아니라 일상 업무를 넘어선 중요한 성과를 촉진한다는 사실을 강조하고 싶다. 예를 들어, 원온원을 통해 직원은 자신의 성장과 발전에 도움을 얻고, 윗사람의 신뢰가 두터워지며, 업무 관계의 토대가 단단해져 관리자인 당신과 팀원들의 업무, 그리고 조직을 대하는 자세가 크게 바뀌게 된다. 과장으로 들릴 수도 있지만, 이는 전혀 과장이 아니다. 제대로 진행된 원온원이 쌓이면 팀원들의 직장생활과 진로에 획기적인 변화가 일어난다. 내 말에 동의하지 않는 사람들도 있을 텐데, 그 이유는 그들이 원온원에 대한 부정적인 경험을 겪었기 때문이라고 확신한다. 원온원이 리더가 해야 할 가장 중요한 업무라는 것은 연구로도 밝혀진 사실이다. 구체적으로 말하자면, 성공적으로 진행된 정기적인 원온원은 다음 그림에 있는 7가지의 상호 연계된 중요한 성과를 낳는 열쇠가 된다.

업무 몰입: 원온원과 업무 몰입도의 긍정적 상관관계는 여러 자료와 연구를 통해 밝혀졌다. 한 예로, 여론조사 기관 갤럽이 매니저가 이끄는 전 세계 250만 팀의 업무 몰입도를 조사한 결과, 원온원 같은 정기 미팅이 없는 직원들은 업무 몰입도가 평균 15퍼센트지만, 정기 미팅이 있으면 그 수치가 거의 세 배에 달하는 것으로 밝혀졌다.[2] 〈하버드 비즈니스 리뷰 Harvard Business Review〉가 진행한 이와 유사한 연구에서도 매니저와 원온원을 거의 하지 않는 직원들은 업무 집중도가 현저히 떨어질 위험이 있지만,

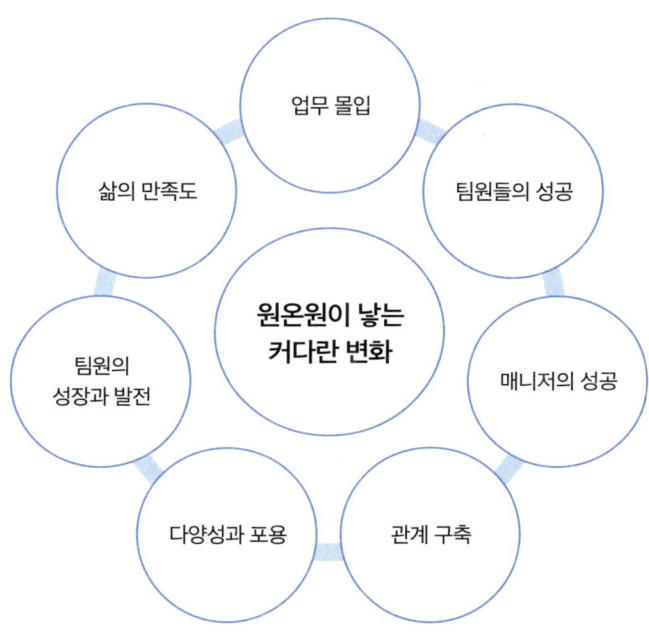

반대로 횟수를 두 배 이상으로 늘리면 업무 집중도가 떨어질 확률이 67퍼센트 줄어드는 것으로 나타났다.[3] 흥미로운 점은 지금까지 어떤 연구에서도 원온원을 지나치게 많이 해서 업무 몰입도가 정체되거나 줄어드는 학습 고원 현상plateau effect• 은 발견되지 않았다. 사실 오히려 정반대다. 내 연구 결과도 원온원 횟수가 늘수록 직원들의 업무 몰입도는 물론, 매니저에 대한 긍정적

• 학습효과가 증대하다가 어느 정도를 넘어서면 정체하는 현상 – 편집자 주

인식도 전반적으로 늘어나는 긍정적 선형 관계를 보여준다.

팀원들의 성공: 팀원들의 생산성 향상과 성공에 원온원은 필수적이다. 첫째, 원온원은 꾸준히 업무 진행상황을 점검할 기회가 되어, 필요한 조치를 시기적절하게 해줌으로써 특정 팀원이 중요한 과제에 집중할 수 있도록 도와준다. 매니저와 팀원이 머리를 맞대고 어떤 어려움과 장애물이 있는지 의논할 수 있고, 실시간 의사결정이 이루어지는 장이 되며, 유기적 협동이 이루어지고 필요한 지원과 자원을 제공할 수 있다. 지속적인 피드백, 명확한 업무 책임과 분담, 지원과 코칭이 이루어진다는 점도 팀원들의 성공 요인으로 작용한다. 실제로 연간 판매 목표 달성치를 기초로 한 연구에 따르면 매니저의 코칭 능력이 직원들의 업무 실적과 직결되는 것으로 나타났다.[4]

매니저의 성공: 원온원은 당신의 성공을 세 가지 방향에서 도와준다. 첫째, 원온원을 정례화하여 시간과 에너지를 투자하면 상황별 다급한 질문에 답해야 하는 수고가 줄어든다. 팀원들이 원온원에서 그런 질문이 다루어지는 것을 더 선호하기 때문이다. 질문으로 일이 끊기는 현상이 줄어들고 당신이 해야 할 일에 시간과 공을 더 들일 수 있게 된다. 둘째, 원온원은 필요한 정보를 얻고, 다양한 피드백을 종합하며, 팀원들과의 대화로 당신의 업무능력이 향상되는 동시에 팀에도 추진력을 실어주는 핵심 장치다. 마지막 세 번째는 애덤 그랜트Adam Grant가 한 말에 잘 녹아

있다. "조직에서 더 높이 올라갈수록 성공의 관건은 주변 사람들을 성공시키는 데 달렸다. 리더를 판단하는 기준은 그를 따르는 이들이 무엇을 이루었느냐다."[5] 원온원이 팀원들의 성공을 돕는 것은 분명하며, 이는 결국 팀의 성공으로 이어진다. 팀의 성공은 리더인 당신의 성공을 의미한다. 한 예로, 매니저 1,183명과 팀 소속 직원 838명을 대상으로 원온원에 대한 설문조사를 했는데, 그 결과는 놀라웠다. 매니저 89퍼센트와 직원 73퍼센트가 원온원이 팀 업무능력에 긍정적 영향을 미쳤다고 답했다.[6]

관계 구축: 팀원들을 알아가고 정기적으로 교류하는 것은 팀과 관계를 쌓는 기초가 된다. 구성원 간 소통을 촉진하고 서로를 알아가며 신뢰를 다져가는 장으로서의 원온원이 그 기초를 쌓는 훌륭한 방법이다. 원온원은 관계 구축을 의도가 담긴 활동으로 만들어준다. 팀원들이 당신에게 얼마나 중요한 존재인지를 알려주고 그들이 원하는 바에 집중하는 회의를 기꺼이 하겠다는 신호를 보내주기 때문이다. 또한 원온원은 어떤 문제나 소통의 어려움이 있다면 오해를 해소하고 관계를 정상화하는 데도 유용하다.

다양성과 포용: 모든 원온원은 팀원들이 목소리를 내고, 당신이 그 목소리를 들을 특별한 기회다. 성공적으로 진행된 원온원은 팀원들이 자신의 가치를 인식하고 도움을 얻을 기회가 된다. 팀원 모두가 팀장이 시키는 일을 하기 위해 모인 하나의 집단에 불과하다는 생각을 버리게 된다. 대신, 팀원 개개인의 고유한 업

무 경험을 더 잘 이해하게 되어 의사결정과 문제해결 과정에 유용하게 활용하게 된다. 자기가 겪고 있는 어려움과 문제가 진정성 있고 협조적인 분위기에서 논의되므로 팀원 개개인의 업무 효율과 성공이 보장되고, 결국 팀 내에 다양성과 포용을 도모하려는 당신의 노력도 결실을 보게 된다. 다시 말해, 원온원은 포용적인 조직 혹은 팀을 만들고자 하는 당신이 리더로서 가장 최전선에서 할 수 있는 일이다.

팀원의 성장과 발전: 원온원은 솔직하고 현실적인 피드백, 코칭, 멘토링과 경력 상담 등을 통해 팀원들이 성장하고 발전할 수 있도록 돕는 자리다. 자기 밑에서 일하고 있는 사람들을 끌어줄 줄 알아야 유능한 리더다. 전 제너럴 일렉트릭GE 회장 잭 웰치 Jack Welch가 한 말을 빌리자면, "관리자가 되기 전에는 자기 성장이 가장 중요하다. 하지만 관리자가 되고부터 성공의 열쇠는 남을 성장시키는 데 있다." 모든 원온원은 팀원의 현재와 미래에 대한 일종의 투자다. 동시에, 조직은 관리자들의 이러한 투자로 인재가 넘쳐나게 되면 어떤 프로젝트라도 진행할 수 있을 정도로 조직 역량이 커지고, 미래의 관리자도 내부에서 기용할 수 있는 편리함이 장착된다.

삶의 만족도: 삶의 만족도 연구에 일관적으로 드러나는 사실은 타인을 돕는 일의 중요성이다.[7] 타인을 도우면 자신의 행복감과 자존감은 물론, 전반적인 건강도 좋아진다고 한다.[8] 한 중국 속담

에도 이러한 삶에 대한 지혜가 잘 담겨 있다. "한 시간 동안 행복해지고 싶으면 낮잠을 자라. 하루를 행복하게 보내고 싶다면 낚시를 가라. 1년을 행복해지고 싶으면 큰돈을 물려받아라. 하지만 평생 그러길 원한다면 누군가를 도와라." 애덤 그랜트도 저서 《기브 앤 테이크》에서 효과적인 리더라면 '받기'보다 '주기'를 실행해야 한다고 역설한다. 원온원이야말로 누군가를 돕고, 베풀며, 그 두 가지 활동을 통해 타인의 삶에 큰 변화를 일으키는 내적 보상을 경험할 완벽한 기회다. 효과적인 원온원으로 당신의 삶을 포함한 모든 삶이 풍족해질 수 있다.

원온원이 생산직이나 여성이 주를 이루는 저소득 서비스 업종처럼 사람들이 몸을 쓰며 일하는 분야에는 맞지 않을 것이라는 통념이 있다. 건설 노동자, 정비사, 건물 청소 인력, 트럭 운전사, 간호사, 기계 운전자 등도 여기에 포함된다. 하지만 나는 그런 편견을 이해할 수 없다. 일 잘하고, 어려움을 극복하고, 의미 있는 관계를 키워가며 조직원으로서 기여하고 싶다는 욕구가 어느 한 직종이나 직업에서만 나타난다고 볼 수 없다. 이는 인간이 갖는 보편적이고 본질적인 욕구다. 따라서 나는 어느 직종에서나 원온원을 실시해서 원온원이 선사하는 장·단기적 혜택을 평가해볼 것을 조언한다. 물론, 만나는 주기와 논의할 주제는 직종과 역할, 성격에 따라 달라지겠지만, 원온원은 분명 어느 분야에서든 유용하다.

이제까지의 전개 방식과 전혀 다른 각도에서 1장을 마무리하고 싶다. 원온원을 포기했을 때 조직원들이 어떤 결과를 마주할지 상상해보자. 인간은 타인의 행동(혹은 행동 부족)을 관찰하고 거기에 의미를 부여한다. 하지만 불행히도 인간은 보거나 못 본 것을 이해하려고 노력하는 과정에서 여러 연구 결과로도 입증된 근본 귀인 오류fundamental attribution error라는 왜곡편향에 치우치기 쉽다. 사례 하나를 살펴보자. 복도에서 마주친 동료가 눈을 피하고 인사도 없이 지나쳐 버린다. 연구에 따르면 대부분 사람은 이유를 그 사람의 기질 탓으로 돌려, 그가 건방지거나 이기적이거나 그저 차가운 사람이라고 생각한다. 이렇게 기질과 성격 탓으로 돌리는 성향이 그 동료가 급한 마감 업무나 안 좋은 일로 정신없을 뿐이었다고 추측하며 좀 더 미묘한 상황변수를 고려하는 성향보다 우세하다. 이 사례를 원온원에 적용해보자. 다른 관리자들은 다 하는 원온원을 당신만 안 하고 있다면 사람들은 이유가 뭐라고 생각할 것 같은가? 혹은 업무가 다 다르고 원온원이 일부 직원들에게만 필요하다는 판단에 몇 명의 팀원하고만 원온원을 진행 중이라면? 당신이 그런 결정을 아무리 좋은 의도를 갖고 내렸더라도, 대개 팀원들은 당신이 팀원들의 성공에 그다지 관심이 없는 관리자라는 인상을 받을 것이다. 당신이 팀원들을 시간을 투자할 가치가 없는 사람들이라고 생각한다고 말이다.

> **핵심 포인트**

- **팀원들과의 원온원은 필수다:** 원온원은 관리자인 당신이 정기적으로 팀원들과 만나 다양한 주제를 논의하는 시간이다. 정기 팀 미팅이나 관리자 방 상시 개방 정책, 업무 외 사교적인 시간 이상의 의미가 있다. 명확한 의도가 있고 팀원을 지원해주려고 따로 빼놓은 귀한 시간이다.

- **원온원은 리더십의 실천이다:** 원온원은 관리자에게 추가된 업무가 아니라, 관리자의 '필수' 업무다. 지속적인 원온원으로 팀원들의 성공 가능성을 극대화하고 팀원 하나하나와 건강한 업무 관계를 형성할 수 있다.

- **원온원은 업무를 평가하는 자리가 아니다:** 업무 평가도 중요한 일이지만, 원온원과는 성격이 다르기에 원온원에서 업무 평가를 하지는 않는다. 대신, 원온원은 업무 평가에 정보를 제공하는 역할을 한다. 지속적인 대화와 이에 대한 기록을 쌓아감으로써 당신과 팀원들의 호흡이 더 잘 맞게 된다. 결국, 원온원으로 업무 평가가 더 공평해지고, 스트레스를 덜 받으며, 더 효과적인 업무 평가가 가능해지고, 심지어 즐기게 된다.

- **원온원으로 긍정적 성과를 낼 수 있다:** 원온원으로 팀원들, 관리자인 당신, 당신의 팀과 조직에 무수한 긍정적 성과를 낼 수 있다. 개선된 업무 집중도, 팀원과 관리자의 성공, 다양성과 포용, 관계 개선, 팀원의 성장과 발전, 삶의 만족도 상승 등을 그 예로 들 수 있다.

2장
팀원들이 원온원을 부담스러워하진 않을까요?

인간이 지닌 가장 오래되고 강한 감정이 두려움이며,
그 두려움 중에서도 가장 오래되고 강한 감정이 모르는 것들에 대한 두려움이다.
― H. P. 러브크래프트

사람들이 잘 지내지 못하는 이유는 서로를 두려워하기 때문이며,
서로를 두려워하는 이유는 서로를 잘 모르기 때문이고,
서로를 잘 모르는 이유는 서로 의사소통이 없었기 때문이다.
― 마틴 루서 킹

원온원을 처음 시작하거나 기존 원온원을 수정·보완하여 재개할 때 무엇보다 중요한 것은 원온원에 대해 충분한 설명을 하는 것이다. 설명이 부족하면 팀원들 사이에 추측이 피어나는데, 그런 추측은 잘못된 정보, 근거 없는 불안과 걱정을 낳는다. 정보가 확실하지 않으면 단서들을 모아 나름의 현실을 그려내게 되고, 사람들은 자신이 이해한 것을 명확히 하려고 주변 사람들에게서 정보를 구하려고 한다. 최종적으로 소문에 힘을 실어주는 것은 사람들 간의 정보 교환이다. 흥미로운 사실은 조직에서 이루어지

는 모든 의사소통의 대략 70퍼센트가 수군대면서 발생한다고 한다.[1] 수군거림 속에 티끌만큼의 진실이 담겨 있을 때도 많지만, 진실은 쏙 빼놓을 때도 그만큼 많아진다. 직원들끼리 나누는 이런 대화는 이야기가 전달될수록 왜곡이 거듭되어, 핵심 정보가 빠지거나 뒤바뀌어서 진실과 전혀 다른 이야기가 전달되고 만다. 보통 어린아이들이 하는 '전화기 게임'으로 잘 알려진, 일명 '연쇄 전송 실험transmission chain experiment'으로 연구되어 온 주제이기도 하다. 여럿이 둥그렇게 모여 앉아 첫 사람이 바로 옆에 앉은 사람에게 메시지를 속삭인다. 그 메시지를 받은 사람은 옆 사람에게 메시지를 전달하고, 그 과정을 거듭하며 메시지가 최초

전화기 게임의 국가별 명칭

국가	이름	번역
튀르키예	쿨락탄 쿨라아kulaktan kulağa	한 귀에서 다른 귀로
프랑스	텔레뽕 썽 필téléphone sans fil	무선 전화기
독일	슈틸레 포스트Stille Post	조용한 우편물
말레이시아	아스 텔레폰 로삭as telefon rosak	고장 난 전화기
이스라엘	텔레폰 샤부르telefon shavur	고장 난 전화기
핀란드	인 릭키내넨 푸헬린in rikkinäinen puhelin	고장 난 전화기
그리스	하라스메노 틸레포노halasmeno tilefono	고장 난 전화기
폴란드	글루히 텔레폰gluchy telefon	먹통 전화기

메시지 전달자에게 돌아오는 시점이 되면 정보에 얼마나 많은 왜곡이 가해졌는지를 알게 된다. 비공식적으로 속닥거리다 보면 정보는 언제나 왜곡된다는 보편성 덕분에, 이 게임은 다양한 이름으로(위의 표 참조) 불리며 전 세계 사람들이 즐기는 게임이기도 하다![2]

이처럼 개인에서 개인으로 암암리에 메시지가 전달되면 정보가 왜곡될 가능성이 크다. 따라서 원온원을 실시하기 전 팀원들에게 직접 '이유'와 '방법'을 명확히 전달해 혹시 모를 불안감을 가라앉혀야 한다. 긍정적인 분위기에서 분명하게 원칙을 정하라. 첫 번째 할 일은 원온원을 시작(혹은 재개)한다는 메시지를 팀원들이 모두 함께 들을 수 있도록 전체 팀 회의에서 발표하는 것이다. 그래야 누구 하나 소외되지 않고 팀 전원이 같은 메시지를 받는다. 둘째, 팀 전체가 원온원이 조직 차원에서 오래 지속할 장기적인 계획이라는 의도를 이해할 수 있도록, 원온원을 조직의 핵심 가치(예: 직원 목소리의 중요성), 그리고 당신 개인의 리더십 원칙(예: 지원을 아끼지 않는 리더)과 연결하라. 셋째, 원온원의 취지가 간섭과 통제가 아님을 강조하라. 원온원은 서로를 더 잘 알 기회이고, 어려움에 관해 이야기하는 시간이며, 경력을 어떻게 개발할지 상의하고, 필요한 도움을 제공하며, 양방향 대화로 팀원들의 걱정과 질문을 해결해주는 시간이라고 분명히 밝히자. 그러면서 얼마나 자주 할지, 할당된 시간은 얼마인지, 어떤 주제로 어디에서 할지 등, 실제 진행 방식도 하나하나 펼쳐 보여주도록 한다. 마지막으로, 진행 방식과 방향에 대해서는 팀원들이 주도해서 조정해가며, 차츰 가장 이상적인 원온원을 만들어갈 것임을 강조하라.

> 원온원에서 통제받고 있다는 느낌을 받는 팀원이 있을까? 물론, 그럴 수 있지만, 이는 당신이 어떻게 원온원을 진행하느냐에 달렸다. 지나치게 관리하려고 들면 당연히 통제되고 있다고 느끼겠지만, 원온원의 원래 취지가 통제는 아니다.

팀원들의 원온원 질문에 어떻게 답변해야 할까?

원온원 시작이나 재개 발표에 도움을 얻기 위해, 팀원들이 자주 하는 질문과 그에 맞는 적절한 답변 사례들을 살펴보자.

팀원   어떤 얘기가 오가게 되나요?

매니저   주제는 팀원 개개인이 정하게 됩니다. 그렇기에 팀원들에게 의미 있는 시간이 될 겁니다. 업무상 어려움, 업무 우선순위 결정, 지시받은 내용 중 모호한 부분,

조정이 필요한 일, 업무의 목표, 협조가 필요한 일, 팀원 개개인의 성장과 발전, 경력 관리 등을 이야기 나눌 수 있습니다. 물론, 저와의 관계 발전도 당연히 포함되겠죠?

팀원   일상적으로 이런 대화를 할 수도 있지 않나요?

매니저   놓치는 것이 있을 수 있어서입니다. 게다가 격식이 없는 일상적인 대화는 발등에 떨어진 불을 끄는 것처럼 당장 급한 단기적 문제들만 이야기하게 되어 경력 개발이나 진로 문제 같은 장기적 주제에 집중하기 힘들죠.

팀원   그럼 앞으로 일상적인 대화는 하지 않는다는 뜻인가요?

매니저   원온원이 일상적인 대화를 대체하지는 않습니다. 물론, 앞으로는 특정 주제에 관해 다음 원온원 때 이야기하려고들 할 테니 '즉흥' 미팅은 아마 줄어들겠죠. 하지만 제 사무실 문은 예전처럼 언제나 열려 있답니다.

팀원   그냥 팀 미팅에서 이야기해도 되지 않나요?

매니저   팀원 개개인의 니즈가 충족되는 개인적인 시간을 드리고 싶은 겁니다. 경력 개발이나 걱정거리처럼 저와 단둘이 대화하면 더 잘 풀릴 주제들이 분명히 있습니다. 물론, 원온원에서 다루어진 사항이 팀과 연관된다면 팀에도 알릴 거고요.

팀원   업무 평가 미팅인가요?

매니저   절대 아닙니다. 물론, 원온원이 피드백과 코칭을 주고받고 성장과 발전을 의논하기에도 좋은 자리지만, 업무에만 집중하자는 뜻이 아닙니다. 또 다른 장점은 정기적으로 원온원을 하면 실제 업무 평가 미팅에서 당황할 일이 줄어들 거라는 점입니다.

팀원   사정이 생겨서 원온원을 취소할 수도 있나요?

매니저   꼭 필요하다면, 취소할 수 있습니다. 하지만 습관처럼 지켜나가는 것이 모두에게 좋습니다. 하다 보면 저와 팀원 개개인에게 맞는 최적의 주기도 찾을 수 있고요.

팀원   누구에게나 같은 방식인가요?

매니저   네, 거의 그렇습니다. 하지만 팀원마다 아젠다에 대해 나름의 생각이 있을 테니 각자의 경험은 다 다를 겁니다. 물론 원온원의 궁극적 취지와 제가 원온원을 대하는 태도는 늘 같을 겁니다.

팀원   몇 달 동안이나 하나요?

매니저   일회성이 아닙니다. 원온원은 제가 가진 리더로서의 철학에 필수적인 요소이자 최고의 팀을 만들어가는 데 핵심이 되는 수단입니다. 팀원 개개인의 니즈도 최대한 반영하며 분명히 진화해갈 것입니다. 그러려면 정기적으로 우리가 잘하고 있는지를 평가해서 변화하고 가치를 더해가야 합니다.

팀원   전 뭘 해야 하죠?

매니저   마음을 열고 준비된 자세로 와주세요. 애로사항이나 현재 문제에 대해 허심탄회하게 말해줘요. 그래야 함께 해결해갈 수 있어요. 우선순위를 정해 주제를 잡고 회의를 이끌어 주세요. 궁금해하고, 적극적으로 참여해주고, 솔직하게 이야기해주고, 문제와 해법에 대해 깊이 사고해주고, 서슴없이 도움과 피드백을 구하고, 배운 내용과 얻은 통찰을 꼭 행동으로 옮겨줘요. 저도 그렇게 할 겁니다.

팀원   그런데 왜 갑자기 지금이죠?

매니저   기다릴 거 있나요? 팀원들이 개개인의 잠재력을 최대한 발휘할 수 있도록 돕고 팀을 한 단계 더 끌어올려

저도 최고의 리더가 될 기회잖아요.

팀원 원온원에서 나온 얘기는 비밀 유지가 되나요?

매니저 별다른 일이 없다면 둘의 대화는 둘만 아는 겁니다. 팀원들과 원온원에서 한 이야기를 공유할지 여부는 알아서 결정하셔도 됩니다. 하지만, 네 맞아요. 원온원은 일급 기밀이 원칙입니다.

팀원 지난 10년을 같이 일해왔잖아요. 굳이 원온원 같은 것이 필요할까요?

매니저 그럴지도 모릅니다. 하지만 그렇다고 우리 관계를 당연시해도 안 되죠. 좋은 관계는 꾸준한 관리가 필요하잖아요. 게다가 급한 문제나 당장 해결해야 할 사안이 생긴다면 원온원을 통해 더 효과적으로 해결할 수 있어요. 일단 한번 시작해보고, 시간을 들여 장단점을 가려가며 유익한 시간으로 만들어 봅시다.

> **핵심 포인트**

- **시작은 정확한 안내부터:** 원온원을 최초로 시작하거나 재개할 때, 충분한 설명은 필수다. 가장 효과적인 방법은 팀 전체 미팅에서 원온원에 대한 개요와 원온원을 시작하려는 이유를 설명하는 것이다. 팀원 모두가 한 명도 빠짐없이 원온원을 할 것임을 먼저 밝혀라. 조직의 핵심 가치, 매니저인 당신의 리더십 철학과 원온원을 연계시키고, 지나친 간섭이 목적이 아님을 분명히 밝히도록 한다. 정기적이고 일관성 있는 원온원으로 팀원 개개인이 목소리를 낼 수 있는 시간을 주고 싶다는 당신의 바람을 강조하라.

- **팀원들의 궁금증을 해소하라:** 원온원에 대해 소개한 후에 반드시 해야 할 일은 팀원들의 질문을 받는 것이다. 팀 미팅 형식으로 질의응답을 해야 모두가 같은 자리에서 같은 답변을 듣게 되고, 그래야 관리자가 같은 설명을 반복해야 하는 수고를 덜 수 있다. 일반적인 질문에는 원온원이 어떤 방식으로 진행되는지, 참석이 선택사항인지 의무인지, 팀원들은 뭘 준비해야 하는지 등이 있다.

3장

의논할 일이 생길 때
회의하면 되지 않나요?

얼마나 자주 원온원을 해야 하는지를 과학적으로 설명하기 전에 우선 '예/아니오'로 당신이 원온원에 대해 얼마나 알고 있는지 테스트해 보자.

질문	답변
주간 원온원은 팀원들이 심하게 단속받고 있다고 느낄 수 있으므로 바람직하지 않다.	예/아니오
영국, 독일, 프랑스의 직장인들과 비교해, 피드백에 늘 목말라 하는 미국 직장인들이 원온원을 더 원한다.	예/아니오
매니저와 단둘이 대화하는 시간에 상대적으로 더 큰 의미를 두는 부하 직원들이 원온원을 가장 원한다.	예/아니오

질문	답변
원온원 주기가 명확하지 않으면, 나와 관점 차이가 가장 큰 팀원이 제일 많은 도움이 필요할 거라는 편견 때문에 그들과 더 자주 원온원을 하게 된다.	예/아니오
팀원들이 잦은 원온원을 꺼리는 가장 큰 이유는 과다한 회의에서 오는 피로감 때문이다.	예/아니오

위의 질문에 대한 답은 무엇일까? 이 장에서 더 자세히 다루겠지만, 일단 답은 모두 '아니오'다. 그렇다면 과학적으로 원온원을 얼마나 자주 해야 할까?

명확한 원온원 계획을 세워라

우선 계획을 세워야 한다. 매주, 격주 등 원온원을 얼마나 자주 할지에 대한 전략을 세워놓아야 한다. 당연히 갑작스러운 일로 계획이 틀어질 수도 있지만, 다음 두 가지 이유로 원온원 주기를 명확히 하는 것이 중요하다. 첫째, 원온원을 하면 실제 행동으로 이어지고, 궁극적으로는 이를 닦는 것처럼 생각이나 조바심도 들지 않는 일상적인 일이 되어버린다. 단순한 습관처럼 원온원을 하게 된다. 다음 이유는 편향 문제다. 다시 말해, 팀 전체에 예외 없이 적용되는 규칙은 문제가 될 소지가 있는 두 가지 편향을 막아준다.

첫 번째 편향은 나와 비슷한 사람과 더 자주 만날 수밖에 없는 유사성 매력 편향similarity-attraction bias이다. 연구에 따르면 우리는 태도나 신체적·성격적 특성이 비슷한 사람들에게 그렇지 않은 사람들보다 더 큰 매력을 느끼고 신뢰하는 성향이 있다. '유유상종'이라는 속담도 있지 않은가? 예를 들어, 키가 작은 사람은 키가 작은 사람을, 매력적인 사람은 매력적인 사람을 배우자로 선택할 가능성이 높다는 연구 결과가 있다. 명확한 계획 없이 상황에 따라 즉흥적으로 원온원을 하게 되면 이 유사성 매력 편향에 빠지게 된다. 그 결과 성, 인종, 민족, 성격 타입 등의 요소가 팀원이 매니저인 당신과 만나는 횟수와 당신이 팀원들을 대하는 태도에 영향을 미치는 요인으로 작용해, 당신의 의도와는 달리 차별을 불러올 수 있다. 구체적인 원온원 계획이 서 있다면 팔이 안으로 굽는 일 없이 팀원들 모두에게 원온원 기회가 공평하게 돌아가게 된다.

두 번째 편향은 누군가를 더 자주 보고 교류하다 보면 그 사람을 더 좋아하게 되고 자주 어울리게 되는 것이다. 이는 근접 효과propinquity effect라고 불리는 편향으로, 단순노출 효과mere exposure effect라고도 한다. 원온원 계획이 없다면 자주 보는 사람을 더 아끼게 된다. 한 예로, '눈에서 멀어지면 마음도 멀어진다'는 말처럼 원격근무자가 동등한 기회와 대우를 받지 못할 가능성이 크다. 명확한 원온원 계획이 서 있다면 이러한 편향들이 뿌리내릴 수 없다.

좀 더 유연하게 원온원에 접근하는 것도 좋은 방법이다. 팀원마다 다른 주기로 원온원을 하면서도, 어느 정도 평균을 맞춰 한 달을 기준으로 같은 횟수의 원온원 시간이 모두에게 돌아가도록 하면 된다. 예를 들어, 일부는 30분 원온원을 일주일에 한 번 하고, 일부는 60분 원온원을 2주에 한 번 하면 된다. 결국 시간 투자는 같아지기 때문이다. 다음으로 원온원 계획에는 어떤 종류가 있는지 연구 결과를 살펴보자.

합리적인 원온원 주기를 정하라

임원 50명을 인터뷰한 결과, 그들이 가장 추천하는 원온원 주기 계획은 다음의 세 종류였다.

1. **주간 계획**: 일주일에 한 번 30분
2. **격주 계획**: 2주 간격으로 45~60분
3. **월간 계획**: 3주나 4주마다 60~90분

직장 내 원온원 주기를 조사한 자료도 있다. 개인 미용용품 기

원온원 주기	실행하는 관리자 비율
매주	49퍼센트
격주	22퍼센트
매달	15퍼센트
분기별	2퍼센트

업 솝박스Soapbox는 다양한 산업에서 일하는 관리자 200명을 대상으로 원온원에 관한 연구를 진행했다.[1] 이 연구는 관리자와 팀원이 원온원을 얼마나 자주 하는지에 중점을 두었다. 위 표처럼 재미있는 결과가 나왔는데, 조직 규모나 관리자가 관리하는 팀원 수에 따라 결과가 바뀌지는 않았다.

나는 '바람직한' 원온원 주기가 있는지 알아보기 위해 약 4천 명의 직장인들을 대상으로 문화비교 연구를 진행했다. 이들에게 한 달에 매니저와 원온원을 몇 번이나 하기를 '원하느냐'고 물었

국가	원하는 월간 원온원 횟수
프랑스	4.5
독일	4.6
영국	3.3
미국	3.4
평균	4.0

다. 흥미롭게도 나라마다 차이가 있긴 했지만, 전반적으로 한 달에 4번(또는 주간 원온원)이라고 답했다. 국가별 직장인들이 원하는 월간 원온원 횟수는 위의 표와 같다.

이러한 데이터를 통해 알 수 있는 또 한 가지 사실은 조직에서 직급이 높아질수록 원온원을 더 필요로 한다는 점이었다.

물론, 개인차가 존재하긴 했지만, 연구의 결론은 '문화와 직급을 막론하고 대개 주간 원온원을 선호한다'는 것이었다.

> 일주일에 두 번 이상 원온원을 하는 관리자들도 있었다. 이 방법은 본의 아니게 관리자가 사사건건 팀원을 관리하려 들며 '지나치다'는 인상을 남길 위험이 있다. 원온원 횟수도 너무 많다. 해당 연구 인터뷰에서 직장인 대부분은 업무 점검을 꼭 자주 해야 한다면 문자, 줌 미팅, 전화나 이메일 같은, 시간에 구애받지 않으면서도 효율적인 채널을 더 선호한다고 답했다.

직급	원하는 월간 원온원 횟수
신입급	3.1
대리급	3.7
과장급	4.1
부장급	4.5

팀과 당신에게 가장 잘 맞는 원온원 계획을 수립할 때 의사결정 규칙과 그 결괏값들을 나무 구조로 도식화한 결정 트리decision tree 도구를 활용해도 좋다. 하지만 분명한 사실은 '가능하고 합리적이라면' 주간 원온원이 가장 바람직하다는 연구 결과가 나왔다는 것이다. 예를 들어, 25주간 기술 분야 직장인들을 대상으로 한 연구에서 주간 원온원을 하던 직원들 대부분은 격주 원온원을 하던 직원들보다 자기 매니저를 더 긍정적으로 평가했고 수치도 평균 10퍼센트 더 높았다. 게다가 추가로 시행한 업무 몰입도 조사와 연계해본 결과 주간 원온원이 가장 높은 업무 몰입도를 보였고, 원온원 빈도가 줄어들수록 몰입도도 떨어졌다. 연구 결과처럼 나 역시 주간 원온원을 선호하지만, 앞에서 '가능하고 합리적이라면'이라고 강조한 이유가 있다. 달리 말해, 주간 원온원이 불가능하고 합리적이지 않은 때가 언제인지도 고려해야 한다. 당신 팀에게 맞는 원온원 계획을 수립할 때 무조건 다들 하는 방식을 따르기 전에 고려해야 할 점이 있다. 다음의 목록이 그러한 고민을 해결하는 데 도움이 될 것이다. 1부 뒤의 체크리스트에 있는 '원온원 주기를 결정하는 자가진단 테스트'도 꼭 풀어보길 바란다.

- **대면 vs. 비대면**: 팀이 원격으로 일한다면 주간 원온원을 권한다. 얼굴을 보면서 일하는 팀처럼 즉흥적으로 접촉하는

것이 사실상 부족하기 때문이다. 반대로 팀원 모두나 일부가 대면 방식으로 일한다면, 자주 접촉할 수 있으므로 원온원 주기를 조금 늘려도 괜찮다.

- **팀원들의 목소리를 들어라**: 팀원들은 원온원 주기에 대해 어떻게 생각하는지 들어보라. 당신은 주간 원온원을 권하더라도 팀원이 격주를 강력하게 주장한다면 받아들여도 좋다.
- **팀원들의 경험과 근속연수**: 팀원들이 입사한 지 얼마 안 되었고 경험도 부족하다면, 주간 원온원이 가장 이상적이다. 자주 만나 팀원들의 성장과 발전에 도움이 되는 코칭을 해줄 수 있기 때문이다. 하지만 조직이나 팀에서 비교적 오래 일한 노련한 팀원이라면 그렇게 자주 원온원을 할 필요는 없다. 마찬가지로 새로운 팀원이 최근 팀에 투입되었다면, 다른 곳에서 경험이 많더라도 최소한 초기 얼마 동안은 주간 원온원을 해야 한다. 신뢰를 쌓고 새 조직과 팀에 순조롭게 정착할 수 있도록 돕는 온보딩onboarding 효과도 기대할 수 있다. 새로운 팀원에게 당신은 생명줄과 같다. 그 팀원이 원격으로 근무한다면 더더욱 그렇다.
- **리더의 경험과 근속연수**: 만약 당신이 팀을 맡은 지 얼마 안 되었다면 관계 구축과 손발을 맞추기 위해 주간 원온원을 하는 것이 가장 좋다. 이미 팀과 일한 시간이 어느 정도 쌓였다면 격주나 월간 원온원도 고려해볼 만하다.

- **팀 규모**: 팀이 10명 이상으로 규모가 꽤 크다면, 격주나 월간 원온원으로 팀원 모두와의 원온원을 골고루 분배해야 할 수도 있다. 여기에 원온원 시간도 고려해, 원온원을 한 번 할 때마다 어느 정도의 시간을 할당할지도 결정해야 한다. 격주로 만나되, 60분보다 30~40분이 나을 수도 있다는 뜻이다. 팀 규모를 혼자 감당할 수 없다면 동료 간 상호 멘토링, 타 부서나 외부 코치 영입 등을 고려해서라도 팀원들이 필요한 지원과 관심을 받도록 해야 한다.
- **기술을 활용하라**: 당신이 플랫폼 등 특정 기술을 사용할 줄 알아서 굳이 오프라인으로 만날 필요가 없다면, 원온원 주기를 늘려도 상관없다. 실제로 구글의 한 임원은 온라인 공유문서를 활용해 업무 상황을 점검하고 지시를 내린다.
- **주간 팀 미팅을 살펴라**: (3~4명 정도로) 팀이 작고 똘똘 뭉쳐 있으며, 정기적으로 팀 미팅도 잘 이루어진다면 원온원을 너무 자주 할 필요는 없다.

원온원 주기를 월 1회로 할 경우를 다시 한번 더 짚어보자. 인터뷰 결과, 많은 고위 경영진이 원온원을 월 1회 하는 것으로 나타났다. 이유는 크게 세 가지로 압축됐다. 첫째, 팀원이 많아서 원온원이 너무 잦다. 둘째, 팀원 대개가 경험이 많아서 딱히 지도할 사항이 없다. 셋째, 팀원들과 호흡을 오랫동안 맞춰왔다. 연구

> 원온원 빈도와 관련해 한 가지 또 덧붙일 말은 '신뢰'다. 신뢰는 원온원 빈도 결정에 있어 위에서 언급한 다른 요소들에 비해 모호할지는 몰라도 중요한 요소다. 신뢰가 돈독하고 다른 의사소통 방식으로 관리자와 언제든 의논할 수 있는 체계가 잡혀 있다면 원온원을 자주 할 필요가 줄어들 수도 있다. 그런데도 앞선 여러 고려 요소에 신뢰를 넣지 않았던 이유는 연구에 따르면 관리자가 생각하는 신뢰의 돈독함과 팀원의 생각이 다를 수 있기 때문이다. 우리가 타인이 우리를 신뢰하는지 아닌지를 판단할 최고의 적임자는 아니다. 나아가 돈독한 신뢰 관계가 지속성을 띠는 것도 아니다. 신뢰받고 있다고 생각하다가도, 어느 순간 신뢰를 잃기도 한다. 끝없이 가꾸어 가야지, 당연시해서는 안 되는 요소다.

데이터상으로 월 1회 주기가 다른 주기보다 덜 바람직하지만, 팀원들에게 도움이 되는 건 사실이다. 아예 원온원을 하지 않는 팀과 비교해 업무 몰입도 향상을 가져오긴 한다. 하지만 직원들이, 심지어 간부급으로 갈수록 원온원을 더 자주 하기를 원한다는 앞서 살펴본 데이터와 더불어, 월 1회 원온원이 대개는 이상적이지 않은 세 가지 주요한 이유가 있다. 첫째, 다음 원온원과의 시간 격차가 벌어져서 피드백이나 조언이 제때 이루어지기 힘들다(예를 들어, 논의할 가치가 있는 어떤 일이 다음 원온원 3주 전에 일어났을 수 있다). 둘째, 최신성 편향recency bias이 두드러질 수밖에 없다. 최근 사건이 당연히 더 기억하기 쉬워서 원온원이 최근에 일어난 문제에 대한 토의로 치우칠 수 있다는 뜻이다. 마지막으로, 가장 효과적인 원온원의 특징은 이전 원온원과의 연계성이다. 그래야 업무에 가속이 붙고 발전시켜야 할 부분이나 진행되어야 할 조치를 팀 전원이 일관성 있게 추진할 수 있다. 원온원 주기가 너무 길어지면 당연히 업무의 지속성과 가속성 모두를 잃게 된다. 자, 이래도 나와 인터뷰했던 고위 간부들처럼 원온원을 월 1회 진행할 것인가? 할 수는 있겠지만, 최적의 원온원은 아닐 것이다. 분기별 원온원은 어떠냐는 질문도 있을 수 있다. 연구 결과를 봐도 당연히 답은 '아니오'다. 사실 분기별 원온원은 딱히 주기가 있다기보다, 원온원을 안 하는 것이나 마찬가지다.

물론, 원온원에 대한 천편일률적인 방법은 없다. 이전 경험과 노하우를 살려 당신과 팀, 그리고 팀의 고유한 상황에 맞는 원온원 계획을 수립하면 된다. 이미 시작된 원온원이지만, 얼마든지 시간을 두고 평가하여 조정하고 조율해갈 수 있다. 단, 성급히 판단하기보다 몇 달 정도는 최초 계획을 지속해봐야 원온원 주기에 대한 확실한 판단이 설 것이다.

> 원온원 빈도가 늘면 그 시간은 줄어들 수도 있다. 주 1회 원온원 시간이 20~30분이어도 좋은 이유다. 반대로 만나는 빈도가 낮으면 다룰 내용이 많아져 원온원이 더 길어지는 건 당연하다(45~90분).

> **핵심 포인트**

- **팀에 맞는 계획을 세워라:** 구체적인 계획이 서야 팀원 모두와 실제로 원온원이 이루어지게 되고, 무의식중에 특정 팀원으로 기우는 편향도 막을 수 있다.

- **팀에 맞는 주기를 찾아라:** 가장 일반적인 주기는 매주, 격주, 월간이다. 그때그때 원온원 주기를 정하는 방식과 작별하라. 연구에 따르면 대부분 주간 원온원이 최고의 선택이다.

- **합리적인 주기를 정하라:** 원격근무를 하는 팀원이 있는지, 팀원들이 원하는 주기가 있는지, 팀원들의 경험과 근속연수는 얼마나 되는지, 당신이 팀과 일해온 시간, 팀 규모 등 가능성과 합리성을 고려해야 한다. 단 하나의 정답은 없으니, 팀에 가장 적합한 주기를 선택해 진행하면서 필요에 따라 바꿔가고 보완해가라.

- **팀원의 의견을 수용하라:** 팀원 한 명이 원온원에 흥미가 없거나 횟수를 줄였으면 한다면, 원온원에 문제가 있을 수도 있다고 생각하라. 원온원에 대해 꾸준히 피드백을 구하고 더 나은 원온원을 진행할 방법을 고민하라.

4장

원온원 일정은 어떻게 잡아야 하나요?
하루에, 몰아서, 아니면 분산해서?

원온원 일정은 어떻게 잡아야 하는가? 하루에, 몰아서, 아니면 분산해서? 이 질문에 답하기 위해 먼저 '몰입flow'의 개념, 즉 작업에 완전히 빠져들어 놀라운 집중력을 발휘하는 정신 상태에 관해 얘기해보자. 스포츠에서는 보통 '신들렸다in the zone'라고 한다. 심리학자 미하이 칙센트미하이Mihaly Csikszentmihalyi가 50년 전 소개한 개념으로, '어떤 한 활동에 완전히 몰입해 그 활동 외에 어떤 것도 의미 없어지는 상태로, 커다란 대가를 치르더라도 또다시 찾게 되는 경험'을 말한다.[1] 초기 연구의 중심은 창의적인 직업을 가진 사람들이었고, 몰입도와 작업 완성도가 정비례 관계임이 입증됐다.[2] 최근 들어서는 매니저에서 지식 노동자에 이르기까지 다양한 사람들로 연구 대상을 넓혔다. 결과는 직업과 관계없이 몰입은 생산성, 만족, 행복감과 연관된다는 것이었다.[3] 반대로 몰입 부족은 부정적인 결과를 낳았다.[4] 예를 들어, 한 연구에 따르면 몰입도가 부족한 사람들은 자신이 어수선하고 일을 주도하지 못하고 있다는 느낌에 전반적으로 무기력에 시달린다고 한다. 또 다른 연구에서도 비슷한 결과가 나왔는데, 몰입을 방해받은 사람은 스트레스가 쌓이고 생산성이 저하되면서 짜증이 늘었다고 한다.[5] 몰입이 이렇게 중요하다.

그런데 왜 갑자기 몰입 얘기를 하는 걸까? 회의가 몰입을 극대화하는 (동시에 방해 요소를 줄이는) 식으로 계획돼야 하기 때문이다. 예를 들어, 회의를 몰아서 오전에만 잡게 되면, 하루 내내 분산할 때보다 회의로 인해 발생할 업무 끊김이 줄고, 결국 오후에는 몰입해서 일할 분위기가 조성된다. 회의가 분산되어 있으면 중간중간 끼어 있는 회의 때문에 중요한 업무에 집중할 시간이 부족해질 수밖에 없고, 몰입에 방해가 되어 당연히 생산성이 떨어진다. 내 지도를 받으며 박사과정을 밟던 리아나 크레이머Liana Kreamer와 함께 진행한 연구에 참여했던 직장인들도 회의가 일과 전체에 분산되어 있을 때보다 특정 시간대에 집중되었을 때 생산성, 성취감, 긍정성이 더 높아졌다고 답했다. 소프트웨어 개발자를 대상으로 한 조사에서도 응답자 대부분은 일과 전에 모든 회의를 마치는 것이 더 이상적이라고 답했다. 이럴 때 '오후'

시간이 몰입 기회가 된다. 그다음으로 좋은 방식은 점심 식사 후 이른 오후 시간대로 회의를 몰아, 점심이라는 자연스러운 끊김을 활용하는 것이다. 이럴 땐 아침이 몰입의 시간이 된다.

하지만 원온원을 특정 시간대에 몰아서 잡을 때 두 가지 주의할 사항이 있다.

첫째, 원온원 사이사이에 짧은 휴식 시간을 끼워 넣어 주의 환기, 간단한 스트레칭, 화장실 사용, 다음 회의 준비 등을 할 시간을 마련해야 한다. 원온원 시간을 줄이는 것이 하나의 방법이다. 예를 들어, 30분 미팅을 25분으로 줄이면 된다. 둘째, 당신 자신의 업무 몰입도를 높이기 위해 원온원을 몰아서 잡았다면, 그래서 얻은 몰입 시간을 정해진 일정처럼 귀하게 관리해야 한다. 당신에게도 몰입 시간은 절대적이다.

특정 시간대로 원온원을 모는 방법이 몰입 차원에서 가장 선호되지만, 몰입에 방해되어도 원온원을 분산해서 갖는 편이 낫다고 답한 응답자들도 있었다. 그 이유는 다음과 같았다.

1. 연속해서 미팅하다 보면 생기는 미팅 피로를 막아준다.
2. 미팅 후, 미팅 내용과 메모를 정리할 시간적 여유가 충분하다.
3. 다음 미팅을 준비할 시간적 여유가 있다.
4. 미팅 사이사이 다른 업무를 처리하고 이메일을 확인하는 등, 일이 쌓이는 일을 막아준다.

분명, 사람마다 선호하는 방식이 따로 있다. 원온원 일정을 분산하는 것을 선호하는 여러 가지 이유도 충분히 이해는 간다. (다음 그림에서 볼 수 있듯이) 몰아서 미팅하는 사이사이 짧은 휴식 시간을 집어넣으면 다소 해결될 문제들이다. 나의 경우 조사 결과처럼 몰아서 하는 회의를 선호하지만, 당신의 생각은 다를 수도 있으므로 상관없다. 하지만 업무가 끊기는 걸 막기 위해 그래도 점심시간 같은 자연스러운 휴식 시간을 중심으로 회의 시간을 잡는 것을 추천한다. 업무를 중간중간 멈췄다가 다시 집중하는 것은 시간과 정신적 에너지가 드는 일이다. 출근 직후나 점심시간 바로 전, 일과가 끝날 즈음 하는 미팅은 자연스럽게 업무가 끊겨 있는 시간대다. 따라서 업무가 두 번이 아니라 한 번 끊기는 장점이 있다. 결국 생산성과 시간 활용에 대한 만족감이 늘어나 모두가 몰입을 경험할 확률이 더 커진다. 다음 그림은 원온원 하루 일과를 보여주는 세 가지 사례다.

원온원 일정을 관리하면서 본인 업무도 처리해야 하지만, 다행히도 당신에게는 자율성이 있다. 최고의 실천 사례들을 보면, 자기 상황에 맞춰 가장 이상적인 원온원 시간을 결정하여 몰입을 극대화하는 공통점이 있다. 그런 다음 팀원들에게도 당신이 정한 시간대 안에서 언제 원온원을 하고자 하는지 결정할 수 있도록 자율성을 허락한다. 이때, 시간대를 넓게 벌려놓아야 모두가 행복한 최적의 원온원 편성이 가능하다. 또한 원온원을 할 시

	몰아서 하기	자연스러운 휴식 시간을 활용하기	분산시키기
GMT-04			
8시			
9시	재럿과의 원온원		자말과의 원온원
	신시아와의 원온원		
10시	자말과의 원온원		
			신시아와의 원온원
11시			
		재럿과의 원온원	
12시			
	점심시간	점심시간	점심시간
1시			
		신시아와의 원온원	
2시			
			재럿과의 원온원
3시			
		자말과의 원온원	
4시			
	팀 미팅	팀 미팅	팀 미팅
5시			

간대가 결정되면, 일관성을 위해서나 우왕좌왕 시간을 자주 바꾸는 일을 막기 위해 6개월에서 1년은 그대로 밀어붙여야 한다.

팀원 모두가 만족할 회의 시간을 찾는 데 도움이 될 앱과 프로그램들도 많다. 예를 들어, 마이크로소프트의 팀즈Microsoft Teams 회의 플랫폼에 있는 '일정 도우미scheduling assistant' 기능을 활용하면, 팀이 내 일정을 확인하고 그에 맞는 적절한 회의 시간을 제안할 수 있다. 업무에 집중하기 위해 일정에서 특정 시간을 (회의할 수 없는 시간으로) 빼놓을 수도 있다. 팀원들에게는 '바쁨'으로 표시되므로, 팀원들은 그 시간대를 피해 당신에게 원온원을 편하게 제안할 수 있다.

> 원온원을 하루에 모두 해야 할까? 아직 이 질문에 관한 연구는 없다. 전적으로 개인 취향에 달린 문제다. 하지만 분명한 건 모든 회의가 그렇듯, 집중해서 에너지를 쏟아야 원온원도 성공한다. 하루에 원온원을 다 하려는 계획은 매니저에게 큰 부담이 될 수 있다. 하지만 결국 결정은 당신 몫이다.

피치 못하게 원온원을 취소해야 한다면

이 장에서 마지막으로 다룰 주제는 보통은 생각해보지 않는, 원온원을 취소할 경우의 문제다. 정말 달리 방법이 없다면 원온원을 취소해야 한다. 하지만 원온원은 사람과 팀에 대한 투자이므로 귀하게 생각해야 한다. 출장을 가거나 사무실로 복귀할 수 없는 때라도 차 안이나 공항, 혹은 일정 중 짬을 내서 전화라도 해야 한다. 그러면 원래 계획했던 것보다 원온원 시간이 줄겠지만, 불과 5~10분뿐일지라도 팀원들에게 강력하고 중요한 메시지를 전달하는 생산적인 시간이 될 수 있다. 특별히 일정이 꼬여 애매한 주라도 공유문서같이 시간과 장소에 구애받지 않는 방법으로 업무 이야기를 나눌 수 있다. 분명히 효과가 있는 방법인데도 관리자들이 잘 사용하지 않는 방법이기도 하다. 그것 자체로는 원온원이 아닐지 몰라도, 원온원의 틀을 깨지 않는 기능을 한다. 급한 일이 터져 꼭 취소해야 한다면 직접 바로 다시 시간을 잡아야 한다. 가장 이상적인 시간은 같은 주나 최대한 빨리다. 일정이 겹칠 것 같다면 팀원들에게 당신이 원온원을 특별히 생각한다는 인상을 주기 위해 원온원을 미루지 말고 앞당겨야 한다.

팀원이 원온원을 취소하는 건 어떨까? 물론 가능하다. 하지만 취소 빈도를 관찰해 반복되지 않도록 해야 한다. 팀원이 원온원을 자주 취소한다면 뭔가 문제가 있다는 신호일 수 있다. 이런 경우, 관리자는 어떤 결정을 내리기 전에 근본적인 이유를 최대한 정확히 이해하려고 노력해야 한다. 내가 연구 초반에 얻은 중요한 교훈은 팀원이 원온원을 덜 하려고 한다면 원온원에 투입되는 시간보다는 원온원에서 얻는 가치 때문인 경우가 많다는 것이었다. 즉, 팀원이 원온원을 회피할지 여부는 그 팀원이 얼마나 바쁜지가 아니라, 관리자가 얼마나 원온원을 잘못 운영하는지로 예상할 수 있다. 관리자가 팀원이 어떤 생각을 하고 있는지를 귀담아들으려고 하지 않기 때문에, 팀원은 원온원을 정기적으로 할 필요가 없다고 느낀다. 자신이 운영하는 원온원에 대한 피드백을 얻는 법에 대해서는 13장을 참고하길 바란다.

> **핵심 포인트**
>
> - **나에게 딱 맞는 일정을 찾아라:** 연구 결과에서는 원온원을 특정 시간대에 몰아 진행하는 것이 업무 흐름을 방해하지 않아 일에 대한 몰입도가 더 커지는 가장 이상적인 방법이라고 하지만, 매니저마다 선호하는 방식은 다 다르다. 원온원 일정은 결국 매니저인 당신이 결정할 사항이므로 당신의 필요와 선호도에 맞는 스케줄을 고르되, 팀원들에게도 목소리를 낼 기회를 주어야 한다.
> - **팀 전체에 미칠 영향을 고려해 계획하라:** 30분짜리 원온원을 25분으로 줄이는 식으로 짧은 휴식 시간을 배치해, 먼저 한 원온원 내용을 정리하고 다음 원온원을 준비하라. 자연스러운 시간 전환이 이루어지는 점심시간 같은 때를 중심으로 원온원을 잡아 업무에 끊김이 없도록 해야 한다. 마지막으로, 하루에 몰아서 원온원을 다 해도 상관없지만, 많은 회의가 부담되지 않을지, 또 그 결과 당신과 당신이 진행하는 원온원이 어떤 영향을 받을지를 고민해야 한다.
> - **원온원 취소를 최소화하라:** 원온원을 취소하면 팀원 눈에 당신이 원온원을 대수롭지 않게 생각한다고 비칠 수 있다. 응급상황 같은 때라면 바로 일정을 조정해 최대한 빨리 시간을 잡아야 한다. 부득이하게 원온원을 취소할 일이 예상된다면 예정되었던 원온원 일정 이후가 아니라 그 이전으로 미리 일정을 조정해야 한다. 그렇게 하면 팀원들은 당신이 자신들의 업무와 개인적 욕구를 중요하게 여긴다는 인상을 받을 것이다.

5장
산책하며 원온원을 해도 될까요?

인간관계에서 장소의 영향은 크다. 다시 말해, 우리의 감정과 행동은 환경에 큰 영향을 받는다. 다음의 연구 결과는 장소의 영향력을 보여주는 몇 가지 사례다.

- 체스 선수들은 실내 공기가 탁할수록 실수가 잦아졌다.[1]
- 미국 대학 입학 자료로 쓰이는 PSAT 시험을 따뜻한 공간에서 치른 학생들의 점수가 전체적으로 더 낮았다.[2]
- 소음이 심한 실내 환경은 기억력에 부정적인 영향을 미치며 피로감을 유발했다.[3]
- 큰 방에서 진료받은 환자들이 작은 방에서 진료받은 환자

들보다 의사에게 더 많은 정보를 알려줬다.[4]
- 천장이 더 높은 방에서 창의적인 문제 해결책이 더 많이 나왔다.[5]
- 부서 회의에 관한 나의 연구에 따르면 적절한 조명, 참석자 수에 맞는 방 크기, 알맞은 온도 모두 회의 만족도와 직결되었다.[6]

방 안 색깔에 관해서도 조사한 연구가 있다. 결정적인 자료가 부족해 논란의 여지가 있긴 하지만, 노란색은 허기를 부른다고 한다. 맥도날드 매장 색깔을 생각해보면 된다! 파란색은 차분함과 안전감을 준다고 한다. 따라서 술집이라면 손님들이 오래 머물러 술을 많이 마시도록 유도하는 파란색 계열의 분위기가 잘 맞는다. 방 색깔이 배고픔이나 차분함을 불러일으킨다는 주장에 과장된 면이 있긴 하지만, 색깔이 기분을 좌우해 의사결정에도 어느 정도 영향을 미친다는 것은 대부분의 연구에서 밝혀진 사실이다.[7] 핵심은 원온원을 준비할 때 공간도 고려해야 한다는 점이다. 어느 장소나 장단점이 있으므로 세심하게 살펴보아야 한다. 5장에서는 원온원을 하기 좋은 '장소'에 대해 알아보자. 관리자들과 팀원들이 이상적으로 생각하는 장소에 관한 자료도 첨부해놓았다.

원온원을 하기 좋은 장소는?

일반적인 회의 장소:
- 매니저 방이나 사무실 한쪽 칸막이 공간
- 회의실
- 팀원들 방이나 책상

색다른 장소:
- 회사 밖 (카페 같은 곳)
- 산책

응급상황:
- 화상통화
- 전화

일반적인 회의 장소

팀장실이 조용하고 산만한 요소가 거의 없다면 원온원을 하기 가장 좋은 장소다. 팀원이 사용하는 공간이나 사무실도 괜찮은 선택이다. 여러 장점이 있지만, 특히 해당 팀원을 위한 회의라는 분위기가 자연스럽게 조성되어 개인적으로 좋아하는 장소다. 관리자는 팀원이 일하는 공간에 놓인 이런저런 물건이나 가구 배치를 보며 그 팀원을 더 잘 알 수 있는 계기가 된다. 하지만 그 팀원은 자기 공간이 침범받았고 이런저런 명령을 들었다고 느낄 수도 있다. 그럴 땐 회의실이 좋은 대안이 된다. 중립적인 느낌 때문에 나도 좋아하는 장소다. 하지만 회의실은 가끔 사용이 제한될 수도 있고, 효과적인 회의를 하려면 필요한 파일이나 노트북을 따로 챙겨야 하는 번거로움이 있을 수 있다.

색다른 장소

원온원은 식당, 카페, 혹은 야외 벤치에서 해도 전혀 상관없다. 틀에 박힌 사무실을 벗어나면 원온원이 회의라기보다 자연스럽고 인간적인 대화처럼 느껴져, 격식을 내려놓고 허물없이 얘기하기 쉬워진다. 색다른 분위기로 대화에 힘이 넘치게 되고 서로 더 친근한 느낌도 받을 수 있다. 물론 단점도 있다. 분위기를 통제할 수 없으니 조용하지 않고 너무 산만할 수도 있다. 주변에서 엿들을 수 있어서 민감한 주제는 쉽게 꺼내지 못할 수도 있고 심리적 안전감도 해친다. 마지막으로 테이블 크기나 전기 코드 여부 등의 문제로, 회의한 내용을 정리하기 애매할 수도 있다. 색다른 장소가 갖는 이런 장단점과 관련하여 내가 진행한 연구의 한 참가자는 이렇게 말했다.

> 원온원이 갖는 가장 큰 가치는 서로 솔직할 수 있는 시간이라는 겁니다. 저는 공공장소나 칸막이 너머 바로 옆에 동료들이 있는 제 자리에서는 원온원을 하고 싶진 않습니다.

이런 단점들은 장소를 주의 깊게 선택하여 둘만의 시간이 보장되도록 하고 사람이 덜 붐비는 시간대를 고른다면 반감될 수 있다. 또한 노트북이나 수첩 대신 핸드폰으로 기록하는 것도 방법이다. 인터넷으로 검색해보면 대화 내용을 문서화해주는 훌륭한 앱들도 많다.

> 심리적 안전감이란 질문하거나 우려사항을 표현하거나 실수해도 처벌받지 않는다는 믿음이다. 투명하고 정직하며 의미 있는 원온원을 위해 꼭 필요한 요소다. 다시 말해 팀원이 부정적 파장에 대한 걱정 없이 질문하고 의견을 낼 수 있는 편안한 원온원 분위기를 조성해야 한다. 원온원 장소를 고려할 때 절대 놓쳐서는 안 될 사항이다. 효과적인 원온원을 원한다면 절대 팀원의 심리적 안전감을 해쳐서는 안 된다. 민감하고 개인적인 주제가 있는 날은 더더욱 그렇다.

산책하며 회의하기

산책하며 회의하는 것을 무척이나 좋아하는 리더들이 많다. 스티브 잡스Steve Jobs는 오래 산책하며 진지한 대화를 나누는 것을 진심으로 사랑한다고 자서전에 적기까지 했다. 마크 저커버그 Mark Zukerberg와 트위터 창립자 잭 도시Jack Dorsey, 전 미국 대통령 버락 오바마Barack Obama도 그런 리더들이다. 그렇다면 산책을 연구한 자료들은 어떤 결과가 나왔을까? 예상대로다! 우선 당신에게 좋다. 걸으면 심장질환 위험을 낮춰주고, 몸무게 조절에도 도움이 된다. 특정 암과 치매 예방 효과도 있으며, 콜레스테롤을 낮춰주고 뼈와 근육이 단단해진다. 정신 건강에도 좋다. 전체적인 행복감이 커지기 때문이다. 산책하며 하는 회의에 관한 한 연구에 따르면, 90일 동안 꾸준히 산책 회의를 지속한 결과 연구 참여자들의 전반적인 활력과 업무 몰입도가 향상되었다고 한다.

활력과 몰입도가 개선되니 집중력과 창의성도 당연히 함께 올라간다. 연구 결과, 산책하며 원온원을 했던 사람들이 그렇지 않은 사람들보다 전반적인 업무 몰입도가 8.5퍼센트 높고 창의성 또한 높아진 것으로 나타났다.[8] 걷기와 창의성의 상관관계를 조사한 또 다른 연구에서도 밖으로 나가 산책을 하면 앉아서 창의성을 증진하기 위해 하는 그 어떤 활동보다 창의성 향상에 도움을 주는 것으로 확인됐다. 또한 두 사람이 걷기라는 같은 활동을 하며 같은 방향을 보고 있으면 마주 앉아 서로를 쳐다보고 있을 때와는 달리 협업하고 있다는 기분을 증가시킨다고 한다. 따라서 어려운 대화에 특히 적합하다고 해석할 수 있다. 대화를 덜 경직되게 하는 효과가 있기 때문이다. 걷기가 궁극적으로 몸과 마음에 유익하고 업무 성과와 관련해 긍정적인 결과를 낳는다는 사실도 연구로 입증되었다.[9] 산책과 원온원을 묶으면 이렇게 많은 장점을 얻게 된다.

하지만 주의해야 할 단점도 있다. 집중하는 데 방해가 될 수 있다. 산책 중에 아는 사람을 만날 수도 있고, 대화 내용을 기록하기 힘들기도 하다(물론, 앞서 말한 대화 내용을 문서화해주는 앱을 사용한다면 전혀 문제가 안 되지만). 원온원을 30분 이상으로 계획해뒀다면 그 시간 내내 걷는 일이 체력적으로 버거운 사람들도 있을 수 있다. 다시 말해, 산책 회의는 팀원 각각의 체력 조건이나 신체적 장애, 개념 자체에 대한 거부감 등으로 모두에게 맞는 방법은 아니다. 또한 산책은 날씨에 크게 영향을 받는다. 빗속이나 살을 에는 듯한 추위 혹은 찌는 듯한 여름에 걷고 싶은 사람은 없다. 따라서 산책 회의를 하려면 팀원이 그것을 원하는지 먼저 물어보고 미리 적절한 신발 같은 채비를 당부해야 한다. 거리 계산도 잘해야 해서 회의를 끝내면서 산책도 끝나야 한다. 조용한 구간을 선택해야 하고 방해 요소도 사무실에서보다 당연히 적어야 한다. 그뿐 아니라 날씨에도 대비해야 한다. 한 가지 덧붙이고 싶은 사항은 원격근무를 하는 팀원들과도 산책 회의가 가능하니 고려해보길 바란다. 각자 걸으며 약속한 원온원을 전화로 하면 된다. 신선한 느낌을 줄 뿐만 아니라 부드러운 분위기에서 꽤 생산적인 시간을 가질 수 있다.

마지막으로, 실시간으로 전화하며 대화 내용까지 기록하는 게 부담스럽다면 원온원이 끝나자마자 정리해도 된다. 사무실로 복귀하자마자 주요 사항을 정리하라. 팀원에게도 똑같이 하라고 당부하자. 그런 다음, 따로 정리한 내용들을 함께 살펴보며 서로 똑같이 이해했는지, 누락이나 오해가 없는지를 확인하라.

사람들이 선호하는 회의 장소는?

아직은 원온원을 하기에 가장 좋은 장소에 대한 자료가 없어 아쉽다. 하지만 관리자들과 팀원들이 '선호'하는 장소에 대한 데이터는 있으니, 어느 정도 괜찮은 통찰을 얻을 수 있을 것이다. 아래는 장소 선호도를 정리한 표다.

가장 선호하는 곳이 관리자 방이나 회의실이다. 팀원이 일하는 공간은 모두가 가장 꺼리는 장소다. 흥미롭게도 사무실 밖 장소 둘 다(카페, 대면 또는 전화로 산책하며 대화하기) 50퍼센트에 가까운 높은 선호도를 보였다. 하지만 30퍼센트나 되는 응답자가

장소	선호	비선호
관리자 방이나 사무실 공간	51퍼센트	19퍼센트
팀원 방이나 사무실 공간	29퍼센트	35퍼센트
회의실	52퍼센트	18퍼센트
회사 밖(예: 카페)	45퍼센트	29퍼센트
산책	48퍼센트	31퍼센트

부정적으로 답하기도 했다. 따라서 워온워 일정을 잡기 전에 직원들의 장소 선호도를 꼭 미리 살펴둬야 한다. 조사 결과 장소 선호도와 성별·직급·연령은 무관했다.

원격 회의로 진행할 때 문제는 없을까?

일단, 원격 워온워에 관한 정보나 사례는 매우 적다. 이제까지 내가 연구해온 바로는 효과 차원에서 원격 회의와 실제 회의 사이에 큰 차이는 없었다. 55퍼센트의 응답자가 대면 워온워을 선호했지만, 비대면 워온워도 편하다고 답한 응답자도 많았다. 즉 대면과 비대면 워온워 사이에는 큰 차이가 없다고 보인다. 응답자들의 대면과 비대면 워온워 선호 이유를 각각 다음 표에 정리했다.

'대면' 워온워을 선호하는 이유와 실제 답변

대면 워온워을 선호하는 이유	실제 답변
비언어적 대화로 워온워이 더 알차고, 개인적이며 사적인 느낌을 준다.	"얼굴을 마주하고 하는 대화가 더 개인적이고 원활하며 비언어적 소통도 가능해집니다."
비대면 워온워보다 집중하기 쉽고 방해 요소도 적다.	"온라인에서는 이메일 수신 알림 같은 방해 요소가 많습니다. 대면일 때가 집중이 더 잘 됩니다."
정보와 문서를 공유하기가 더 쉽다.	"직접 만나서 하는 정보 공유가 더 쉽습니다."

대면 원온원을 선호하는 이유	실제 답변
친밀한 관계를 구축하기 좋다.	"대면과 비대면 모두 괜찮지만, 대면일 때 인간적 따뜻함과 일 사이의 미묘한 균형을 지켜가기가 더 쉽습니다." "친밀감을 쌓고 소소한 관찰과 대화를 통해 더 인간적인 대화할 수 있습니다. 온라인으로도 가능하겠지만, 노력과 집중을 더 해야 해서 관리자 입장에서는 또 다른 부담이 될 수 있습니다."

'비대면' 원온원을 선호하는 이유와 실제 답변

비대면 원온원을 선호하는 이유	실제 답변
자료 공유가 더 쉽다.	"제 업무가 거의 컴퓨터로 이루어지다 보니, 자료를 화면으로 같이 보면서 궁금한 사항에 관한 질문을 하기가 수월합니다."
업무가 대개 원격으로 이루어진다. 동료들과 멀리 떨어져 있다.	"저는 재택근무를 선호합니다. 그간 해온 원격 미팅도 꽤 생산적이었습니다. 만나서 해도 좋지만, 대개는 비대면이 편합니다." "다국적기업에서 일하고 있어서 사실상 대면 미팅은 불가능합니다. 대개 매니저들과 사는 곳이 전혀 다릅니다."
더 효율적이고 간결하다.	"시간 효율성이 보장되고 편리합니다."
내성적인 사람에게 맞다.	"솔직히 보통 사람보다 더 내성적이라서 얼굴을 마주 보고 앉아 있는 것보다 컴퓨터 모니터에 말하는 것이 더 편합니다. 누가 앞에 있으면 입을 더 닫게 됩니다."

대면과 비대면 원온원 중 어느 것을 더 선호하는지는 대화의 성격과 주제에 따라 달라지며, 깊이 있고 좀 더 본질적인 문제는 대면 방식이 더 적합하다고 답한 응답자들이 있었다. 또한 일부 팀원급 직장인들은 경력이나 진로와 관련된 이야기는 대면 원온원이 더 도움이 된다고 말했다. 대체로 비대면 원온원에도 많은 장점이 있다. 모든 상황과 조건에 이상적인 회의는 아닐지 모르지만, 많은 사람에게 유일한 방법일 수도 있다. 연구에 따르면 대면 원온원이 가장 손쉬운 방법이지만, 달리 대안이 없다면 비대면 원온원도 합리적이다. 마지막으로, 다음 응답자의 의견처럼 꼭 양자택일해야 하는 문제도 아니다.

> 저와 팀장님은 출장이 잦고 바빠서 온라인으로 미팅을 자주 합니다. 그래서 저는 대략 5:1 정도의 비율을 선호합니다. 가끔 둘이 식사나 커피를 함께하거나 산책하는 시간을 가지면 개인적인 얘기가 튀어나오기도 하고, 주제가 정해져 있는 온라인 미팅에서는 떠오르지 않는 아이디어들도 떠올라 더 생산적일 때가 많습니다.

최고의 비대면 원온원을 계획할 때 유용한 10가지 활용 팁을 소개한다.

최고의 비대면 원온원 활용 팁

 1. 원활한 미팅을 위해 컴퓨터와 같은 장비를 미리 점검한다.

 6. 카메라를 얼굴에 맞춘다.

 2. 회의 중 다른 일을 하지 않는다.

 7. 자연스러운 대화 분위기를 위해 '내 얼굴 보기' 기능을 끈다.

 3. 비디오는 반드시 켠다.

 8. 인터넷 연결이 안정적인지 확인한다.

 4. 비언어적 요소도 반영되도록 적절한 조명을 갖춘다.

 9. 반려견 같은 산만한 요소를 최소한으로 한다.

 5. 자연스러운 분위기를 위해 가급적 영상에 실제 배경을 사용한다.

 10. 몰입을 높이고 미팅 내용도 기록하기 위해 가상회의 플랫폼에 있는 화이트보드 기능 등을 활용한다.

팀원이 선호하는 장소가 있는지 물어라

원온원 장소 선호도에 관한 데이터를 보면 장소와 대면·비대면 선택에 다양한 의견이 존재한다는 사실을 분명히 알 수 있다. 따라서 팀원이 가장 편하다고 느끼는 장소가 어디인지를 미리 꼭 확인해봐야 한다. 선호하는 명확한 장소가 있을 수도 있고, 없을 수도 있고, 아무 생각이 없을 수도 있다. 하지만 먼저 의견을 물어본다는 것 자체가 원온원이 팀원 중심이라는 메시지를 던져준다. 이렇게 의견을 듣는 가장 큰 이유는 산만한 요소 없이 모두가 편안히 집중할 수 있고 심리적으로 안전감을 느끼는 곳을 찾기 위해서다. 늘 같은 곳에서 해야 하는 것도 아니고, 매번 바꿔야 하는 것도 아니다. 하지만 늘 하던 대로 같은 장소와 방식으로 기계적으로 회의하다 보면 쳇바퀴에 갇히게 된다는 점도 놓쳐선 안 된다. 가끔 원온원에 신선함을 더하기 위해 장소를 바꿔보는 것도 좋다.

> **핵심 포인트**
>
> - **공간의 중요성:** 원온원의 생산성에 장소가 큰 역할을 차지한다. 어느 장소를 선택했든 핵심은 효과적인 원온원에 도움이 되어야 한다는 점이다. 남의 시선을 덜 받으며 공기가 탁하지 않고 춥거나 덥지 않으며 소음이 적어야 한다. 산책하며 회의한다면 날씨에 구애받지 않는 장소를 선택해야 한다.
> - **장소의 다양성:** 원온원에 맞는 일반적인 장소와 색다른 장소가 있다. 연구 결과 일반적인 장소로는 매니저 방이나 좀 더 사적인 회의실이 가장 좋다. 하지만 색다른 장소도 고려해볼 만하다. 함께 산책하거나 가까운 카페로 나가보는 것이다. 각각의 장소가 갖는 장단점만 잘 알고 살피면 된다. 그런 측면에서 온라인 원온원도 직장인 대부분이 반기는 방식이다.
> - **장소 선정에 팀원의 의견을 구하라:** 당신과 팀원 모두에게 행복

한 장소를 고르려면 팀원의 의견을 구해야 한다. 팀장실이 좋다는 직원도 있지만 산책 회의를 좋아하는 직원도 있을 것이다. 핵심은 당신과 팀원 모두에게 안성맞춤인 장소를 찾는 것이다. 그런 장소를 찾았다고 해도 가끔 위치를 바꿔보는 것이 좋다. 그렇게 하면 원온원이 참신해지므로, 진부해지는 걸 막을 수 있다.

6장
밝게 웃으며 잘 지내는지 정도를 물어보면 될까요?

진지한 질문이라면 언제나 환영합니다.
하지만 "강도를 만났는데 한쪽 주머니에 광선검이 있고 다른 주머니에 채찍이 있다면
어떤 걸 사용할 건가요?"와 같은 질문은 전혀 신나는 질문이 아닙니다.
— 해리슨 포드, 영화배우

다음으로 원온원이 풍성한 대화를 나누는 의미 있는 시간이 되려면 어떤 이야기와 질문이 오가야 하는지 알아보자. 선택의 폭은 넓다. 이 장 제목처럼 '잘 지내요?'나 '요즘 어때요?'같이 간단한 인사를 건네는 것만으로도 중요한 문제나 주제를 끌어낼 수 있다. 물론, 팀원이 그런 인사가 마음에서 우러나오는 질문이라고 생각하도록 진심이 담긴 태도를 보이는 것은 기본이다. 단순한 인사성 질문은 대개 '그럼요', '네, 잘 지냅니다', '좋습니다' 같은 틀에 박힌 답만 돌아올 뿐이다. 많은 생각과 깊은 고민을 자극하지 못하는 경우가 대부분이다. 하지만 인사성 질문에 약간 살을 붙이면 더 의미 있는 답을 끌어낼 수 있다. 이에 관한 연구로

입증된 방법이 있다.[1]

팀원에게 이렇게 질문해보면 어떨까? '잠시 직장과 당신의 삶에서 일어나고 있는 일들을 생각해보고, 어떻게 지내는지 알려줄래요?' 혹은 '요즘 당신에게 일어나는 일들을 생각해보고, 오늘 어떤 자세로 일하고 있는지 말해줄래요?' 이렇게 질문하고 나서, 팀원에게 '신호등'● 색이나 '10점 척도'●● 로 대답하도록 부탁한다. 예를 들어, 신호등 방식으로 팀원에게 대답하도록 요청했고 팀원이 '녹색'이라고 답했다면 모든 일이 순조롭고 팀원도 행복하게 일을 잘하고 있다는 뜻이다. '노랑'은 전반적으로 괜찮지만 약간의 문제가 있어 스트레스를 받는다는 뜻으로, 그럭저럭 업무를 해내고는 있지만 뭔가 찜찜한 측면이 있다는 뜻이다. '빨강'은 해결해야 할 큰 걱정, 어려움과 애로사항이 있다는 적신호다. 신호등 방식과 10점 척도 모두 팀원에게 깊은 생각을 유도한다. 당신은 그렇게 얻은 진지한 답변에서 출발해 더 깊은 대화로 넘어갈 수 있게 된다. 예를 들어, 왜 '노랑'이고 왜 '6점'인지를 물어보며 더 깊은 대화를 나눌 수 있다. 이러한 간단한 인사에 추가된 진심과 깊이가 성공적인 원온원의 문을 여는 열쇠가 된다.

● 예: "요즘 어때요? 신호등으로 표현해본다면 녹색 불, 노란 불, 빨간 불 중에 무엇인가요?" – 감수자 주
●● 예: "요즘 어때요? 1에서 10점으로 표현한다면 지금 몇 점이에요?" – 감수자 주

물론, '잘 지냈어요?'가 인사성이 아니라 진심이라면 훌륭한 원온원의 시작이 될 수 있다. 하지만 원온원이 가진 잠재력을 최대한 끌어내기에는 역부족이다. 원온원이 더 다채롭고 의미 있는 주제를 다루는 시간이 되도록 도와주는 추가적인 질문 사례들에 대해 알아보자. 나는 이러한 방법들을 찾기 위해 직장인 250명을 인터뷰해, 관리자와 팀원 각자에게 가장 훌륭한 질문이 무엇인지 물었다. 모든 응답 내용을 철저히 분석한 결과 최고의 질문 5개가 추려졌다.

아래 표에 정리된 질문들이 훌륭한 이유는 주제를 넓혀주는 효과가 있고, 무엇보다도 대화에 도움·지원·상담의 측면을 가

원온원 중, 매니저가 꼭 해야 할 질문	원온원 중, 팀원이 꼭 해야 할 질문
뭔가 도울 일이 있을까요?	요즘 제가 도와드릴 만한 일이 있을까요?
어떻게 지내요? 일이 잘 풀리고 있나요?	제가 어떻게 해야 할까요? X와 관련해 조언해주시겠어요?
제가 어떤 지원을 해주길 바라나요?	무엇을 도와드리면 될까요? 어떻게 도와드릴까요?
제가 어떻게 지원할 수 있을까요? 필요한 자원은 무엇인가요?	어떤 일에 가장 우선순위를 두어야 할까요?
어떤 난관이나 장애, 어려움을 겪고 있나요? 잘 안 풀리는 일이 있어요?	제 경력 관리를 어떻게 해야 할까요? 어떻게 발전과 성장을 이어갈 수 있을까요?

미시켜 주기 때문이다. 이 밖에도 고려해볼 만한 훌륭한 질문 사례가 많다. 이제부터 자세히 살펴보자.

원온원을 진행하는 동안 무작정 질문을 많이 하게 될 수도 있다. 하지만 시간 안배를 적절히 해서 다양한 주제의 질문을 골고루 한다면 더 재미있고 균형 잡힌 대화를 이어갈 수 있다. 이제부터 살펴볼 질문 사례를 보며 당신 팀원과의 관계를 고려해 적절하다고 느낄 질문도 있고, 그렇지 않은 질문도 있을 것이다. 아래 사례들을 먹을 게 많은 하나의 커다란 메뉴판이라고 생각해주길 바란다. 원격근무자를 위한 특별한 질문 목록도 1부 뒤에 나오는 체크리스트에 마련해두었다.

일부를 제외하고 질문 대부분은 매니저가 하는 질문 형식으로 정리했다. 물론, 팀원도 원하는 방식으로 약간 수정하거나 그대로 쓸 수 있는 질문들이다. 먼저 사례 하나를 살펴보자.

> **매니저:**
> 업무 속도를 늦추는 걸림돌이나 장애물이 있나요?
> 제가 뭘 도우면 될까요?

> **팀원:**
> X 걸림돌이나 Y 장애물을 가장 잘 해결할 수 있는 방법에 대해 조언해주실래요?

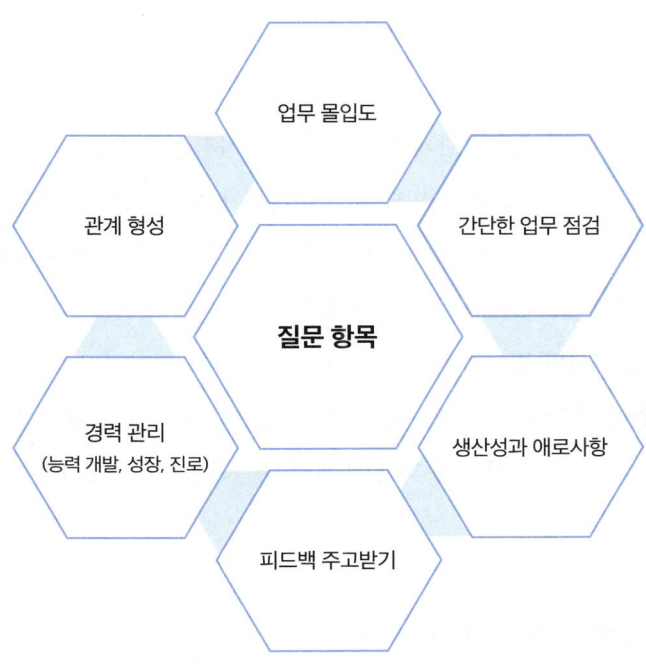

자신에게 맞는 질문을 골라내라

원온원에 관한 내 연구에 활용할 목적으로 선별했던 질문들과 광범위한 문헌조사 결과를 결합해 보았더니, 상호 연관성이 높은 6개의 질문 항목을 얻을 수 있었다. 앞에서 언급했듯이, 원온원에서 풍부하고 균형 잡힌 대화를 이끌어가려면 여러 항목에서 자신에게 맞는 질문을 골라내는 것이 가장 이상적이다.

관계 형성에 도움을 주는 질문들

업무와 사생활에서 관계를 쌓으려면 당사자들이 서로를 알아가며 공통점을 발견하고, 차이점을 탐색하여 좁혀가는 시간이 필요하다. 상대가 직장 밖에서 어떤 사람인지를 배워가는 일이 관계 형성의 시작이다. 자신을 드러내려면 신뢰와 편안함이 쌓여야 하는데, 신뢰와 편안함은 시간을 투자해 천천히 쌓아가야 한다. 단, 팀원이 편안하게 느끼는 범위 내에서 조심스럽게 접근해야 한다. 그런 다음에 팀원이 일과 관련해서 바라는 바가 무엇인지를 알아가야 한다.

1단계: 팀원을 개인으로서 알아가기

- 업무 외에 개인적으로 요즘 즐겁게 하는 게 있나요?
- 쉴 때는 주로 뭐 해요?
- 요즘 뭘 보고, 읽고, 듣나요? (팟캐스트나 책, 음악, 영화 등)
- 쉬는 날에 무얼 가장 하고 싶어요?
- 여행 버킷리스트 중에서 다음으로 생각해둔 여행지가 있나요?
- 회사 밖 생활은 어때요?
- 저에 대해 궁금한 것은 무엇인가요?

2단계: 업무 관련 바라는 점

- 같이 일해본 사람 중에서 최고의 매니저가 있다면, 그분의 어떤 점이 가장 좋았나요?
- 팀원으로서 어떤 점이 좋고 어떤 점이 불만인가요?
- 보통 일과를 어떻게 계획하는 편인가요?
- 일을 잘 처리했을 때 인정받았다고 느끼게 하는 것은 무엇인가요?
- 언제 동기 부여가 되나요?
- 자신만의 가장 큰 강점이 뭐라고 생각해요?
- 당신을 행복하게 하는 일터는 어떤 모습일까요?
- 회사에서 자잘하게 거슬리는, 불편을 주는 것들이 있다면 무엇인가요?
- 당신을 잘 지원하기 위해 제가 당신에 대해 알아야 할 것은 무엇인가요?

업무 몰입도를 향상시키는 질문들

직원이 업무에 몰입할 수 있도록 돕는 것은 리더의 핵심 역량이다. 팀원이 업무에 계속 몰입하도록 도우려면 팀원이 자신의 업무, 역할, 일과에 대해 어떻게 느끼는지, 왜 회사에서 오래 일하고 싶은지 또는 그만두고 싶다는 생각이 드는지를 이해해야 한다.

1단계: 일상적인 일과에 대해 묻기

- 맡은 직무에서 즐겁지 않은 부분은 무엇인가요? 재미있는 부분은 무엇인가요?
- 일을 해보니 기대했던 대로였나요? 예상치 못한 좋은 일 혹은 나쁜 일이 있었다면 무엇인가요?
- 일에서 의미를 얻고 있나요? 아니라면 무엇을 바꿔야 할까요?
- 더 중요하고 보람 있는 역할에 집중하기 위해 생략하고 싶은 업무가 있나요?
- 일과 삶의 균형에 대해서는 만족하나요? 제가 뭐 도와줄 건 없나요?

2단계: 퇴사 방지를 위해 회사에 대한 생각과 개선점을 묻기

- 당신이 오랫동안 조직에 머무를 수 있도록 직무, 조직을 더 매력적으로 만들 수 있는 것은 무엇일까요?
- 지금 하는 업무와 조직의 어떤 측면이 그만두고 싶은 마음이 들게 하나요?
- 우리 조직이 성장하고 발전하며 자신의 역량을 최대로 발휘할 수 있는 곳이라고 느끼나요?

- 일해보고 싶은 다른 조직이나 업무가 있다면 그 조직과 업무의 매력은 뭔가요?
- 당신이 신나서 일할 수 있게 할 방법이 뭐라고 생각하나요?

> 팀원이 퇴사하지 않고 현재 업무를 유지하도록(퇴사 방지) 업무 환경 개선과 관련된 질문을 할 때 어떤 제안이 당신의 결정권 밖인지를 잘 알고 있어야 한다. 예를 들어, 팀원이 재택근무를 하고 싶은데 회사 여건상 불가능할 뿐만 아니라, 당신이 결정할 사항이 아닐 수도 있다. 팀원으로서는 제안을 하고 약속도 받아냈는데 이후 실현되지 않으면 화날 만하다. 따라서 지나친 약속을 해선 안 된다. 하지만 희망사항을 들어주기 위해 최선은 다해야 한다. 필요하다면 당신이 해줄 수 있는 일과 해줄 수 없는 일, 그리고 그 이유를 설명하라.

간단한 업무 점검으로 팀원과 당신의 우선순위를 확인하라

'간단한 업무 점검' 항목에서는 팀원의 주요 업무를 이해하고, 업무 중 중요한 진행상황을 보고받고, 지난 회의 내용이 실행되었는지를 점검한다. 이 항목을 점검하는 이유는 무엇보다도 팀원과 당신이 생각하는 우선순위가 같은지를 확인하기 위해서다.

- 현재 가장 신경 쓰고 있는 업무는 무엇인가요?
- 지난번 원온원에서 하기로 했던 업무는 현재 어떻게 진행되고 있나요?
- 요즘 하는 일 중에서 제가 모르지만 알아야 할 사항이 있나요?
- 핵심 직무/업무/목표/성과 지표를 검토해볼까요? 어떻게 진행되고 있나요? 제가 어떻게 도울 수 있을까요?
- 지난번 원온원 이후 일은 어떤가요? 잘되고 있는 것은 무엇이고, 어려움이 있는 것은 무엇인가요?
- 다음 X일 동안의 우선순위 업무는 무엇인가요? 우리가 어떻게 도와주면 될까요?
- 지난번 성과 리뷰/코칭 면담에서 X에 대해 얘기했었죠? 잘 되어가고 있나요?

이러한 질문을 할 때 지나치게 관리하려고 든다는 느낌이 들지 않도록 주의해야 한다. 팀원이 업무에 대해 꼬치꼬치 간섭받고 있다는 느낌을 받아서는 안 된다. 지나친 통제는 관계에 긴장을 불러오고 업무 몰입도와 사기를 떨어뜨려 생산성을 낮춘다. 통제받는다는 기분이 들지 않게 하는 간단한 방법은 다른 항목의 질문을 적절히 섞어주는 것이다. 즉 지나치게 업무를 점검하는 질문으로 일관해선 안 된다.

생산성 향상을 위해 애로사항을 물어라

원온원의 또 다른 핵심 목적은 도움과 지원을 제공하여, 팀원이 일을 잘할 수 있도록 돕는 것이다. 그러려면 팀원이 겪고 있는 어려움을 이해하고 있어야 한다. 어려움의 원인은 특정 업무 때문일 수도 있고, 팀 내부 문제, 혹은 동료 때문일 수도 있다.

1단계: 애로사항이나 걸림돌, 걱정을 파악하라

- 일의 진행을 더디게 만들거나 당신을 가로막고 있는 것은 무엇인가요? 제가 어떤 도움이나 지원을 해줄까요?
- 당신의 역할과 책임이 명확하게 이해되나요? 좀 더 명확히 해야 할 것이 있을까요?
- 지난 원온원 때 X가 어렵다고 했는데, 어떻게 진행되고 있나요?
- 우리 모두 '이건 시간낭비야'라고 느끼는 포인트가 있는데요. 무엇을 할 때 시간낭비로 느껴지나요?
- 일이 착착 진행되려면 회사나 제가 어떤 점을 도와줘야 할까요?

2단계: 팀 분위기를 파악하라

- 우리 팀 문화가 어떤가요? 팀 분위기가 나아지려면 무엇을

바꿔야 할까요?
- 팀원끼리 소통은 잘 되고 있나요?
- 팀에서 자신의 가치를 인정받고 있다고 느끼나요?
- 우리 팀이 포용적인 환경을 갖추고 있다고 생각하나요?
- 개인적으로 제가 팀에 어떤 도움이나 지원을 해주길 바라나요?

3단계: 당신의 부하 직원과 그의 팀원과의 관계(해당사항이 있을 경우)
- 팀원들(혹은 부하 직원들)과는 어때요?
- 두각을 나타내는 팀원이 있나요? 팀원들과 관련해서 이야기하고 싶은 문제가 있나요?
- 업무 성과가 좋은데 이직을 고려하고 있을 수도 있는 팀원이 있을까요?
- 팀 관리에 제가 어떻게 도움이 될 수 있을까요?
- 팀과 관련해서 제가 알면 도움이 될 만한 게 있을까요?
- 제가 만나는 것이 도움이 될 만한 사람이 있나요?

팀원과 피드백을 주고받아라

원온원은 사적인 분위기에서 명확한 주제를 가지고 깊이 있는 피드백을 나누기에 이상적인 시간이다. 핵심은 관리자로서 피드백을 제공하면서(2부에서 전반적인 내용을 다룰 것이다), 매니저인 당신 자신의 역할과 조직 전반에 대한 피드백도 수집하는 것이다.

1단계: 팀원에게 피드백 주기

- 제가 피드백을 충분히 주고 있나요? 제 조언이 도움이 되나요? 아니라면 어떻게 해줘야 업무에 도움이 될까요?
- 업무에 피드백이나 코칭이 더 필요한 부분이 있나요? 요즘 집중하고 있는 업무나 본인의 능력 개발과 관련해서 한번 생각해보세요.
- 특정 프로젝트나 과제, 업무에 필요한 능력 등, 오늘 당장 필요한 피드백은 없나요?
- 잘 수행한 업무에 대해 제게 인정받고 있다고 느끼나요?

2단계: 조직을 대신해 의사소통하기

- (조직이나 팀에서 현재 진행 중인) A와 관련해 궁금한 점은 없나요?
- (조직이나 팀에서 현재 진행 중인) B에 대해 어떻게 생각하나요?
- (조직이나 팀에서 현재 진행 중인) C에 대해 어떻게 생각하는지 들어보고 궁금한 점도 들어보고 싶었어요.

3단계: 매니저인 당신이 얼마나 잘하고 있는지 피드백을 받기

- 저는 유능한 팀장이 되고 싶습니다. 어떻게 (업무 전달, 의사소통, 팀 분위기, 우선순위 결정 등 당신이 잘하고 싶은 내용을 넣는다) A를 개선해갈 수 있을까요?
- 제가 더 많이 개입하기를 바라나요, 덜 하기를 바라나요?
- 제가 팀장으로서 특히 잘하는 건 뭐고, 잘하지 못하는 건 뭔가요?
- (팀, 업무, 조직 등 궁금한 사항을 넣기) B에 대해 제가 알아야 할 것이 있나요?
- 팀원들이나 본인에게 도움이 되려면 제가 어떤 점을 바꿔야 할까요?
- 제가 유능한 매니저가 되도록 코칭을 해준다면 어떤 조언을 해주고 싶나요?

4단계: 당신이 주최하는 회의에 대한 피드백을 받기

- 우리 팀에 회의가 너무 많다고 느끼나요, 아니면 너무 적다고 느끼나요? 없애거나 바꾸거나, 혹은 다른 방식으로 해야 할 회의가 있을까요?
- 팀 미팅은 어떤가요? 더욱 생산적인 회의가 되려면 어떻게 해야 할까요?
- 지금 팀에서 진행 중인 회의들이 도움이 되나요? 어떤 회

의를 새로 시작하고, 어떤 걸 그만두고, 어떤 걸 계속해야 할까요?
- 지난주 X 회의에서 잘된 점과 그렇지 못한 점은 무엇이라고 생각하나요?

5단계: 팀 또는 조직에 대한 피드백을 받기
- 현재 우리 팀 혹은 조직이 마주한 최고의 기회는 뭐라고 생각하나요?
- 우리 팀이나 조직의 가장 큰 약점, 위기 혹은 문제가 뭘까요?
- 본인이 CEO라면 오늘 당장 바꾸고 싶은 게 있나요?
- 우리 팀이나 조직 문화에서 어떤 점이 가장 좋나요? 또 어떤 점이 가장 맘에 안 드나요?

경력 관리에 관한 질문으로 장기적 성공을 도와라

'경력 관리(능력 개발, 성장, 진로)' 항목의 질문들은 모두 미래를 주제로 한다. 미래의 가능성을 탐구하고 그 달성 방법을 고민하는 것이다. 일상 업무를 넘어 팀원이 장기적으로 성장할 수 있는 방법과 미래 희망을 중점적으로 다룬다.

- 경력과 관련해서 5~10년 후에는 어떻게 되고 싶나요?
- 장기 목표에 대해 말해줄래요? 그 목표 달성에 제가 어떻게 하면 큰 도움이 될까요?
- 그 꿈을 위해 무엇을 할 계획인가요? 이에 대해 제가 도울 일은 없나요?
- 장기 목표 달성에 조금씩 가까워지고 있다고 느끼나요?
- 현재 업무와 관련해서 새로 배우고 싶은 지식이나 기술이 두세 가지 있다면, 그게 뭔지 알려주시겠어요?
- 현재 업무 중 내키지 않는 일이 있나요?
- 조직 내 혹은 밖에서 배울 점이 있는 사람이 있나요?
- 경력 개발 차원에서 이번 달은 어떤 진전이 있었나요?
- 회사의 다른 부문에 대해 더 알고 싶거나, 어떤 식으로든 연결되고 싶은 부분이 있나요?
- 이번 업무가 끝나고 나면 어떤 역할 혹은 업무를 해보고 싶나요?

질문들이 포괄적이긴 하지만, 팀원 개개인의 업무나 역할에 맞게 충분히 구체적으로 재구성할 수 있다. 당신의 색깔을 담아 당신 자신과 팀에 맞게 질문들을 약간 수정해보길 권한다.

마지막으로 이것만은 기억하라

구글 검색으로도 원온원에 적합한 질문들을 찾아볼 수 있다. 단, 개인 상황에 맞고 생산적인 대화를 끌어낼 수 있는 질문들을 골라야 한다. 팀원이 업무 성과를 열거하게 만들거나 당신이 지나치게 간섭한다고 비칠 수 있는 ("이번 주에 한 일이 뭐죠?" 같은) 질문은 피하라. 1부 뒤에 마련해놓은 '원온원 질문에서 흔히 저지르는 실수 점검표'를 참고하길 바란다.

간단한 업무 점검용 질문들은 일상 업무와 관련이 깊어 더 자주 하게 되겠지만, 경력 개발과 관련된 것이라면 정기적으로 묻기는 해도 매주 질문하지는 않게 될 것이다. 시간이 지나도 원온원이 균형을 잃지 않고 꾸준한 자극이 될 수 있도록 주의를 기울여 질문을 폭넓게 선택하도록 하자.

상황에 맞게 질문을 선택해야 할 때도 있다. 예를 들어, 어느 팀원과 처음으로 원온원을 한다면 '관계 형성'과 '경력 관리' 항목 질문들이 주를 이루는 편이 좋다. 이직 가능성이 큰 팀원을 붙잡는 것이 원온원의 목적이라면 '퇴사 방지' 질문과 '간단한 업무 점검' 질문은 물론, '경력 관리' 관련 질문들을 주로 해야 할 것이다.

원온원에 '꼭 맞는' 질문들이 없는 것처럼, 원온원 비법 같은 것이 있을 리 없다. 당신, 팀원, 그리고 둘의 관계에 가장 잘 맞는 질문을 찾아내야 한다. 가장 기본적인 방법은 여러 시행착오를 통해 두 사람에게 맞는, 편안함과 신뢰를 바탕으로 한 질문을 찾는 것이다. 하지만 당신은 팀원의 매니저이지 치료사가 아니다. 매니저 이상의 지원이 필요하다면 인사팀이나 외부 강사 같은 전문가의 도움을 구하면 된다. 당신의 선을 지키고, 팀원과의 관계에서 선을 지켜야 한다.

마지막으로, 의미 있는 대화를 끌어내려면 질문이 진솔해야 하고 팀원의 대답에 진정성 있는 관심을 보여야 한다. 경청하고 이해하려고 노력해야 하며 필요하다면 적극적으로 거들어야 한다. 이러한 진심이 빠지면 아무리 좋은 질문도 의도한 결과를 낼 수 없다. 팀원의 대답을 어떻게 효과적으로 파악하여 장단을 맞추는지는 9장에서 다룰 것이다.

핵심 포인트

- ✓ **"잘 지내요?"만으로는 충분하지 않다:** 이 정도의 질문으로 생각을 불러일으키거나 의미 있는 대화를 유도할 수는 없다. "좋습니다"나 "그냥 그렇습니다" 정도의 답만 돌아올 뿐, 원온원의 핵심 질문이 되기에는 자격 미달이다.

- ✓ **나와 팀원에게 맞는 최고의 질문:** 질적으로 매우 만족스러운 원온원을 원한다면 그만큼 섬세하게 질문을 골라야 한다. 앞에서 다룬 6개 질문 항목(관계 형성/업무 몰입도/간단한 업무 점검/생산성과

애로사항/피드백 주고받기/경력 관리)에서 필요한 질문들을 잘 골라내라. 좋은 질문들이 꽤 많아 어떤 질문을 골라야 할지 막막할 수도 있다. 천천히 시간을 들여 당신과 당신 팀원의 상황에 가장 맞을 질문을 골라 나름의 적절한 수정을 해봐야 한다. 시간이 드는 일이지만, 원온원 대화가 더 풍성해질 뿐만 아니라 당신이 팀원을 신경 쓰고, 생각하며, 도와주려고 노력한다는 사실을 팀원이 알게 될 것이다.

- **다양한 질문으로 참신함을 유지하라:** 앞에서 살펴본 질문 사례들을 통해 원온원을 깊이 있고 다채롭게 만들어가길 바란다. 단, 한 항목의 질문들로 원온원을 채워선 안 된다. 질문 항목도 어느 정도 시간마다 바꿔줘야 한다. 그래야 원온원이 늘 매력적이고 참신함을 유지하면서도, 팀원과 팀원이 하는 일, 팀원의 바람, 그리고 팀원과 당신의 관계에 도움이 되는 다양한 주제를 다룰 수 있다.

7장

'아젠다'가 꼭 필요한가요?

대화 주제를 정할 때 가장 중요한 기준은
그 주제가 부하 직원이 머리를 싸매고 계속 속을 썩고 있는 문제인가이다.
— 앤디 그로브, 인텔 공동창립자

나는 원온원을 연구하는 과정에서 매니저들 사이에서 안건, 즉 아젠다가 원온원에 꼭 필요하다는 의견과 부담스럽고 불필요하다는 의견으로 갈리는 것을 확인했다. 당신의 생각은 어떤가? 아젠다가 있어야 할까, 없어야 할까?

이 질문을 탐색해보는 데 도움이 될 자료가 있는데, 들으면 아마 깜짝 놀랄 것이다. 자료에 따르면 대략 50퍼센트의 매니저들은 아젠다가 있는 원온원을 하고 있었다. 이들이 사전에 혹은 원온원을 막 시작하기 전에 아젠다를 만들어두면 대개 생산적인 원온원으로 이어지는 것으로 나타났다. 흥미로운 사실은 누가 아젠다를 만드느냐가 중요하다는 점이다. 다시 말해, 원온원의 가치는 아젠다를 매니저와 팀원이 함께 혹은 팀원이 전담해 만들었을 때 가장 높았고 매니저가 단독으로 만들었을 때 가장 낮았다. 조사 결과로도 원온원은 궁극적으로 팀원을 위한 회의라는 개념이 재확인된 셈이다. 또한, 나와 면담했던 매니저들과 팀원들 모두 꼭 아젠다가 광범위하거나 공식적일 필요는 없다고 말했다. 일종의 사전 계획으로 비공식적으로 회의가 막 시작되기 전에 정했다고 해도 대화의 틀과 방향을 잡아주는 정도면 충분하다는 의견이었다. 종합하자면, 아젠다는 도움이 되지만, 지나치게 구체적이거나 격식을 갖춰야만 효과적인 원온원을 할 수 있는 것은 아니라는 점을 조사 결과 알 수 있었다. 대신, 팀원과 깊이 있는 대화의 시간을 가질 수 있도록 앞으로의 경로를 미리 계획하는 일종의 지도로써 아젠다를 만들어두면 의도가 깃든 의미 있는 원온원을 진행할 수 있다.

'원온원 도입부'의 아젠다 세 가지

아젠다를 시작할 때 처음에는 쉽고 편안한 주제로 정한다. 바로 일 이야기로 들어갈 순 없다. 친밀감도 쌓을 겸 팀원의 근황을 알아보는 데 5분 정도 시간을 들이면 팀원은 당신이 자신을 아끼고 인간으로서 관심 있어 한다고 느끼게 된다. 팀원이 괜찮다면 당연히 업무 외적인 내용도 상관없다(물론, 업무의 연장선 정도로 제한해야 한다). 직장 밖 생활이 직장생활에 영향을 받는 건 당연하다. 한 예로, 내가 인터뷰했던 한 직원은 집에서 나이 든 부모를 돌보는 고충을 매니저에게 토로한 적이 있다고 했다. 이에 매니저는 근무 시간을 조정해줬고, 덕분에 그는 많은 스트레스를 덜게 되었다고 한다. 이런 사적인 대화가 성공적인 결과로 이어지는 긍정적인 사례가 많긴 하지만, 어느 정도의 사적인 대화가 오갈지는 팀원이 결정해야 한다. 보스턴 비어Boston Beer의 한 임원이 나와의 인터뷰에서 한 말에 아젠다의 첫 항목이 갖추어야 할 요소가 잘 담겨 있다. "원온원을 하는 가장 큰 이유는 팀원을 진심으로 알려는 것입니다. 팀원 개인의 이야기, 무엇보다도 팀원을 가장 힘이 솟게 만드는 것이 무엇인지를 알아가는 겁니다. 이 지식이 팀원들과의 진정한 소통으로 이어집니다. 소통은 정말 중요합니다."

이제 팀원의 안부를 물으며 분위기가 편안해졌으니, 다음은 (업무 관련 문제로 X가 어떻게 해결되었는지 등을 물으며) 지난번 원온원과 관련된 이야기를 하면 된다. 그러면 당신이 매니저로서 원온원을 진지하게 생각하고 있고 지난 원온원도 최선을 다해 임했음을, 원온원이 지속되며 하나하나 연결되어 쌓여간다는 메시지를 팀원이 받게 된다. 결국, 팀원에게는 동기 부여가 되고 당신 자신에게도 긍정적인 영향을 미친다. 한 가지 주의해야 할 점은 지난번 원온원 아젠다 전체를 되풀이해선 안 된다는 것이다. 목표는 간단한 점검이다. 하지만 팀원이 지난번 원온원 아젠다들을 조목조목 짚어보길 원한다면 무조건 따라야 한다.

다음 항목은 팀원이 잘한 일을 인정해주고 칭찬하며 감사를 표현하는 것이다. 이런 따뜻한 말들로 분위기가 편안해지고 소통이 이루어지면서 대화가 탄력을 얻게 된다. 이상 도입부의 세 가지 아젠다의 진행 순서를 종합하면 다음과 같다.

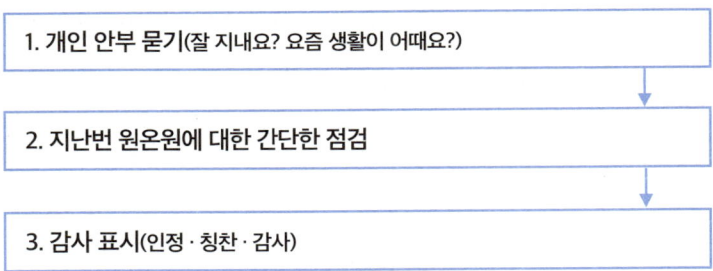

'원온원 핵심부'의 아젠다 설계 모델 두 가지

첫 번째 모델: 열거 방식

원온원 아젠다 설계 방식에는 여러 가지가 있을 수 있다. 하지만 내가 진행한 인터뷰 조사 결과를 종합해본 결과 두 가지 접근법이 가장 일반적이었다. 두 방식 모두 가볍고 유연하다. 원온원 목적에 적합하면서도 가장 간결하고, 긍정적 평을 많이 받은 방법은 '열거 방식'이다. 우선 매니저인 당신과 팀원이 각자 아젠다를 작성한다. 그런 다음 원온원을 할 때는 팀원이 정한 주제를 먼저 의논하고 그다음에 당신의 주제를 다룬다. 이해를 돕기 위해 역할별로 나누어 살펴보자.

팀원의 역할: 팀원이 무작정 아젠다 '목록'을 작성하는 데 치우치지 않도록 안내해야 한다. 대신, 현재 필요한 니즈를 토대로 한 핵심 주제와 우선 사항이 포함되어야 한다. 경력 개발과 같은 장기적인 문제와 세부 업무가 잘 융화되어야 한다. 현재의 장단점과 불쾌한 점들은 물론, 미래에 문제가 될 내용들도 주를 이루어야 한다. 팀원의 생각을 자극하기 위해 아젠다 작성 기준을 팀원에게 미리 조언해줘도 좋다(다음의 목록 참조). 원온원이 경과보고 미팅이 되어서는 안 된다(이에 대해서는 뒤에서 더 자세히 다루겠다).

이런 순서를 따르는 일이 쉽지 않을 수도 있다. 원온원 초반에 매니저가 의논하고 싶은 사항이나 주제를 먼저 꺼내도 좋다. 좋은 예로는 "X 고객과는 무슨 일이 있었던 거예요?"와 같은 평범한 질문이나 "Y 문제로 아주 힘들어했잖아요. 요즘은 어때요?"와 같은 골치 아픈 내용이 될 수도 있다. 더 '진지한' 대화의 실마리가 될 수도 있기 때문이다. 팀원의 생각을 자극하는 '잠재적' 주제여야 함을 명심하라. 팀원이 자기 니즈가 아니라, 당신의 니즈를 듣는 자리라고 느끼게 해선 안 된다. 그런 상황을 막기 위해

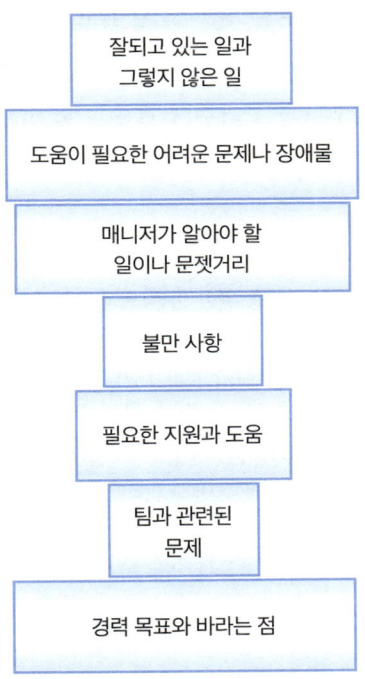

가장 많이 활용되는 방법은 논의되었거나 논의될 수 있는 잠재적 주제나 문젯거리를 문서나 컴퓨터에 기록해두는 것이다. 그렇게 하면 기억하기도 좋고 아젠다 작성 중 최신성 편향을 피할 수 있다. 하지만 많은 팀원이 있고 또 팀원 개개인이 원하는 바가 제각각이라는 점을 고려하면 아젠다 내용도 굉장히 다양해질 수 있다.

매니저의 역할: 당신도 분명 의논하고 싶은 여러 주제가 있을 것이다. 급히 처리해야 할 일도 있을 테고 장기적인 주제도 있을 것이다. 하지만 원온원의 핵심은 팀원이 들고 온 아젠다에 집중하는 것이다. 그런 면에서 아젠다 목록을 작성할 때 아래 목록의 내용을 참고하길 바란다.

매니저를 위한 아젠다 작성 기준

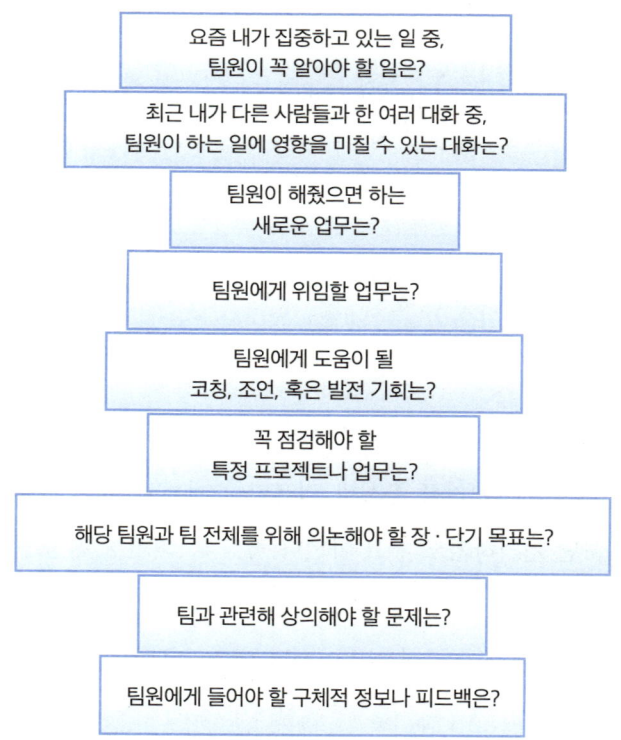

팀원이 자신이 작성한 아젠다를 굳이 제출할 필요는 없지만, 그것이 타당하고 만일 가능하다면 팀원과 당신이 서로의 아젠다를 일부라도 공유하는 것이 도움이 된다. 하루 이틀 전이어도 좋고 좀 더 임박해서도 좋다. 요점만 간단히 적는 형식이면 충분하다. 그 이유는 원온원 중에 특정 아젠다가 팀원을 당황시키는 일을 방지하고 원온원에 대해 팀원이 혹시라도 갖고 있을 부담을 덜어주는 효과가 있기 때문이다. 간단한 이메일 사례를 들면 다음과 같다.

수요일 원온원 아젠다 목록

enrica@company.com

보낸 사람: 글로리아

안녕하세요, 엔리카 님

수요일에 있을 1:1 미팅이 기대되네요. 엔리카 님의 안건을 다룬 후, 시간이 된다면 다음 주제들도 논의하고자 해요.

- 고객 추적 시스템의 변경 사항을 검토하고, 궁금한 점에 대한 질의응답
- 교육 프로젝트에 대한 업데이트 논의. 제가 피드백을 줄 수 있도록 관련 자료를 보여주면 더 좋겠네요.
- 어려운 고객을 대응하는 데 도움이 될 몇 가지 기술과 방법 공유
- 이번에 다녀오신 여행 이야기도 듣고 싶어요!

자, 그럼 원온원에서 봐요.
매니저 글로리아

팀원과 매니저, 둘의 역할: 원온원을 시작하기 전에 잠깐 각자의 아젠다 목록을 살펴보며 꼭 다루어야 할 주제들을 정하라. 그러면 일부 항목은 제외되거나 다음 원온원으로 미뤄지기도 하겠지만, 이는 전혀 문제가 되지 않는다. 대부분 아젠다 항목이 더 일관적으로 정리되었다는 뜻이기 때문이다. 필요 없는 항목을 빼는 과정에서 나름의 교훈도 얻게 된다. 원온원에서는 늘 팀원이 작성한 아젠다 목록으로 시작해야 한다. 매니저인 당신의 목록을 다룰 시간이 부족해도 괜찮다. 나중에 얘기해도 되고 시간이 촉박하다면 따로 원온원을 잡으면 그만이다. 혹은 팀원이 자신의 아젠다 목록에 관해 이야기할 때 당신 이야기를 끼워 넣을 순간들이 간간이 발생할 수도 있다. 대화의 흐름에 당신의 주제가 잘 맞아들어가고 강제로 끼어들지 않는다면 아무 문제가 되지 않는다. 하지만 당신의 주제로 원온원을 장악해선 안 된다.

이러한 아젠다 설계 모델, 즉 열거 방식이 마음에 든다면 핵심 아젠다 항목은 이와 같은 모습일 것이다.

1. 팀원과 당신이 작성한 아젠다 목록을 살펴보며 어떤 이야기를 할지 결정(합의가 되었다면, 두 목록 모두에서 주제를 골라도 무방하다)
2. 팀원이 가져온 핵심 주제 검토
3. (시간이 된다면) 당신의 핵심 주제 검토

1번을 원온원 전에 이메일이나 사내 대화 앱 등으로 미리 해결해서 실제 원온원 중 2번과 3번을 다룰 시간을 벌어두는 매니저와 팀원들도 있다.

두 번째 모델: 핵심 질문 방식

핵심 질문 방식은 열거 방식만큼은 아니지만, 매니저와 팀원들의 인터뷰에서 두 번째로 자주 언급된 접근법이었다. 이름에서 짐작할 수 있듯이, 매니저가 아젠다의 핵심을 반영하는 일련의 간단한 질문들을 중심으로 원온원을 준비하고, 팀원은 자유롭게 그 질문들에 답하는 형식이다. 따라서 팀원이 아젠다 내용과 회의의 방향을 전적으로 통제하게 된다. 매니저인 당신은 일반적인 질문을 통해 답을 들으며 커다란 틀만을 제공할 뿐이다. 내 인터뷰 조사 과정에서 자주 등장했던 핵심 질문들은 다음과 같다.

1. 얘기하고 싶은 문제나 애로사항, 어려움이 있나요?
2. 현재 가장 우선순위 업무가 뭔가요?
3. 진행이 잘되는 것은 무엇이고, 잘 안 되는 것은 무엇인가요?
4. 상황을 더 잘 이해하기 위해 제가 알아야 할 것은 무엇인가요?
5. 제가 도와드리거나 지원해드릴 일이 있나요, 혹은 추가로 더 필요한 것이 있나요?

6. 현재와 미래, 그리고 큰 그림과 작은 그림을 그려봤을 때 의논하고 싶은 게 있나요?

팀원은 원온원 전에 이런 질문들을 인지하고 준비할 수 있게 된다. 가끔은 공유문서 같은 툴을 활용해 회의 전에 답할 수도 있다. 위의 6가지 질문은 공통 핵심 질문 사례이고, 여기에 주기적으로 활용할 수 있는 자신만의 핵심 질문을 끼워 넣는 방법도 좋다(6장 참조). 혹시 핵심 질문을 바꿀 생각이라면 미리 팀원에게 알려주어 팀원이 당황하는 일이 없이 미리 준비할 수 있도록 한다.

핵심 질문에 대한 모든 답변이 끝났다면 다음은 당신의 아젠다 항목을 다룰 시간이다. 첫 번째 열거 방식에서 언급한 것처럼, 팀원이 답하는 사이사이에 당신의 주제를 자연스럽게 끼워 넣는 방법을 써도 된다. 하지만 언제나 기억해야 할 점은 팀원과 팀원의 니즈가 늘 최우선이라는 것이다.

열거 방식은 물론 핵심 질문 방식에서도 가장 주의할 점이 있다. 바로 아젠다 항목을 작성하다 보면 당면한 전술적 문제나 발등에 떨어진 불 끄기가 우선이 되고, 경력 개발 같은 장기적인 사안은 뒷전이 된다는 사실이다. 결국, 원온원이 업무 현황 보고의 덫에 갇히게 된다. 이 덫을 피하는 방법을 이야기하기 전에 우선 그 의미부터 자세히 알아보자.

업무 현황 보고의 덫에 빠지는 이유

업무 현황 보고의 덫이란 원온원이 전술적이고 단기적인 방향으로 진행되며 업무 현황 보고와 일정에 집중하게 되는 현상을 말한다. 당연히 친밀감과 신뢰가 쌓일 리 없다. 사실, 원온원에 직장생활의 핵심이라고 할 수 있는 직업적 성장과 경력 개발 문제가 빠지면 의도치 않게 팀원의 사기와 근무 욕구가 떨어질 수 있다. 좀 더 광범위하게 말하면 원온원이 가진 잠재력을 100퍼센트 실현할 수 없다. 영화사 워너브라더스의 한 간부는 업무 현황 보고의 덫에 관해 이런 명언을 남겼다. "원온원이 전술을 다뤄야 하는 것도 물론 맞지만, 그래도 전략에 집중하려고 노력해야 합니다. 다시 말해, 업무 '목록'을 검토하는 시간이 되어서는 안 됩니다. 이는 다른 방법으로도 충분히 할 수 있는 일입니다. 대신 원온원에서 달성해야 할 궁극적 목표는 깊이와 소통입니다. 상황 보고 그 이상을 향해 달려가야 합니다. 깊은 소통과 친밀감을 일구어내는 동시에 경력 개발, 전략적 구상, 호흡 맞추기와 같은 업무 외의 주제들을 다루어야 합니다."

업무 현황 보고의 덫을 방지하는 전략 세 가지

업무 현황 보고의 덫에 빠지기 쉽지만, 이를 피할 수 있는 방법도 분명히 있다. 이러한 덫을 피할 수 있도록 돕는 균형 잡힌 원온원을 위한 세 가지 접근법을 소개한다.

전략 1: 시간 할당 방식

업무 현황 보고의 덫을 피하는 한 가지 방법은 회의마다 비전략적이고 미래 지향적인 주제에 5~15분을 꾸준히 할당하는 것이다. 그렇게 떼어놓은 시간에는 팀원에게 경력 목표나 직업적 성장 기회와 같은 일련의 질문을 하는 것이다. 원온원 계획표에 '미래'라는 제목으로 따로 정리해놓아도 좋다.

장기적 관점의 주제들을 번갈아 가며 의논하는 방법도 고려해볼 만하다. 한 가지 도움이 될 만한 사례는 팀원과 다음 네 번

원온원 날짜	단기 사안 의논에 할당된 시간	장기 사안 의논에 할당된 시간
1월 2일	70퍼센트	30퍼센트
1월 9일	70퍼센트	30퍼센트
1월 16일	70퍼센트	30퍼센트
1월 23일	70퍼센트	30퍼센트
1월 30일	70퍼센트	30퍼센트

의 원온원에서 다룰 '미래' 관련 주제 목록 초안을 만들어 상의해 보는 방법이다. 임시 계획이고 당연히 바뀌기도 하겠지만, 원온원 주제가 다양해지는 데 도움이 된다. 또한 원온원이 뻔하고 진부해지는 걸 막을 수 있다. 원온원 주제가 중복되면 안 된다거나, 같은 주제를 다시 다루면 안 된다는 뜻이 아니다. 오히려 어느 정도 기간을 늘려 가능한 한 다양한 주제와 질문을 다루려고 노력해야 한다는 뜻이다. 한 관리자가 실제 사용하고 있는 또 다른 사례를 살펴보자.

전략 2: 지정 회의 방식

두 번째 전략은 (원온원 주기에 따라 다소 차이가 있겠지만) 네 번에 한 번 정도는 장기적 주제만을 이야기하는 방식이다. 당연히 장기적인 주제도 주기적으로 전환해야 한다. 이렇게 하면 장기적 주제에 관한 토론의 수준이 올라갈 뿐만 아니라 토론 자체가 보

원온원 날짜	단기 사안 의논에 할당된 시간	장기 사안 의논에 할당된 시간
1월 2일	90퍼센트	10퍼센트
1월 9일	90퍼센트	10퍼센트
1월 16일	90퍼센트	10퍼센트
1월 23일	10퍼센트	90퍼센트
1월 30일	90퍼센트	10퍼센트

장받게 된다. 위의 표와 같은 식이다.

전략 3: 템플릿 방식

장단기 주제를 모두 담은 공식 회의 템플릿을 사용해보는 것도 고려해볼 만하다. 템플릿은 원온원에 균형과 포괄성을 보장해주는 일종의 틀 역할을 한다. 1부 뒤에 나오는 체크리스트에 개인 상황에 맞게 원하는 대로 바꿔 쓸 수 있는 '원온원 아젠다 템플릿'을 마련해두었으니 참고하길 바란다. 내가 알기로는 원온원에 미팅 템플릿을 사용하면 어떤 효과가 있는지 연구한 사례는 아직 없다. 내가 조사하는 과정에서도 템플릿 사용 사례가 높지 않았던 이유는 아마도 템플릿을 사용하게 되면 따라야 할 복잡한 틀이 많아지기 때문일 것이다. 하지만 템플릿 사용은 충분히 고려해볼 만한 방법이며 누구와 얼마 동안 원온원을 하든 정해진 주제들을 일관성 있게 다룰 수 있다는 분명한 장점이 있다. 나와의 인터뷰에서 실제로 템플릿을 사용하고 있다고 답한 응답자들도 있었다. 템플릿은 우선 매니저가 제작하고, 이 템플릿을 원온원 전에 팀원에게 보내 원하는 방식으로 바꾸라고 하는 방식이었다. 템플릿을 구글독스Google Docs로 해당 팀원과 공유하기도 했다. 이렇게 원온원을 거듭해가며 당사자들이 함께 템플릿을 개선해나간다고 했다. 또한 공유된 템플릿은 회의록이 될 뿐만 아니라, 원온원에서 협의한 업무 목록 점검표의 기능도 수행한다.

전반적으로 업무 현황 보고의 덫에 걸려들지 않았는지를 늘 살펴야 한다. 덫을 피할 수 있는 여러 방법을 시도해보며 원온원을 최대한 활용할 방법을 찾아 그 가치를 100퍼센트 끌어내야 한다.

아젠다의 일부로 지표를 점검해야 하는가?

업무 성과, 생산성, 고객 만족, 생산 차질과 같은 지표들도 원온원 아젠다가 될 수 있다. 내 연구에 따르면 지표 점검과 원온원 효율성에 대한 인식 사이에 긍정적 상관관계는 없었다. 나는 관리자들과 그들의 팀원들에게 "원온원에서 지표를 살펴보는 일이 좋은 접근법이라고 생각하나요?"라고 물었다. 40퍼센트가 예라고 답했고 나머지 60퍼센트는 아니라고 답했다. 예와 아니오로 답한 응답자들이 들려준 이유는 뒤에 나오는 표에서 확인할 수 있다.

지표와 관련된 흥미로운 자료 하나를 더 살펴보자. "얼마나 자주 원온원에서 지표를 점검해야 할까요?"라는 질문에 응답자들의 답변은 뒤에 나오는 그래프와 같았다.

원온원에서 지표를 자주 점검해야 하는가?

예라고 답한 응답자들(40퍼센트)	아니라고 답한 응답자들(60퍼센트)
지표 점검을 통해 원온원의 모호함이 제거되고, 앞으로 해야 할 일이 구체적으로 그려진다.	지표는 관련 관리 프로그램으로도 충분히 점검할 수 있다. 소중한 시간을 낭비할 뿐이다.
관리자와 팀원이 가지고 있는 업무에 대한 기대치가 정렬되는 효과가 있다.	지표는 계량화할 수 없는 것들을 계량화하려는 헛된 노력일 뿐이고 중요한 상황적 변수를 놓친다. 팀원을 몰아세우는 분위기를 연출하고 상하관계를 강화한다. 조직이 생각하는 것만큼 지표에 큰 의미가 있다고 생각하지 않는다.
상황이 나빠지든 좋아지든, 놀라는 일이 줄어든다.	다른 좋은 방법도 많다. 원온원에서는 지표라는 숫자 뒤에 숨겨진 이유를 주제로 토론했으면 좋겠다. 안 좋은 상황을 어떻게 극복해야 할지 몰라 안내가 필요할 때는 더더욱 그렇다.
개인적으로 현실 점검은 꼭 필요하다고 본다. 일정대로 일을 해내고 있는지가 중요하다. 나 스스로 얼마나 열심히 하고 있고 상황은 어떤가와 같은 요소들보다, 상황이나 여건과 무관하게 업무를 제대로 처리해내고 있는가가 중요하다.	지표는 주로 매출과 관련된 것들을 추적한다. 지표 점검은 조직 차원에서는 타당하지만, 직원 개개인은 심하게 관리되고 있다는 느낌을 자주 받게 된다. 게다가 의사소통 능력, 팀워크 같은 개인의 소프트 스킬soft skill이 조직에 기여하는 측면은 지표로 측정할 수 없다.
측정할 수 있어야 수행할 수 있다. 검토가 따라야 제대로 수행될 수 있다. 팀장의 우선순위가 나에게는 무척 중요하다.	지표를 점검하면 원온원이 단기적 문제에 집중되고, 직업적 성장과 능력개발 문제는 뒤로 밀리고 만다.

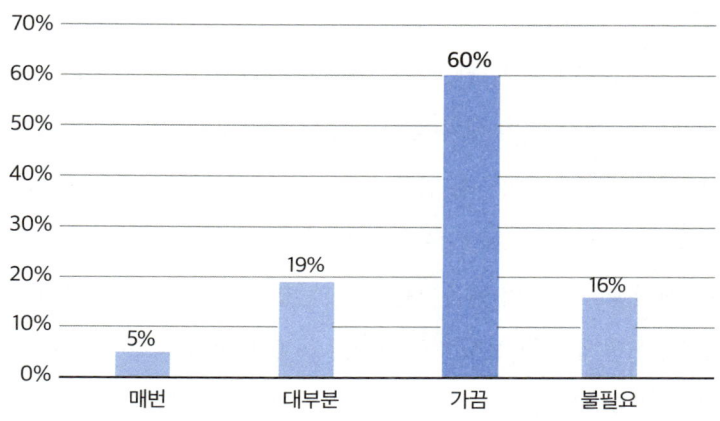

위의 그래프를 통해 얻을 수 있는 결론은 지표 점검이 (영업직처럼) 업무 성격에 맞거나 가끔 이루어진다면 큰 문제가 되지 않는다는 것이다. 지표 점검으로 가끔 통찰을 얻을 수도 있고 유용할 때도 있지만, 원온원의 목적 자체에는 맞지 않는다. 지표 뒤에 숨겨진 '이유'를 파고드는 것이 원온원의 핵심이기 때문이다. 즉 지표로 어떻게 성공을 쟁취할지, 성공에 걸림돌은 무엇인지, 그리고 성공에 필요한 지원은 무엇인지에 대한 논의가 더 중요하다는 뜻이다. 그것이 바로 진정한 원온원이다. 게다가 지표 성장은 어느 팀원 한 명의 업무 성과보다 조직과 경영환경 같은 더 광범위한 요인들과 직결되는 경우가 많다는 점을 고려하면, 지표에 대한 피드백은 결과보다 노력을 인정하자는 것이 취지임을 잊어서는 안 된다.

저명한 비즈니스 컨설턴트 켄 블랜차드Ken Blanchard와 전 WD-40 CEO 개리 리지Garry Ridge는 이렇게 말했다. "관리자의 임무는 단순히 직원들의 업무 성적을 모니터링하는 것이 아니라 직원들이 'A'를 받도록 돕는 일이다."[1] 능력 발휘를 제대로 못 하는 직원을 추궁하며 원온원을 심판과 평가의 시간으로 오용하기보다, 어떻게 하면 성공률을 높이고 어떤 행동과 지원이 업무 성과와 지표 모두를 개선할 수 있을지 고민하는 시간으로 활용해야 한다.

아젠다 마무리하기

고마움, 인정과 같은 칭찬의 말과 함께 아젠다를 마무리할 때는 "우리 둘이 이제 다음 원온원까지 해야 할 일이 뭐죠?"와 같은 논의사항을 재확인해야 한다. 각각의 후속 조치에 대한 기대치와 일정을 분명히 해야 한다. 이 부분에 대해서는 뒤에 더 자세히 설명하겠다.

당신이 아젠다에 대해 알아야 할 10가지

1. 다양한 아젠다 접근법을 시도하라

당신과 팀에게 가장 잘 맞는 방법을 찾아라. 꼭 한 가지 길만 있는 것은 아니다. 팀원들에게 의견을 구하면서 조금씩 계속 바뀔 것이다.

2. 팀원에게 맞는 아젠다 접근법을 찾아라

팀원 모두와 반드시 똑같은 틀로 아젠다를 다루어야 한다는 규칙 같은 것은 없다. 팀원마다 당신에게 원하는 게 다를 수 있다. 한 명 한 명과 대화하면서 최고의 아젠다 처리 방식을 찾아내라. 아젠다에 꼭 업무와 관련된 내용만 포함되어야 한다는 법도 없다. 업무 외의 주제도 전혀 문제가 되지 않는다.

3. 다른 원온원을 토대로 아젠다를 조정하라

어떤 조직들은 관리자들에게 분기별로 팀원을 만나 업무 성과 평가와 경력 개발 문제를 상의하라고 주문한다. 이런 경우, 정기 원온원에서 조직 차원에서 정해진 주제들을 반복해서 다룰 수도 있겠지만, 생략해도 좋다.

4. 팀원이 중심이 되어야 한다

관리자인 당신이 준비한 아젠다가 너무 많아선 안 된다. 주목은 팀원이 받아야 한다.

5. 지난 아젠다와의 연속성을 유지하라

원온원 간에 일관성이나 지속성이 떨어져선 안 된다. 아젠다를 만들 때는 꼭 지난 아젠다를 참조해야 한다. 필요하다면 집중도를 높이기 위해 반복할 항목도 있겠지만, 새로운 방향과 기회를 만날 가능성을 위해 새로운 항목도 넣으려고 노력해야 한다.

6. 다음 원온원 아젠다를 메모하라

원온원이 끝나자마자 (시간이 부족해 다루지 못한 항목이나 차후 점검이 필요한 항목 같은) 다음 원온원 아젠다에 대한 아이디어를 적어보라. 원온원을 마친 직후에 이런 아이디어들이 가장 잘 떠오를 뿐만 아니라, 다음 원온원을 준비하는 최고의 방법이다. 이런 기록들이 쌓여가며 원온원에 탄력이 붙는 효과도 보게 될 것이다.

7. 부담스럽지 않은 원온원을 유지하라

이 책에는 원온원에서 사용할 수 있는 질문들이 무수히 많다. 하지만 지나친 질문 공세로 깊이와 의미가 있는 대화를 막아서는 안 된다.

8. 원온원은 융통성이 있어야 한다

팀원에게 원온원 대화 자체를 유기적으로 이끌어갈 수 있는 여지를 주어야 한다. 다시 말해, 계획을 세워두되 융통성을 발휘해야 한다. 경직된 분위기여서는 안 된다. 준비된 계획에서 벗어나도 괜찮다. 준비한 아젠다 내용을 모두 다루어야 한다는 강박에서도 벗어나라. 가장 중요한 주제들만 다루고 나머지는 다음 원온원에서 다루면 되지 않는가.

9. 원온원을 빈도에 맞게 조정하라

원온원 빈도가 잦을수록 잘 정비된 틀의 필요성도 커진다. 이 말은 빈도가 잦지 않다면, 실제로 원온원을 할 때는 폭넓은 핵심 주제를 더 다루려고 노력해야 한다는 뜻도 된다.

10. 팀원의 목소리에 귀 기울여라

팀원이 특정 아젠다 항목에 집중해 계속 그 주제를 이야기한 다면, 그만큼 팀원에게 중요하다는 뜻이므로 그렇게 하도록 해주어야 한다. 당신의 아젠다는 다른 방식으로도 얼마든지 의논할 수 있다.

- **효과적인 원온원을 낳는 아젠다:** 원온원에 아젠다가 필요한가에 대해 의견이 분분하지만, 조사 결과는 필요하다는 쪽으로 더 기울어 있다(원온원 전이든 원온원 시작 초반이든). 아젠다 설정은 시간이 드는 일이지만, 원온원의 효과와 가치를 높일 수 있다.
- **아젠다 작성과 팀원 참여의 중요성:** 아젠다가 원온원의 효과와 가치를 올리는 데 도움이 되지만, 이는 팀원이 그 작성 과정에 참여했을 때의 이야기다. 매니저인 당신 혼자 아젠다를 정하지 말고, 팀원

이 초안을 만들게 하거나 함께 만들어라. 팀원이 하는 일과 팀원의 니즈에 더 집중한다는 원온원의 궁극적 목표를 달성할 수 있을 뿐만 아니라, 원온원에서 의논할 사항을 다듬는 효과도 있다.

- **관리자들 대부분이 추천하는 두 가지 아젠다 작성 모델:** 열거 방식은 당신과 팀원이 의논할 주제 목록을 작성해보는 것이다. 그런 다음 서로 작성한 목록을 비교해 최종 아젠다를 만들어낸다. 반면 핵심 질문 방식은 관리자가 팀원에게 일련의 질문 목록을 가져다주는 것으로 시작한다. 그다음 팀원이 질문 목록에서 의논하고 싶은 주제를 정하는 방식으로, 원온원의 방향 설정을 팀원이 하게 된다. 어느 모델을 선택하든 시작부터 끝까지 친밀감이 쌓이고 심리적으로 편안하게 대화할 수 있는 열정이 넘치는 시간이어야만 한다.

- **업무 현황 보고의 덫:** 원온원이 지나치게 전술적이고 단기적인 주제에 집중할 때 업무 현황 보고의 덫에 걸려든다. 다시 말해, 매번 팀원에게 업무 경과만을 확인하고 있다는 뜻이다. 이 덫을 피하는 방법은 모든 원온원의 일부 또는 특정 원온원에 미래 지향적 주제를 할당하거나, 템플릿에 맞춰 그런 주제들을 의도적으로 끼워 넣는 것이다.

- **(가끔의) 지표 점검:** 지표 자료로 당신과 팀원은 업무에 대한 훌륭한 통찰을 얻을 수 있다. 하지만 원온원을 할 때마다 지표를 확인한다면 원온원의 원래 목표에서 멀어지고 팀원이 지나치게 감독받고 있다고 느끼는 부작용도 초래할 수 있다. 조사 결과 지표 점검이 팀원 업무 특성에 맞고 지표 자체를 팀원이 통제할 수 있을 때만 지표 점검이 이루어져야 함을 알 수 있다. 지표 아래 감추어진 '이유'를 자세히 들여다보고 성공을 쟁취하는 법, 성공에 방해가 되는 장애물을 치우는 법, 그리고 성공에 필요한 지원을 파악하는 데 집중해야 제대로 된 원온원을 할 수 있다는 사실을 기억하라.

원온원 준비를 위한
체크리스트

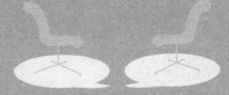

원온원을 준비하는 데 도움을 주는 6가지 활용 툴을 담았다.

1. 전반적인 원온원 스킬을 측정하는 자가진단 테스트
2. 원온원 주기를 결정하는 자가진단 테스트
3. 원온원 질문에서 흔히 저지르는 실수 점검표
4. 원격근무자를 위한 원온원 질문
5. 원온원 아젠다 템플릿
6. 원온원 아젠다 템플릿에 추가 가능한 항목들

1. 전반적인 원온원 스킬을 측정하는 자가진단 테스트

원온원 스킬을 측정하는 자가진단 테스트로 각각의 질문들에 고민해서 답해 보길 바란다. 정기적으로 이 테스트를 반복해 본인이 얼마나 나아지고 있는 지도 점검하라.

자가진단 테스트를 하는 방법

대략 지난 6개월에서 1년 사이에 했던 모든 원온원을 떠올려 보고, 다음 표의 항목에 있는 행동이나 태도를 보인 비율을 적어본다. 당신의 답에 팀원은 과연 어떤 반응을 보일지를 생각하며 솔직하게 적는다.

당신은 얼마나 자주…	실행한 시간 비율(퍼센트)
1. 원온원 사전 계획을 세웠는가?	
2. 일종의 아젠다를 마련했는가?	
3. 아젠다 작성에 팀원의 참여를 유도했는가?	
4. 원온원을 하기 전에 이전 원온원의 내용을 살펴봤는가?	
5. 원온원을 취소했을 때 최대한 빨리 다시 날짜를 잡았는가?	
6. 밝고 긍정적인 분위기로 시작했는가?	
7. 원온원 시간을 잘 지켰는가?	
8. 팀원이 제출한 주제로 시작했는가?	
9. 지난번 원온원에서 합의한 내용을 간략히 점검했는가?	

당신은 얼마나 자주…	실행한 시간 비율(퍼센트)
10. 팀원의 이야기를 열심히 경청했는가?	
11. 팀원이 하는 말에 잘 대꾸해 주었는가?	
12. 팀원보다 말을 적게 했는가?	
13. 강력하고 의미 있는 질문을 했는가?	
14. 팀원이 다루고 싶은 주제에 맞춰 조정했는가?	
15. 원온원에 온전히 집중했는가?	
16. 업무 외의 주제를 다루었는가?	
17. 팀원이 전반적으로 잘 지내는지를 체크했는가?	
18. 팀원의 어려움을 들어주며 필요한 지원과 도움을 약속했는가?	
19. 원온원 동안 필요한 내용을 메모했는가?	
20. 업무 현황 점검 외에 다른 주제를 논의했는가? (예: 장기적인 주제, 경력 발전 등)	
21. 제시간에 마쳤는가?	
22. 서로 할 일을 정하고 마쳤는가?	
23. 팀원의 시간과 노고에 감사를 표현했는가?	
24. 논의 내용들을 다시 한번 요약해 확인했는가?	
25. 원온원이 끝나고 원온원 기록 사항을 공유했는가?	

원온원 준비를 위한 체크리스트

당신은 얼마나 자주…	실행한 시간 비율(퍼센트)
26. 원온원 이후, 해야 할 사항에 대한 전반적인 윤곽을 잡아주기 위해 팀원에게 연락했는가?	
27. 팀원에게서 원온원에 대한 피드백을 받았는가?	
28. 팀원에게 약속했던 일에 대한 경과를 알려주었는가?	
29. 팀원에게 부탁했던 일에 대한 경과를 확인했는가?	

점수 계산법과 의미

85퍼센트 이상이라고 답한 모든 항목에 동그라미를 친다. 그런 다음, 동그라미 쳐진 질문 항목 수를 세어보면 그 총합이 당신의 점수가 된다.

- **26~29(뛰어나다)**: 훌륭하다! 계속 그렇게 원온원을 해나가면 된다. 이 책을 통해 얻은 새로운 기법이나 개념도 시도해보라.

- **20~25(더 많은 기회가 기다리고 있다)**: 탄탄한 원온원 스킬을 가지고 있지만, 더 훌륭하게 잘해낼 분명한 기회가 기다리고 있다.

- **19 이하(의미 있는 기회가 기다리고 있다)**: 이 책에서 29점 만점으로 갈 수 있는 수많은 도움을 얻게 될 것이다.

2. 원온원 주기를 결정하는 자가진단 테스트

원온원 주기를 결정하는 자가진단 테스트는 팀원 개개인에게 맞는 최고의 원온원 주기를 찾기 위한 용도다. 해당 팀원에게 가장 맞는다고 생각하는 답변에 체크하면 된다.

항목	질문
원격 vs. 대면	이 팀원은: ☐ 대부분 사무실 혹은 현장 근무(0점) ☐ 50대 50 비율(1점) ☐ 대부분 원격근무(2점)
바라는 원온원 주기	이 팀원이 원하는 원온원 주기는: ☐ 잘 모르겠거나 원온원을 딱히 원하지 않는다(0점) ☐ 가끔(1점) ☐ 자주(2점)
업무 숙련도	해당 업무에 이 팀원은: ☐ 노련(0점) ☐ 다소 노련(1점) ☐ 맡은 지 얼마 안 됨(2점)
근속연수	조직과 이 팀원이 함께한 기간은: ☐ 5년 이상(0점) ☐ 2~4년(1점) ☐ 1년 이하(2점)

항목	질문
관리자였던 기간	이 팀원을 당신이 관리해온 기간은: ☐ 2년 이상(0점) ☐ 6개월에서 2년(1점) ☐ 6개월 이하(2점)
팀 크기	☐ 대(10명 이상) (0점) ☐ 중(5~9명) (1점) ☐ 소(1~4명) (2점)
주간 회의	원온원 말고 따로 주간 회의가 있는가? ☐ 예(0점) ☐ 아니오(1점)
회의 외의 업무관리 방식	업무 현황 보고나 문제 논의에 구글독스 같은 플랫폼을 얼마나 자주 활용하는가? ☐ 자주(0점) ☐ 가끔(1점) ☐ 거의 사용하지 않음(2점)
총점:	

점수 계산법과 의미

체크한 항목 옆에 있는 점수를 모두 더해 총점을 구하고 온도계처럼 보이는 아래 그림에 점수에 맞는 위치를 표시해보면 개별 팀원에게 맞는 주기를 알 수 있다. 이렇게 찾은 주기에 팀원도 동의하는지를 꼭 확인하고 정기적으로 검토해야 한다. 둘 다 확신이 서지 않을 때는 대개 더 자주 하는 편이 좋다.

| 월 1회(0~5) | 격주(6~10) | 매주(11~15) |

3. 원온원 질문에서 흔히 저지르는 실수 점검표

다음 표의 항목은 원온원에서 팀원에게 질문할 때 하기 쉬운 실수들이다. 원온원에서 하지 말아야 할 각각의 질문에 대해 사용해본 경험이 있는지 여부를 표시하여, 혹시 모를 실수를 막도록 하자.

일반적인 실수들	예시	사용해본 경험이 있다
필요 이상으로 파고드는 질문	이번 주에 한 일을 모두 자세히 얘기해줄래요?	[　　]
지나치게 사적인 질문	궁금해서 그런데, 교회 다녀요?	[　　]
뒷담화	A 직원이 지난주에 한 일 들었어요?	[　　]
폭언이나 불평	우리 사장님 너무 별로예요! 안 그래요?	[　　]
자기 업무 중심적 질문	우선 제 영업실적 발표와 관련해서 좀 도와줄 수 있나요?	[　　]
주로 다른 팀원과 관련된 질문	동료들은 요즘 다들 일 잘하고 있나요?	[　　]

4. 원격근무자를 위한 원온원 질문

원격근무를 하는 직원들과 관련된 원온원 질문에는 어떤 것들이 있는지 알아보자.

원격으로 근무하는 팀원들을 위한 질문	예시	사용 경험 유무
원격근무로의 전환	• 원격근무에 잘 적응하고 있나요? • 새로운 원격근무 환경에서 성취를 이룰 수 있도록 도와드릴 일은 없나요?	[ ]
일과 삶의 균형	• 원격근무 중에 일과 삶의 경계를 잘 설정하고 있나요?	[ ]
원격근무의 장점	• 재택근무를 해보니 어떤 점이 가장 맘에 드나요?	[ ]
원격근무의 단점	• 어떤 점이 가장 힘든가요? • 우리가 어떻게 해결할 수 있을까요?	[ ]
추가적인 업무 지원	• 재택근무 환경이 최적의 상태인가요? 아니라면, 어떻게 개선시킬 수 있을까요? • 필요한 지원을 받고 있나요? 아니라면 지원을 개선하기 위해 우리가 할 수 있는 일이 무엇일까요?	[ ]

원격으로 근무하는 팀원들을 위한 질문	예시	사용 경험 유무
팀워크	• 재택근무 중에도 팀과 연결되어 있다고 느끼나요? • 재택근무로 인해 잘 알지 못하는 팀원이 있어, 제가 더 잘 연결해 주면 좋을 사람이 있을까요?	[ ]
소속감	• 원격근무자들이 팀에 소속감을 느낄 수 있도록 팀 차원에서 새롭게 시도해봐야 할 것이 있을까요?	[ ]
참여도	• 원격근무를 하면서도 자신의 의견이나 생각을 언제든 표현할 수 있다고 느끼나요?	[ ]
경력 개발	• 원격근무자로서 경력을 발전시켜 나갈 충분한 기회를 얻고 있나요? • 원격으로 근무하다 보니, 팀이나 회사와 관련해 더 알고 싶은 점이 있는데 그러지 못하는 분야가 있나요?	[ ]

5. 원온원 아젠다 템플릿

아래는 원온원에서 활용할 수 있는 템플릿이다. 물론 필요에 따라 원하는 템플릿이나 아젠다 구조를 사용할 수 있다. 하지만 이 양식이 당신이 원온원을 하는 데 좋은 출발점으로 활용될 수 있다. 이 양식을 사용하기로 결정했다면, 인쇄하거나 문서 파일 상태에서 작성해도 좋다.

관리자 이름:		
날짜와 시간:		
주요 목표 & 프로젝트	경과	예상 결과 & 기한
우선순위 기준으로 주요 목표나 프로젝트를 적는 칸	주요 목표나 프로젝트의 경과와 필요한 지원을 적는 칸	팀원이 일정에 맞게 일할 수 있도록 주요 목표와 프로젝트별 마감일을 적는 칸

도입부 아젠다	기재 내용
시작	순조로운 원온원을 위해, 팀원이 잘한 점, 인정할 점, 가장 잘한 점 등을 적는 칸
지난번 원온원에서 합의했던 업무 검토	해당 업무의 핵심 논의사항과 경과를 기재한다. 해당 사항이 없으면 빈 칸으로 남겨둔다.
이번 원온원의 핵심 주제	당신과 팀원의 최우선 과제 나열

팀원 아젠다	기재 내용
우선순위를 기준으로 한 팀원의 아젠다 항목	주요 내용을 적는 칸

원온원 준비를 위한 체크리스트

관리자 아젠다	기재 내용
우선순위를 기준으로 한 관리자의 아젠다 항목(시간이 허락한다면)	주요 내용을 적는 칸

장기적 주제(월 1회)	기재 내용
경력 개발과 같은 장기적 차원의 주제를 적는 칸	주요 내용을 적는 칸

합의된 핵심 과제와 다음 단계	
관리자 관리자가 하기로 한 핵심 과제	**팀원** 팀원이 하기로 한 핵심 과제

6. 원온원 아젠다 템플릿에 추가 가능한 항목들

원온원 경험이 쌓이면서 기존 원온원 틀도 진화할 수밖에 없다. 다음 템플릿은 그럴 때 고려해 넣을 만한 추가 항목들이다.

주제	기재 내용
업무 만족도 점수	원온원을 시작하기에 앞서, 팀원이 직장생활에 대해 전반적으로 어떻게 느끼고 있는지를 1~10점 기준으로 평가하는 칸. 조직과 팀에 어느 정도 기여하고 있다고 느끼는지와 같은 나름의 평가 기준을 추가해도 좋다.

관리자로서 놓치고 있는 사항	기재 내용
팀원이 직장에서나 직장 밖 삶에서 일어나고 있는 일 중 관리자가 알았으면 하고, 그래서 도움을 받고 싶은 일을 털어놓는 칸	원온원 중에 메모하는 칸

지표 점검	기재 내용
업무 성과 같은 핵심 지표를 때때로 점검하는 칸	원온원 중에 메모하는 칸

팀원 피드백	기재 내용
원온원 방식에 대한 팀원의 의견 등 팀원이 관리자에게 피드백을 제공하는 칸	원온원 중에 메모하는 칸

관리/조율/지원		
핵심 목표/프로젝트	진행상황	예상 결과 & 마감 기한
우선순위를 기준으로 주요 목표나 프로젝트를 적는다.	진행 경과와 필요한 지원 내용을 적는다.	팀원이 순조롭게 일을 진행할 수 있도록 마감 기한을 적는다.

원온원은 의미 있고 진솔한 대화를 통해 팀과 친밀한 관계를 쌓을 수 있는 그야말로 엄청난 기회다. 신뢰를 키워나가는 데 결정적이라는 뜻이다. 신뢰 없이 팀이 성공할 수 없다. 신뢰가 두터운 팀은 꾸준히 새로운 기준을 만들어가며, 어렵고 힘든 시기도 함께 헤쳐나갈 수 있다.

— 식품 기업 인터내셔널 플레이버스 임원

어느 조직이나 꾸준히 변화하는 업무환경에 적응해 포용력과 고도의 생산성을 자랑하는 조직이 되려고 노력하는 지금, 그 기초가 되는 건설적인 원온원의 역할도 나날이 중요해진다. 조직의 리더가 원온원을 가볍게 생각한다면 업무능력과 효율성 제고에 원온원이 얼마나 중요한지를 깨닫지 못하고 있다는 뜻이다.

— 메리어트 인터내셔널 임원

2부

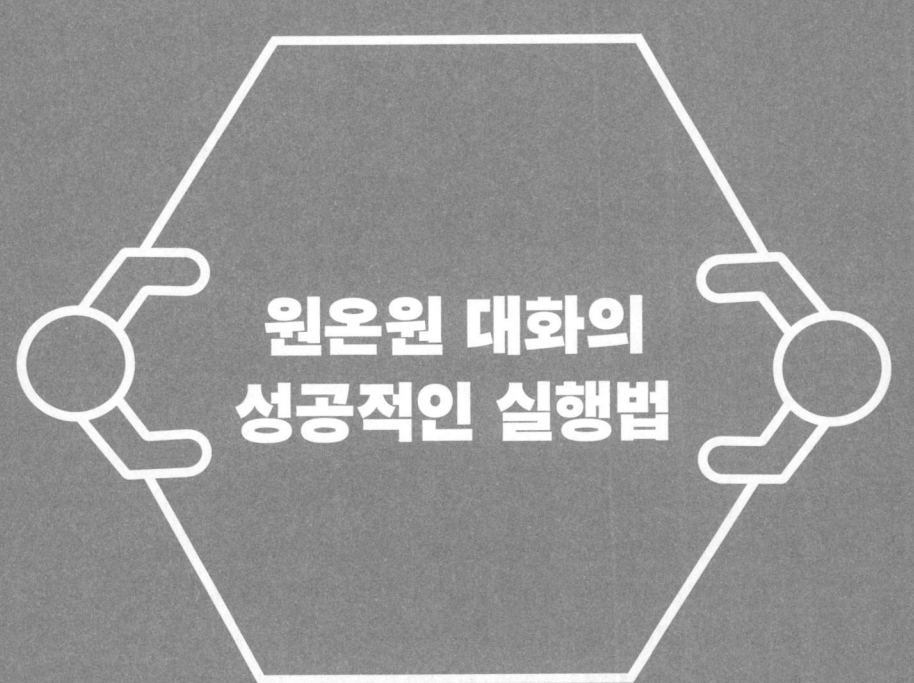

원온원 대화의
성공적인 실행법

2부에서는 일반적인 원온원 실행 모델로 팀원들의 개인적·실질적 욕구를 어떻게 충족시켜 나갈지를 살펴본다. 효과적인 원온원을 실행하는 데 필요한 구체적인 사항들을 처음부터 끝까지 자세히 들여다볼 것이다. 매니저가 원온원을 주도해가긴 하지만, 그렇다고 팀원이 수동적이어선 안 된다. 팀원이 원온원에서 자신이 수행하는 핵심 역할과 자신에게 주어진 책임을 명확히 알아야 원온원의 긍정적 가치와 성과를 극대화할 수 있기 때문이다.

8장
원온원 진행에 활용할 수 있는 일반 모델이 있을까요?

해리 포터의 세계에서는 어떤 시도를 해도 성공하고 싶다면 펠릭스 펠리시스Felix Felicis, 일명 '리퀴드 럭Liquid Luck'이라는 행운의 물약을 제조하면 된다. 화염뱀 알, 깃털 구근. 머틀랩 촉수, 타임 약초, 오크라미 알껍질, 루 가루가 들어가는 제조법을 차근차근 따라 하면 만들어낼 수 있다. 그런 다음 마법의 지팡이를 휘두르고 정해진 시간 동안 끓이기만 하면 물약이 완성되고, 앞으로 모든 일에 성공은 보장된다. 안타깝게도 원온원 세계에서는 한결같은 성공을 약속하는 단 하나의 공식이나 마법이 존재하지 않는다. 하지만 우리 모두 이 한 가지만은 확실히 알고 있다. 어떤 원온원이든 관리자인 당신은 지휘자이자 조력자로서 행동해야

지, 지배자(혹은 마법사의 감옥 아즈카반을 지키는 디멘터)처럼 행동해서는 안 된다는 것이다. 내 연구를 통해서도 원온원의 성공 여부는 팀원의 능동적 참여, 즉 관리자와 비교해 팀원이 말하는 시간이 얼마나 되느냐로 판단할 수 있다고 밝혀졌다. 이상적인 비율은 팀원이 대략 50~90퍼센트를 말했을 때다. 아젠다에 따라 달라지는 비율이긴 하겠지만, 관리자는 팀원보다 말을 많이 하지 않으려고 적극적으로 노력해야 한다. 이것은 생각보다 쉽지 않다. 그 이유는 자기 얘기를 하는 것이 성관계하거나 맛있는 음식을 먹는 것만큼 뇌에 흥분을 불러일으키기 때문이라고 한다. 내 얘기는 마냥 즐거운 것이다. 하지만 이러한 유혹을 이겨내야 한다. 그 흥분되는 시간을 팀원에게 양보한다면 당신은 더 효과적으로 원온원을 실행하려고 노력하는 매니저가 됨은 물론, 팀원의 이야기에 진심으로 공감할 수 있을 것이다.

이 장에서는 어떻게 팀원을 원온원 중심에 세우는지 소개할 것이다. 이는 원온원에 접근하는 방식의 준비 단계에 해당한다. 우선 원온원 과정 전체를 살펴보며 큰 그림을 볼 수 있도록 시야를 키우는 것이 8장의 목표다. 그런 다음 2부 나머지 장에서는 원온원 실행과 관련된 요소를 하나하나 풀어내 원온원을 성공적으로 진행하는 데 필요한 모든 사항을 상세히 살펴볼 것이다.

통합형 원온원 프로세스를 활용하라

이 책에 소개된 원온원 모델은 의사소통, 코칭, 퍼실리테이션, 멘토링, 미팅, 협상 관련 문헌에서 옹호되는 관점들과 접근법들을 종합한 모델이다. 이 모델의 궁극적인 달성 목표를 이해하면 이 모델에 대한 이해가 한결 쉬워진다. 이에 대한 테이시 바이햄Tacy Byham 박사의 탁월한 업적을 특별히 치하하고 싶다.[1] 원온원 프로세스 성공의 두 가지 핵심 요구조건을 강조했기 때문이다. 훌륭한 원온원 프로세스는 팀원의 실질적 욕구와 개인적 욕구 두 가지를 모두 적절히 다루어야 한다. 실질적 욕구는 본질적으로 전술적인 측면이 강하다. 이것이 매우 다양할 수 있지만, 궁극적으로는 일, 경력, 프로젝트를 발전시키고, 업무를 정렬alignment하고 우선순위를 설정하는 것과 관련된다. 개인적 욕구는 원온원을 마치고 나서 팀원이 느끼는 감정에 관한 것이다. 신뢰받고 존중받으며, 팀의 일원으로서 느끼는 소속감과 같은 것들이다.

이상적인 원온원 프로세스는 이 두 가지 욕구를 모두 살린 프로세스다. 실질적 욕구는 충족했지만, 개인적 욕구 충족에 실패하면 균형이 흔들리고 결국 손실을 낳는다. 상품은 훌륭한데 서비스가 엉망인 꼴이다. 반대로 개인적 욕구는 충족했지만, 실질적 욕구를 들어주지 못해도 마찬가지다. 서비스는 좋지만, 상품 품질이 떨어지는 매장에서 일어날 결과로 이어진다. 둘 중 어느

실질적 욕구	개인적 욕구
특정 업무나 문제에 대한 접근 방식	팀원으로서의 인정
특정 문제에 대한 해법	존중, 신뢰와 팀원으로서의 가치
직업적 성장과 발전을 위한 전략 개발	이해받고 경청해주길 바라는 욕구
결정에 도달	도움을 받으며 심리적으로 안정되고 싶은 욕구

욕구가 더 중요할까 하는 궁금증이 생길 수도 있다. 그 답은 리더십 관련 문헌에서 얻을 수 있다. 해당 연구에서 리더의 전형적인 두 가지 행동 패턴이 광범위하게 연구되었다. 하나는 구조 주도 task-oriented 행동(과업 지향)이고 다른 하나는 배려 relationship-oriented(관계 지향) 행동이다.

구조 주도 행동은 업무를 설명하고 목표 달성을 촉진하며 역할과 과제를 명확히 하는 것과 연관된다. 팀원의 실질적 욕구를 충족해주는 행동이다. 반대로 배려 행동은 관리자가 얼마나 팀원을 걱정하고 존중해주며 복지를 신경써주는지와 연관 있다. 이는 팀원의 개인적 욕구에 귀 기울이는 행동이다. 연구 결과 구조 주도 행동은 관리자 업무능력과 팀 업무능력 모두와 연관되며, 배려 행동은 관리자에 대한 만족도와 연관된다고 한다. 게다가 구조 주도 행동과 배려 행동 모두 관리자가 유능하다는 전반적인 인식 상승은 물론, 팀원의 동기 부여로 이어지는 것으로 나타났다.[2] 개인적 욕구 충족이 좀 더 중요하긴 하지만, 개인적 욕구와 실질적 욕구를 충족하는 두 가지 행동 모두 중요하다.

다음 장에서 개인적 욕구를 어떻게 충족할지를 꼼꼼히 살펴보겠지만, 일단 요구되는 핵심 행동을 설명하면 다음과 같다.

1. 공감하며 듣고 반응하라.
2. 진정성 있고 투명하게 의사소통하라.
3. 팀원을 적절히 참여시켜라.
4. 친절하게 대하고, 지원을 제공하라.
5. 관리자로서의 약점을 어느 정도 드러내라.

이러한 행동은 모두 원온원 운영의 밑바탕이 되는 프로세스, 그리고 접근법과 관련된다. 앞에서 비교한 것처럼, 상품이나 결과보다 '서비스'에 해당하는 행동이다. 다음으로 운영 단계가 있다. 이 단계는 집의 틀과 유사하다. 원온원의 골격이라고 할 수 있는 단계로, 10장에서 집중적으로 논의할 것이다. 우선 원온원

원온원의 4단계

사전 준비	시작	본격적인 원온원	마무리
• 지난번 원온원 자료 검토 • 마음의 준비 • 집중하기	• 환영하기 • 라포● 형성 • 논의될 아젠다 확인	• 표현하기 • 명확한 이해 • 해결방안 모색 • 후속 조치 모색 • 모니터링	• 사후 조치 • 요약하기 • 감사 표시

의 핵심 구성요소는 위의 표와 같다.

기록을 남겨 문서화하라

지금 소개하는 통합형 원온원 모델의 마지막 요소는 두 당사자가 하는 기록이다. 기록함으로써 원온원의 주제, 요점과 관련 후속 조치를 문서화할 수 있다. 경력 관련 발전 가능성은 물론, 업무 차질과 같은 문제를 발견할 기회도 된다. 원온원 주제에 대해

● 서로 신뢰하는 관계 – 편집자 주

개인적으로 느꼈거나 관찰한 점을 기록으로 남길 수도 있다. 중요한 뭔가를 잃어버리거나 놓칠 가능성도 현저히 줄어든다. 주제, 우려사항, 그리고 문제의 속성이 시간이 지나면서 변하는 것도 포착하고 관리할 수 있다. 관리자와 팀원이 상호 합의한 후속 조치를 정리하는 데도 도움이 된다. 참고로 원온원을 준비할 때 꼭 해야 할 일이 과거 기록을 살펴보는 것이다. 기록이 잘 되어 있지 않다면 준비가 잘될 리 없다. 마지막으로, 연구에 따르면 인간의 뇌는 기록할 때 정보를 더 잘 정리해 능동적으로 기억에 남기려고 노력한다고 한다. 그렇다고 속기하듯 대화 내용을 다 적으라는 말이 아니다. 그렇게 하면 오히려 대화를 방해하고 기록 자체가 원온원의 목적이 되어버리기 때문이다. 대화 내용을 하나도 빼놓지 않고 기록하자는 것이 아니라 중요한 사항, 후속 조치와 회의의 하이라이트를 놓치지 않으려는 취지다.

    회의 요약 전문 AI인 Otter AI● 같은 플랫폼이나 컴퓨터에 기록할 수도 있지만, 나는 개인적으로 종이와 펜에 더 손이 가는 편이다. 이유는 두 가지다. 첫째, (컴퓨터에 기록하면 시선이 분산되는데) 종이에 펜으로 기록하면 시선이 분산되지 않아 상대 이야기에 더 집중하게 된다. 둘째, 특히 대면 원온원의 경우 팀원과 당신을 막아서는 모니터가 없어 상대가 더 두드러지는 효과가 있

●   국내 AI 기록 서비스로는 클로바 노트, 비토 등이 있다. – 편집자 주

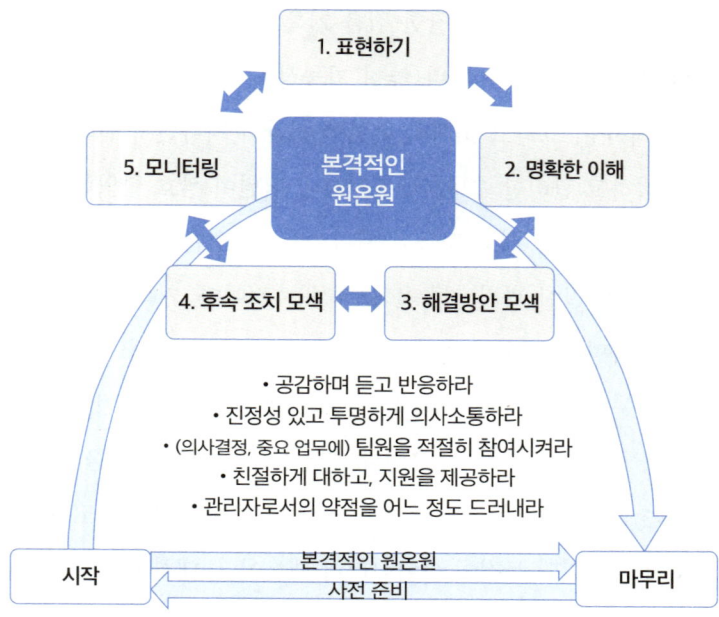

다. 참고로, 컴퓨터에 기록을 남겨 체계적으로 공유하고 싶다면 회의 후반이나 회의가 끝난 직후 기록한 내용을 그대로 옮겨 놓으면 된다.

위의 그림이 이제부터 자세히 살펴볼 원온원 일반 모델의 전체적인 모습이다.

팀원에게 피드백을 구하는 것도 방법이다

주기적·선택적으로 진행 중인 원온원이 끝나갈 때 추가해도 좋은 단계가 있다. 바로 관리자가 피드백을 구하는 단계다. 다른 단계들과 비교해 사뭇 색깔이 달라 특별히 강조할 가치가 있다. 원온원 프로세스 중 특히 관리자를 위한 단계로, 이는 여러 면에서 원온원의 전체 목표에 반하는 것이다. 하지만 당신이 팀원의 피드백을 긍정적인 변화를 만드는 데 사용한다면, 궁극적으로 팀원 또한 이것으로 인해 혜택을 얻게 된다.

이 단계에서 팀원에게 관리자로서 당신의 행동과 업무 방식에 대해 피드백을 요청하라. 보통 구체적인 질문이 "제가 관리자로서 잘하고 있나요?" 같은 광범위한 질문보다 팀원으로서는 답하기가 수월하다. 팀원들에게 의미 있는 피드백을 받는 데 도움이 될 질문 사례 몇 가지는 다음과 같다. 일부는 앞의 6장에서 언급했던 질문들이다.

- 저는 팀장으로서 최선을 다하고 싶습니다. 어떻게 (업무 전달, 의사소통, 팀 분위기, 우선순위 결정 등, 당신이 잘하고 싶은 내용을 넣어) A를 개선해갈 수 있을까요?
- 제가 유능한 매니저가 되도록 코칭해준다면 어떤 조언을 해주고 싶나요?

- 제가 새로 시작해야 할 것, 중단해야 할 것, 그리고 지금까지 해왔던 대로 앞으로도 해나가야 할 것이 뭐라고 생각하나요?
- 제가 더 나은 매니저가 되는 데 특히 도움이 될 일이 뭘까요?
- 팀을 더 끈끈하게 결속시키려면 어떤 일을 더 하는 게 좋을까요?
- A 문제를 해결하려면 제가 뭘 다르게 해야 할까요?
- 팀과 의사소통하는 방식에서 제가 다르게 해야 할 부분이 있을까요?

아무리 요구를 받아서 하는 피드백이라도 상사에게 주는 피드백은 팀원에게 부담이 된다는 점을 명심하자. 팀원(혹은 부하 직원)이 피드백을 제공했을 때, 즉시 그 노력을 인정해주고 보상하는 것이 중요하다. 피드백을 요청하고 그들의 의견을 잘 받아들인 후에는, 솔직하게 이야기해 준 것에 대해 감사를 표해야 한다. 지속해서 피드백을 받고 싶다면, 반드시 그에 대해 보상을 해야 한다. 그렇다고 항상 피드백에 즉각적으로 반응해야 한다는 것은 아니다. 다만 솔직하게 이야기해 준 것에 감사를 표현한 후, 차후 그 내용을 되새겨봐도 좋다는 것이다.

그다음은 잘 들었다는 표현을 하면서 조금씩 변화해가겠다는 의지를 밝혀라. 매니저인 당신의 행동을 변화시키는 방법에 대해서는 12장과 13장에서 다룬다. 물론 팀원의 피드백에 동의했을 때의 이야기다. 결국 이런 질문이 떠오른다. 피드백에 동의하지 않는다면? 이때도 팀원이 용기를 내서 자기 생각을 얘기해준 점에 감사하는 일은 여전히 중요하다. 팀원의 의견을 고려해볼 것이며 그 의견 중 합리적으로 받아들일 측면이 있는지를 찾아보겠다고 알려줘라. 이후 필요하다면 그 피드백을 주제로 한 미팅을 잡아 어떤 면에서 동의하지 않는지, 피드백의 일부 혹은 전부를 왜 반영할 수 없는지를 의논하라. 이 과정에서 무슨 일이 있어도 절대로 팀원을 나무라거나 처벌해선 안 된다. 오히려 정반대로 행동해야 한다. 크게 감사하며 팀원을 칭찬하라.

한 가지 덧붙이고 싶은 사항이 있다. 팀원이 피드백을 제공하는 것을 불편해한다는 생각이 들면(물론 둘의 관계를 고려해보면 지극히 당연한 일이지만) 11장에서 다룰 피드백의 정반대 과정인 피드포워드feedforward를 시도해보라. 마셜 골드스미스 박사가 개발한 기법으로 과거의 잘못보다 미래에 변화된 행동에 초점을 맞춘다. 그러면 팀원이 자기 생각을 나누는 데 더 편안해할 것이다. 기본적으로, 더 나은 관리자가 되겠다는 포부와 함께 자신의 발전 목표를 선언하는 방식이다. 그런 다음 좋은 리더들 대부분이 어떻게 그런 평을 받는지를 팀원에게 묻는다. 이처럼 피드포워드는 실제 일어나고 있는 문제 행동을 의논하자는 대화가 아니라서 대화의 분위기가 부드러워지고 누군가를 이리저리 재지도 않으며 미래에 집중한다.

궁극적으로 팀원에게 피드백을 구하는 것은 더 나은 리더가 되고자 하며 발전할 수 있는 측면은 더 발전시키겠다는 의지의 표현이다. 나아가 발전과 개선 가능성이 있는 측면에 대해 기꺼이 들을 준비가 되어 있다는 뜻이다. 이러한 당신의 태도를 팀원도 환영할 뿐만 아니라, 반대로 팀원에게 피드백을 제공하는 일 또한 쉬워진다. 5만 명이 넘는 간부들을 대상으로 한 연구에 따르면 팀원에게 피드백을 부탁하는 리더들이 그렇지 않은 리더보다 더 강한 리더로 인식된다고 한다.[3] 원온원은 팀원이 중심이지만, 관리자인 당신 또한 발전할 수 있는 훌륭한 기회다.

핵심 포인트

- ✓ **실질적 욕구와 개인적 욕구의 균형을 맞춰라:** 실질적 욕구는 전술적 욕구로 팀원이 어떻게 업무를 잘해 나가며 경력도 함께 발전시켜 나갈지에 집중한다. 반면 개인적 욕구는 관계적 욕구로, 원온원을 끝내고 나오는 팀원이 (신뢰받고, 존중받고, 조직의 일원이라는 느낌 등) 어떤 감정을 느끼느냐다. 두 가지 모두 효과적인 원온원에 필수 요소다. 실질적 욕구와 개인적 욕구의 균형을 잘 맞춰야 효과적인 원온원이 된다.

- ✓ **효과적인 원온원을 위한 통합형 모델:** 효과적인 원온원 실행 비

법 같은 건 없지만, 유용한 일반 모델은 있다. 이후 더 자세히 다루게 될 4단계(사전 준비, 시작, 본격적인 원온원, 마무리)에 이 모델이 잘 녹아 있다. 이 모델이 가진 틀이 앞에서 다룬 원온원 질문과 함께 팀원의 실질적 욕구를 들어주는 데 도움이 된다. 또한 매 단계마다 팀원의 개인적 욕구를 만족시켜 주기 위해 관리자는 '공감하며 듣고 반응하기'를 포함한 5가지 핵심 관계 행동을 반드시 보여줘야 한다. 이 4단계로 구성된 일반적 모델과 5가지 핵심 관계 행동이 잘 결합된 것이 효과적인 원온원을 낳는 통합형 모델이다.

- **기록으로 남겨라:** 원온원에 기록을 병행하면 책임소재가 분명해지고 기록도 남아 원온원의 효과가 커진다. 놓치는 일은 당연히 줄어들고 협의 내용을 더 잘 정리하는 데도 큰 도움이 된다. 원온원 이후 업무 관리가 간편해지고 빼먹은 주제를 확인할 수 있다. 기록이 꾸준히 쌓이면 원온원 진행에 탄력이 붙는다.

- **피드백을 구하라:** 선택에 맡길 단계이긴 하지만, 팀원에게 정기적으로 피드백을 구한다면 원온원의 가치가 더 높아질 수 있다. 유능한 매니저가 되고 싶다는 강력한 신호를 보내는 효과도 있다. 피드백을 구하기로 했다면 늘 귀를 쫑긋 세우고 감사로 답하며 어떤 변화가 일어날지(혹은 어떤 변화는 불가능할지와 그 이유)를 설명해야 한다.

9장

팀원의 니즈를 충족하려면 뭘 어떻게 해야 할까요?

아이들이 공장에서 장시간 노동에 시달린 건 그리 오래된 일이 아니다. 유해하고 위험한 환경에서 노동이 합법적으로 이루어졌던 것도 먼 과거 얘기가 아니다. 임신했다고 혹은 장애가 있다고 해고당하는 일도 마찬가지다. 사실 100년 전까지만 해도 회사에 인사부를 둔다는 생각은 빈축을 샀다. 하지만 이제 근무조건 개선은 옳은 일일 뿐만 아니라 기업의 의무라는 인식이 일반적이다. 이제 우리는 직장과 고용주에 대한 직원의 감정이 고객 서비스, 생산성, 팀워크, 작업 현장의 안전, 혁신과 이직 등에 영향을 미친다는 사실을 잘 알고 있다. 당연히 조직의 수익과도 직결된다. 한 예로, 심리적으로 높은 안전감(굴욕감이나 처벌에 대한 두려움 없이 하고 싶은 말을 할 수 있고 업무를 추진할 수 있다는 믿음)을 느끼는 직원들이 많이 다니는 기업이 심리적 안전감이 낮은 직원들이 많이 다니는 기업보다 경영실적이 좋다고 한다.¹ 일과 조직에 대한 직원의 기분, 감정, 태도에 영향을 주는 요소는 여러 가지가 있지만, 팀원 한 명 한 명이 일을 할 때 실질적 욕구를 들어주는 것이 특히 중요하다는 점에서 원온원의 역할은 상당히 크다. 하지만 원온원은 (존중받고 싶고 팀의 일부라는 소속감을 느끼고 싶은 것과 같은) 팀원의 개인적 욕구 또한 충족시켜 주는 자리다.

개인적 욕구를 어떻게 하면 가장 잘 해결해줄 수 있을지를 알아보려고 나는 우선 직장인들과 그들의 관리자들을 조사했다. 그런 다음 기존 연구 자료들을 살펴봤다. 그중 상사가 자기 얘기를

관리자의 행동
- 공감하며 듣고 반응하라
- 진정성 있고 투명하게 의사소통하라
- (의사결정, 중요 업무에) 팀원을 적절히 참여시켜라
- 친절하게 대하고, 지원을 제공하라
- 관리자로서의 약점을 어느 정도 드러내라

직원의 개인적 욕구 충족
- 소속된 느낌
- 존중받는다는 느낌
- 가치를 인정받는다는 느낌
- 신뢰받는 느낌
- 내 얘기를 들어주고 이해받고 있다는 느낌
- 심리적으로 안전한 느낌

들어준다고 느끼면 직원들이 더 큰 심리적 안전감을 느낀다는 연구 결과가 있었다.[2] 연구 문헌과 내 연구 데이터를 종합해본 결과, 위의 표에서처럼 개인적 욕구 충족에 기여하는 5가지 상호 연관된 행동 범주가 드러났다.

공감하며 듣고 반응하라

상당히 다른 두 사람이 한 말에 이 행동 범주의 본질이 잘 녹아 있다.

"우리는 귀가 두 개고 입이 한 개여서, 말하는 것 두 배로 들을 수 있다."
— 에픽테토스, 고대 그리스 철학자

"말할 때 쏟아붓는 에너지를 듣기에 쏟아라."
— 릴리 톰린, 배우

듣기에 공감이 더해지면 대화의 질이 높아져 말하는 사람은 자신의 이야기를 상대가 듣고 이해하고 있으며 진심으로 대하고 있다고 느끼게 된다. 듣기와 공감 두 가지 중 우선 듣기부터 살펴보자. 팀원이 하는 이야기에 반응하려고 하기보다 그 이야기를 흡수하려고 들어야 한다. 효과적인 경청을 위해서는 산만한 요소도 제거해야 한다. 집중을 방해하는 요소 중 우리가 흔히 놓치는 건 내적 산만함이다. 사람들은 말하는 속도보다 훨씬 빠른 속도로 사고한다. 상대방 이야기를 들으며 다른 생각을 할 수 있다는 뜻이다. 생각이 표류하는 걸 막으려면 상대방 이야기에 100퍼센트 집중하려고 해야 하고, 다른 생각이 들 때마다 의식적으로 떨쳐내려는 노력이 필요하다.

상대에게 당신이 주의 깊게 듣고 있다는 걸 보여줄 몇 가지 기술이 있다. 첫째, "그러니까 제가 들은 게 맞다면…"과 같은 식으로 상대가 한 말을 다른 말로 맞장구쳐준다. 둘째, "X라고 했는데, 정확히 어떤 뜻인가요?"나 "Y에 대해 좀 더 자세히 설명해줄래요?"와 같이 구체적으로 이해하려는 노력이 담긴 질문을 하는 것이다. 상황을 더 자세히 이해하려는 노력이 담긴 이런 열린 질문들은 상대의 말을 더 잘 이해하는 데 도움이 된다. 게다가 이런 질문에 대한 상대방의 답변에 또 추가 질문이 따르면서 적극적인 듣기의 전형이 완성된다. 이런 기술을 사용하는 최종 목표는 상대가 처한 상황에 대한 이해를 차곡차곡 쌓아 결국 모든 게 명확해져 더는 질문할 필요가 없는 지점에 도달하는 것이다.

공감은 듣기보다 살짝 더 힘들다. 공감이란 상대의 시각으로 보려는 노력이다. 상황 설명을 듣는 데 그치지 않고 상대의 감정을 더 잘 이해해 소통하려고 '상대의 신발을 신는다', 즉 상대방의 입장에서 생각하는 것이다. 몸짓, 목소리 톤과 크기로 대화 중 상대의 감정을 유추해 공감해보려고 할 수도 있지만, "X에 대해서는 어떻게 생각해요?"와 같은 질문을 해도 좋다. 하지만 대부분 말하면서 감정도 분명히 드러난다. 그럴 때 "꽤 힘들어 보이네요", "그런 일이 있었다니 유감이네요", "정말 힘들겠네요", "무엇 때문에 힘든지 알겠네요"와 같은 말로 상대의 감정을 인정해줘야 한다. "아이고, 너무 힘들었겠네요" 같은 따뜻한 말로 팀원이 한 말에 공감을 보여주는 것도 좋은 방법이다. 재단하지 말고 상대의 '진실'을 진심과 열린 마음으로 대하는 것이 핵심이다. 그렇지 않으면, 팀원은 당신이 듣는 척만 한다고 느낄 수 있다.

이제 팀원이 한 말을 더 잘 이해하게 됐고 서로 통했다고 생각되면 그다음은 그런 얘기를 해줘서 고맙다고 ("얘기해줘서 고마워요." "정말 고마워요." 같은) 감사할 차례다. "제가 도와줄게요. 제가 뭘 하면 좋을까요?"와 같은 말로 지원을 약속하는 것도 좋다(이 내용은 이후 다시 한번 더 다루겠다). 잊지 말 것은 공감은 동의와 다르다는 점이다. 팀원이 처한 상황이나 그가 겪은 경험을 완전히 이해했음을 보여주는 것이 공감이다.

진정성 있고 투명하게 의사소통하라

원온원의 본질은 의사소통이다. 팀원의 개인적 욕구를 만족시켜 주는 데 효과적인 의사소통은 절대적이다. 여기서 말하는 '의사소통'이라는 광범위한 개념의 핵심은 팀원에게 긍정적이고 건설적인 피드백을 효과적으로 제공하는 것이다. 즉 팀원들이 당신의 기대치를 이해해야 하고 자신들이 목표치를 달성하고 있는지, 어떤 면에서 개선이 필요한지를 알고 있어야 한다. 쉬운 일 같지만, 실제로 해보면 쉽지 않다. 한 예로, 전 세계 약 900명을 대상으로 한 조사에 따르면 72퍼센트의 직장인들은 관리자로부터 원하는 만큼의 의미 있는 피드백을 받지 못하고 있다고 느낀다고 한다.[3] 이는 관리자들이 직원들에게 건설적인 피드백을 제공하는 것을 얼마나 피하거나 꺼리는지를 조사한 기존 연구와도 일맥상통한다.[4]

> 이런 모든 연구 결과가 세대별로는 어떻게 적용될지 궁금한가? 한 연구에 따르면 베이비붐 세대, X세대, 밀레니얼 세대 구분 없이 누구나 건설적인 피드백은 물론 긍정적인 피드백에도 열려 있다고 한다(건설적인 피드백을 더 원했다). 전반적으로, 통념과 달리 나이 든 응답자들이 긍정적 피드백과 건설적 피드백을 모두 바라는 것으로 나타났다.[5]

기존 연구 자료에 따르면 건설적인 피드백을 매니저들이 꺼리는 이유는 개인적 관계에 부정적인 결과를 가져올 수도 있다는 우려 때문이라고 한다.[6] 그 결과 굳이 그래야 할 동기도 못 느낀다는 것이다.[7] 하지만 매니저들이 피드백을 주는 것을 꺼리는 가장 일반적인 이유는 자신의 피드백이 팀원에게 어느 정도 가치인지를 과소평가하고 있기 때문인 듯하다.[8] 이와 같은 이유로 피드백을 꺼리는 악순환이 생겨나지만, 우리가 원온원을 제대로 활용한다면 얼마든지 그 고리를 깨뜨릴 수 있다.

피드백을 제공하려면 우선 업무를 대하는 당신의 태도와 행동이 타인에게서 바라는 태도와 행동과 일치해야 한다. 이러한 일관성이 없다면 팀원은 "내가 시키는 대로 하세요. 내 행동은 따라 하지 말고요." 같은 혼란스러운 메시지를 받게 된다. 또한 피드백은 상대가 원할 때 주어야 가장 효과가 좋다. 팀원이 피드백을 요구하지 않더라도 X에 대한 피드백이 필요한지 혹은 그간 봐 온 Y에 대한 약간의 조언이 필요한지 등을 물어봐 줘도 괜찮다. 대개 "네"라고 답할 것이다. 그런 간단한 질문으로 팀원의 마음이 약간 열리게 되고 당혹감을 줄여주어 깊이 있는 대화로 넘어가게 된다.

피드백은 "일을 제대로 못 하고 있네요"처럼 모호하게 평가하는 식으로 말하는 대신, 적절하고 구체적이며 시기적절하게 행동에 초점을 맞춰 묘사하는 방식이 바람직하다. 우려되는 구체적인 행동에 집중해야 팀원이 어떻게 개선할지를 더 명확히 이해할 수 있다. 칭찬도 마찬가지여서 구체적이면 구체적일수록 특정 행동을 계속 이어가게 해주는 효과가 있다. 중요한 건 팀원이 통제할 수 있는 행동에 대한 피드백을 주어야 한다는 점이다. 예를 들어, 주문 업무를 처리하는 운영 시스템이 고장 났는데 주문을 더 빨리 처리하라고 요구하는 것과 같은 피드백은 팀원의 사기를 크게 떨어뜨릴 수 있다. 또한 어떤 일에 피드백을 줄지도 현명하게 골라야 한다. 개인적 차이일 뿐인 행동을 지적하거나 너무 트집을 잡거나 지나치게 사소한 문제를 들추어내면 안 된다. 전 영국 총리 윈스턴 처칠Winston Churchill은 "완벽은 진보의 적이다"라고 했다. 마지막으로, 새로 시작할 행동에 대해 피드백을 줄 수도 있고, 지속하거나 중단해야 할 행동에 대해서 피드백을 줄 수도 있다. 이 중 중단해야 할 행동이 약간 애매하게 들릴 수 있다. 마셜 골드스미스 박사가 제안한 10가지 절제 행동으로 이해해보자.[9]

1. **지나친 승부 욕심**: 어떤 대가를 치르더라도 늘 승리해야 한다는 집착
2. **너무 많은 가치를 더하기**: 모든 토론에 자신의 의견을 덧붙이려는 지나친 욕망
3. **부정적인 말투**: 쓸데없는 빈정거림과 상대방 말 끊기
4. **말하며 화내기**: 관심을 끌거나 다른 사람들을 압도하기 위

해 거센 감정 드러내기

5. **부정적 사고 혹은 "왜 그 제안이 효과가 없는지 알려줄게요"**: 물어보지도 않았는데 부정적인 생각을 드러내야 한다는 생각
6. **정보에 대한 독점**: 다른 사람보다 앞서기 위해 정보를 공유하지 않음
7. **인색한 칭찬과 인정**: 칭찬과 보상에 인색함
8. **성공에 대한 독점**: 성공한 모든 일에 자신의 역할을 지나치게 과대평가함
9. **인색한 자기 인정**: 행동에 책임을 지고, 잘못되었음을 인정하며 자기 행동이 주변 사람에게 어떤 영향을 미쳤는지를 인정하기 힘듦
10. **책임 전가**: 자신보다 남을 비난

피드백을 줄 때는 건설적이고 긍정적인 피드백과 건설적이지만 부정적인 피드백 사이에서 균형을 유지해야 한다. 일을 잘했을 때보다 실수하거나 잘못했을 때가 눈에 더 쉽게 띌 수밖에 없다. 하지만 잘했을 때를 놓치지 말고 그 행동이 또 일어나도록 해야 한다. 팀원에게 주는 피드백에 균형이 녹아 있을 때(물론 진심이어야 한다) 팀원이 더 공평하다고 느끼고 잘 받아들이게 된다. 전 UCLA 농구 코치였던 존 우든John Wooden은 선수들에게 한결같이 균형 잡힌 피드백을 주는 훌륭한 리더였다. 그는 훈련마

다 보통 선수 한 명당 개선점에 대한 피드백과 긍정적 피드백을 1:3 비율로 유지했다. 긍정적 피드백은 우든 자신이 선수 개개인에게 기대하는 플레이가 계속 이어지게 하는 효과는 물론이고, 선수들이 부정적 피드백도 잘 받아들이는 결과를 낳았다. 그 비율이 어떤 마법의 비율 같은 것은 아니겠지만, 우든의 방식에 깃든 정신은 꽤 설득력이 있다. 미국 최대 채용 정보 사이트 글래스도어Glassdoor가 수행한 조사에서도 칭찬의 가치가 잘 드러난다. 53퍼센트의 조사 응답자가 관리자로부터 감사의 표현을 들은 만큼 회사에 남고 싶은 마음도 더 커진다고 답했다.[10]

피드백 내용이 긍정적이든 부정적이든 초점은 문제가 되는 행동이어야지 사람이 되어선 안 된다. 피드백을 주고자 하는 행동을 언급하며 당신이 그 행동에 대해 어떻게 느끼는지를 설명하고 개선 방향을 제안하면서 마무리하도록 하자. 예를 들면 다음과 같은 식이다.

> "얼마 전에 X 고객께서
> 요청했던 추가 자료를 못 받았다고 하시더라고요.
> 소중한 고객 한 분을 잃는 건 아닌가 하고 걱정이 됩니다.
> 이 상황에 대해 어떻게 생각하나요?
> 무슨 일이 있었는지
> 제가 이해할 수 있게 도와줄래요?"

팀원이 이 질문에 대답하면 대응책과 개선점을 제시해주면 된다. 이러한 행동에 초점을 둔 방식은 사람에 초점을 둔 아래의 접근과 확연히 대조된다.

> "정말 큰 실수를 했네요.
> 왜 그 고객이 요청한 자료를 안 준 거예요?
> 도저히 이해가 안 되네요."

사람에 초점을 둔 방식보다 행동에 집중한 방식이 상대의 자기방어적 태도를 줄여 발전을 적극적으로 유도하는 의미 있는 대화로 이어진다는 점은 분명하다. 책임을 묻고는 있지만, 비난하는 느낌은 없다는 점이 핵심이다. 같은 맥락에서 피드백에 '나'를 사용하라. 그러면 피드백이 당신 자신의 의견이고 본질적으로 주관적이라는 사실을 내포하게 된다. 즉 '당신'의 진실이라는 뜻이다. 따라서 피드백 자체에 집중하기보다 어떤 일이 일어났고 이제 어떻게 대응해야 할지에 대한 추가적인 대화가 이루어지게 된다.

당신의 피드백이 상대에게 안겨줄 인지적 부담도 중요한 고려사항이다. 꽉 찬 제안 목록으로 팀원을 버겁게 만들기보다, 감당

되는 정도를 현실적으로 고려해야 한다. 팀원의 의욕이 저하되어 동기가 떨어지는 사태를 불러와선 안 된다. 중요한 행동 변화 한 두 가지에 집중하도록 당부하면 충분하다. 핵심이 되는 행동이라서 당연히 다른 행동에도 긍정적 변화가 따라올 것이기 때문이다. 일반적으로 목록이 간단할수록 팀원의 성장과 발전 가능성도 커진다. 또한 몇 가지 주요 행동 변화가 탄력을 받고 즉각적인 칭찬까지 더해진다면, 팀원은 자신의 변화 능력에 대한 자신감이 커질 것이다. 이는 팀원이 지속적인 성공으로 가는 길이다.

마지막으로 피드백은 미루는 것보다 즉각적일수록 그 효과가 뛰어나다. 행동이 일어난 즉시 칭찬하거나 건설적인 피드백을 제공하라. 다음으로 미루면 구체적인 내용이 흐릿해져 피드백이 제 힘을 발휘하지 못한다. 예를 들어 3주 전의 잘못된 고객 응대 행동을 당신이나 해당 팀원이 명확히 기억할 리 없고, 따라서 그 문제를 지금에 와서 의논해봐야 그다지 도움이 되지 않는다. 원온원을 자주 할수록 그 효과가 더 커진다는 말도 바로 이런 뜻에서이다.

> 변화를 유도하고 응원을 지속했는데도 팀원이 변하지 않는다면, 피드백을 멈추고 해당 팀원을 내보내는 걸 고려할 때라는 뜻이 될 수도 있다. 그것이 팀원, 당신, 그리고 팀 전체에 유익한 일이 될 수도 있다.

피드백을 제공하는 방식과 더불어, 진심이 담긴 투명한 원온원 대화에 필요한 다른 요소들을 간단히 언급하면 다음과 같다.

1. 훌륭한 리더는 지침이 명확하고 정보를 흔쾌히, 그리고 솔직하게 공유한다.
2. 훌륭한 리더는 팀원들에게 어떤 정보가 필요하냐고 묻고, 그 정보를 제공하려고 노력한다.
3. 훌륭한 리더는 팀에게 영향을 미치는 결정을 내린 이유를 설명한다.
4. 훌륭한 리더는 팀원들에게 질문을 권장하고, 답을 모르는 경우 최대한 답을 찾아내려고 노력한다.
5. 훌륭한 리더는 의사소통에 모호함이 없도록 구멍을 찾아 적극적으로 메우려고 노력한다.

마지막으로, 훌륭한 리더라면 뒷담화하거나 험담하지 않는다. 당연히 부적절한 행동일 뿐 아니라, 남을 험담하는 사람은 내가 없을 때 나도 험담하리라고 추측할 것이다. 비슷한 얘기로, 팀원에게 비밀을 지키라고 요구해서도 안 된다. 팀 전체와 공유하지 않을 정보를 특정 팀원하고만 공유하는 건 대부분 바람직하지 않다는 것이 정설이다. 비밀을 지키라는 요구를 받은 팀원은 동료와의 관계에서 불편한 처지에 놓이게 되고, 이를 부담으로 받아들일 수도 있기 때문이다. 또한 당신이 팀 내에서 일구어내고자 하는 투명성과 진실함이 오히려 꺾인다. 물론 정보를 기밀로 해야 할 때가 있을 수는 있지만, 그때도 현명하게 그리고 정말 필요할 때만 그렇게 해야 한다.

팀원을 적절히 참여시켜라

팀원들은 보통 자신의 업무 수행 방식, 자신과 연관된 사안의 의사결정 과정과 특정 문제해결 과정, 자신이 실행해가야 하는 변화와 관련해 목소리를 내길 원한다. 어쨌든 매일 업무를 해나가는 주체는 팀원들이다. 현장을 뛰는 장본인들이다. 원온원을 진행하며 어떤 사안에 대해 팀원에게 묻기만 해도 바로 이런 참여가 가능해진다. 예를 들면, "X 문제 해결과 관련해 바로 드는 생각이 뭔가요?"라고 묻는 것이다. 이 방식에는 네 가지 이점이 있다. 첫째, 팀원이 해당 문제에 대해 이미 몇 가지 해법을 생각해두었을 수 있다. 둘째, 팀원의 의견을 높이 산다는 메시지가 전달되어, 팀원은 자신이 존중받고 가치를 인정받는다는 기분이 든다. 셋째, 팀원들의 사고와 문제해결 방식에 대한 통찰을 얻을 수 있다. 마지막으로 얻을 수 있는 혜택은 우리는 우리 자신이 혹은 누군가와 함께 '주체'가 되어 만들어낸 아이디어에 더 몰입한다는 사실이다. 하지만 직원 참여에는 어느 정도 한계가 당연히 존재할 수밖에 없다. 모든 결정에 팀원들의 목소리나 의견을 반영하기는 힘들고, 그래선 안 되는 때도 있다. 광범위하고 다각적인 측면이 고려되어 내려진 결정에는 그럴만한 이유가 있다. 따라야 하는 조직 차원의 중요한 결정인 경우가 그렇다.

나는 "원온원 중 어떤 문제나 주제와 관련해 관리자의 생각을 얘기해도 되나요?"라는 질문을 종종 받는다. 당연히 의견, 통찰 등이 있다면 공유하는 것이 맞다. 하지만 상대의 의견을 먼저 물은 후여야 한다. 또한 당신이 최고의 해결책을 가지고 있다고 가정하면 안 된다. 과거에는 그랬을지 몰라도 지금은 아닐 수도 있다. 당신의 생각에 늘 '정답'이라는 틀을 씌우는 대신, 답이 하나밖에 없을 때 생각과 논의를 해볼 수 있는 또 다른 견해 정도라고 생각해야 한다.

친절하게 대하고, 지원을 제공하라

친절은 칭찬이나 보상을 바라지 않는 관대함, 배려, 도움의 손짓 등이 특징인 행동이다. 친절한 행동이 무엇인지 설교하려는 생각은 없다. 모두 어릴 적부터 부모님께 들어온 얘기지 않는가. 하지만 원온원에서 친절이란 '지속적인 지지'를 뜻한다. 변치 않는 지지자로서 팀원에게 지원을 아끼지 않는 것이 최고의 친절이다. 하지만 두 가지를 경계해야 한다. 첫째, 팀원이 스스로 성장하고 발전할 수 있도록 지원하되, 의존성을 키우지 않도록 주의하라. 둘째, 친절하다는 것이 사람들에게 책임을 묻지 못한다는 것을 의미하지 않는다. 책임감과 친절은 상호 배타적인 개념이 아니다. 책임을 묻는 일이 그 자체로 친절한 행동일 때가 있다. 대체로, 친절은 개인적 욕구를 만족시켜 튼튼한 관계를 쌓는 데 절대적으로 중요하다. 또한 친절은 방어적이고 폐쇄적인 마음의 벽을 허물어, 책임감에 대한 당신의 의견이나 비판적인 피드백이 당신이 의도한 대로 전달될 수 있게 한다. 친절이 친절을 낳는다는 사실도 절대 무시할 수 없다. 친절은 전염성이 강하다.[11]

연구 결과 친절하고 남을 돕는 행동은 건강에도 좋다고 한다. 예를 들어, 타인에 대한 친절한 행동을 통해 개인적으로 받는 스트레스의 부정적 영향이 줄어든다고 한다.[12] 더 극단적인 예로는 친절한 행동의 대명사인 자원봉사 활동에 참여한 노인들이 그렇지 않은 노인들보다 수명이 길고[13] 고혈압에 이를 가능성도 줄어든다고 한다.[14]

관리자로서의 약점을 어느 정도 드러내라

상사인 당신은 원온원이 두려움, 걱정, 어려움, 목표 등을 편안하게 얘기할 수 있는 시간이 되도록 이런저런 규칙을 정한다. 따라서 무슨 일이든 솔선수범해야 하며 친근하고 약점을 드러낼 준비가 되어 있어야 한다. 당신이 팀원들을 신뢰하고 있음을, 팀원들에게도 당신을 신뢰해달라는 뜻을 비치기 위해 긍정적이든 부정적이든, 감정을 어느 정도 적절히 드러내라. 관리자의 적당한 감정 노출은 팀원이 더 편안함을 느끼고 둘 사이에 의미 있는 관계가 구축되는 토대를 마련하는 데 도움이 된다. 팀원이 자신을 드러내도 된다는 일종의 암묵적인 허락의 메시지도 전달된다. 원온원을 포함한 다른 회의들이 대체로 부드러워지는 효과를 낳을 것이다. 다른 측면에서 약점을 드러내는 것은 당신이 자신과 팀의 실수를 인정하겠다는 의지의 표현이다. 즉 실수를 숨겨야 할 이유도 없고 남을 비난할 구실도 못 되며, 오히려 교훈의 순간으로 삼겠다는 의지를 표현하는 셈이다. 자신의 약점을 노출하는 것을 당신이 과거에 한 잘못된 말이나 행동을 팀원에게 사과하는 기회로 삼아도 좋다.

적당한 노출에는 타인에게 도움을 구하는 것도 포함된다. 모든 답과 방법을 아는 사람은 없다. 적당히 약점을 드러낼 줄 아는 관리자란 뭔가에 대한 설명을 부탁하고 특정 업무를 처리하는 방법을 보여 달라고 하는 등, 때때로 팀원에게 도움을 구할 줄 아는 관리자다. 도움을 구하는 것은 관계를 구축하는 데도 도움이 된다. 이 개념은 프랭클린 효과Franklin Effect로도 설명되는데, 미국 정치가 벤저민 프랭클린이 자신의 정적들에게 사용한 방법이라고 한다.[15] 그뿐만 아니라 팀원들에게 도움을 구하면 팀원들도 필요할 때 당신에게 도움을 요청할 가능성이 크다. 이렇게 도움을 구하는 것은 관계를 더 깊게 만들어 준다.

그런데 약점을 노출하되 정도가 과하지 않으려면 '적당히'라는 단어에 주목할 필요가 있다. 자신을 보여주는 건 좋지만, 너무 과하게 보여줘서 원온원의 조명이 당신에게로 옮겨가고 팀원을 불편하게 만드는 역효과를 낳아선 안 된다. 약점 노출의 목표는 상대가 자기 생각을 공유하는 데 편안함을 느낄 정도의 분위기를 만들기 위해서다. 그 알맞은 균형을 찾아야 한다.

종합하면, 이상의 5가지 행동으로 팀원들의 개인적 욕구를 합리적으로 만족시켜 줄 수 있다. 이는 특별하거나 엄청난 노력이 드는 것이 아니다. 관심과 배려가 있다면 얼마든지 보여줄 수 있는 행동이다. 그 결과 팀원들은 팀과 조직에 소속감을 느끼고, 존중과 신뢰, 이해, 지지, 가치를 인정받는다는 기분에 심리적인 안전감을 느끼게 될 것이다. 원온원이 거둔 엄청난 성과이자 관계 차원에서는 더 큰 결실이며, 효과적인 원온원이 중요한 궁극적 이유이기도 하다. 이러한 행동은 조직의 관리자와 팀의 관계에 도움이 되고 팀원들의 개인적 욕구 충족에 유용할 뿐만 아니라 가족, 친구, 그리고 고객에게도 얼마든지 적용할 수 있다.

- **팀원의 개인적 욕구를 충족하려면:** 원온원이 팀원들의 개인적 욕구를 해결하려고 설계되었지만, 팀원들의 개인적 욕구를 해결하는 방향으로 실행되는 것 또한 중요하다. 그래야 팀원들이 팀의 일원으로 존중받고 가치를 인정받으며 이해와 지원을 받고 있다고 느끼게 된다. 개인적 욕구가 충족되면 심리적 안전감도 쌓여, 원온원에서 얻는 가치가 더 커진다.

- **개인적 욕구 충족에 필요한 5가지 핵심 행동:** 팀원의 개인적 욕구를 해결해주는 데 필요한 5가지 핵심 행동은 다음과 같다. 1) 공감하며 듣고 반응하라, 2) 진정성 있고 투명하게 의사소통하라, 3) (의사결정, 중요 업무에) 팀원을 적절히 참여시켜라, 4) 친절하게 대하고, 지원을 제공하라, 5) 관리자로서의 약점을 어느 정도 드러내라. 모두 원온원이 효과를 보고 당신과 팀원들의 관계가 더욱 돈독해지는 데 필요한 행동이다.

10장
원온원은 어떻게 시작하고 끝을 맺어야 할까요?

9장에서는 원온원에서 팀원의 개인적 욕구를 충족시켜 주는 데 필요한 핵심 행동들에 대해 다루었다. 10장에서는 원온원의 논리적 4단계, 즉 사전 준비, 시작, 본격적인 원온원, 마무리에 대해 알아볼 것이다. 8장에서 제시한 원온원 일반 모델을 다시 한번 살펴보자.

다음 그림에 있는 원온원 프로세스가 마법의 공식이나 비법은 아니다. 조직이나 팀 조건에 맞게 약간 수정해도 상관없다. 팀원들의 업무 스타일과 팀원들이 원하는 방향을 이해한 후, 거기에 맞춰 수정해가면 좋다. 팀원 한 명 한 명을 제대로 만나려면 유연한 자세는 기본이다.

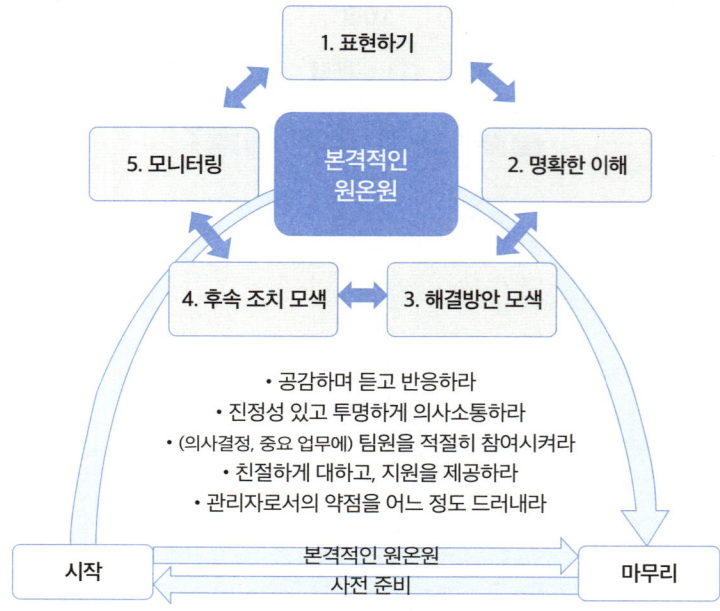

원온원 분위기를 결정하는 사전 준비와 시작 단계

벤저민 프랭클린이 한 멋진 말처럼, "준비하지 못해서 실패할 준비를 한다." 원온원이 열릴 장소로 들어가기 전이든 화상회의 카메라를 켜기 전이든 혹은 회사를 벗어나 산책하며 얘기할 때도 준비는 필수다. 만날 팀원과 했던 지난번 원온원 기록을 살펴보는 것으로 시작하면 된다. 어떤 이야기가 오갔으며 이번 원온원에서도 논의를 이끌어갈 필요가 있는 주제는 뭐고 점검할 사항은 무엇인가? 원온원의 가속을 유지하여 긍정적인 결과를 증폭하려면 원온원 간에 연결점을 기억하고 그 기억을 강화하는 것이 중요하다.

이러한 준비에는 당신의 태도도 포함된다. 내가 가장 좋아하는 연구 주제이자 피그말리온 효과Pygmalion effect 혹은 로젠탈 효과Rosenthal effect로 알려진 이론에 따르면 "우리가 타인에게 특정 행동을 기대하면 그 행동이 일어날 수 있는 방향으로 행동하게 된다"고 한다.[1] 예를 들어, 교사가 어느 한 학생에 대한 기대치가 낮으면 그 교사는 굳이 자세한 설명을 해주지 않는 등 그 학생을 대하는 특정한 행동 방식이 나타난다. 결국 그 학생은 성적이 떨어져 최초에 교사가 했던 기대를 확인시켜주고 만다. 다시 말해, 최초에 갖게 된 그 낮은 기대가 현실이 되어버린다. 마찬가지로 긍정적 기대도 긍정적 결과로 이어진다. 팀원이 성장, 변화, 학습, 그리고 발전을 원한다는 믿음을 가지고 원온원에 임한다면, 당신을 경청, 협력적 문제해결, 공감, 지지, 격려에 더 무게를 둔 리더십 행동으로 이끌 것이다. 하지만 해당 팀원의 성장 잠재력을 믿지 않거나, 심지어 전혀 변할 생각도 없고 변하게 할 수조차 없다고 생각해버리면 격려와 응원이 없는 정반대의 행동이 드러날 수밖에 없다. 어떤 격려나 지원도 도움이 안 될 거라고 단정해버렸기 때문이다. 결국 원온원의 궁극적 목적에 정확히 반대되는 상황이 연출된다. 두 경우 모두 자기충족적 예언self-fulfilling prophecy이 실현되어, 당신의 행동은 당신이 갖고 있던 최초의 기대치와 일치하게 된다. 어느 직원이 정말 형편없다면 시간을 들여 문제를 기록하여 해결하려고 노력하고, 그래도 안 되면 내보내야 할 수도 있다. 하지만 이런 경우는 드물다. 따라서 원온원과 팀원의 잠재력을 100퍼센트 실현하려면 원온원에 앞서 긍정적 기대감을 갖고 있어야 한다.

이제 원온원 시작에 대해 얘기해보자. 미팅에 속도를 붙이고 심리적 안전감을 주기 위해 간단히 업무 외의 주제, 잘 되어가는 일, 혹은 감사의 뜻을 표하는 것으로 시작한다. 조직원이 아닌 사람으로서의 팀원에게 관심을 내비치라는 뜻이다. 아젠다는 사전에 정해졌다면 좋지만, 아니어도 상관없다. 원온원을 시작하면서 간단히 정하면 그만이다. 두 사람 모두 이번 원온원에서 어떤 주제를 어떻게 풀어나갈 것인지를 제대로 이해했음을 확실히 하는 것이 핵심이다. 아젠다가 미리 정해졌더라도 변경사항이 없는지를 팀원에게 꼭 묻고 시작해야 한다. 시작하기 전에 원온원 시간을 적절히 안배할 수 있도록 "오늘 꼭 해야 할 얘기가 뭐예요?"와 같은 질문을 해도 좋다. 마지막으로 앞에서 강조했듯, 팀원에게 당신이 얼마나 원온원을 중요하게 생각하고 집중하고 있는지를 보여주기 위해 지난번 원온원에서 다룬 문제나 업무를 짧게 언급해주면 좋다. 또한 풍부하고 진솔한 대화에 도움이 되는 솔직함, 참여, 열린 마음, 투명한 자세 등을 보여 달라고 지속해서 강조하라.

본격적인 원온원의 5단계

사전 준비와 시작이 성공적인 원온원을 위한 준비 단계라면 본격적인 원온원은 실제 행동이 이루어지는 시간이다. 즉 아젠다 항목을 하나하나 검토하는 시기다. 앞의 그림을 참조하면 서로 밀접하게 연관된 다섯 단계가 있다. 어떤 아젠다를 다루는지에 따라 그림에 있는 다섯 단계 중 어떤 단계가 더 중요해지기도 하고 일부는 완전히 생략될 수도 있다. 예를 들어, 정보적 성격이 강한 항목이라면 표현하기와 명확한 이해 단계에만 집중해도 충분할 것이다. 일대일 미팅의 속성상 대화의 흐름이 매우 역동적일 수밖에 없어, 모든 단계의 화살표는 양방향을 가리키고 있다. 단계를 뛰어넘는 것도 흔하고 충분히 예상되는 일이다. 예를 들어, 해결방안 모색 단계에서 해결해야 할 사안을 다시 한번 짚어보려고 명확한 이해 단계로 돌아가야 할 수도 있다. 원온원에서 각 단계가 어떤 역할을 하는지 더 잘 이해하기 위해 5단계 각각을 풀어서 살펴보자. 또한 2부 뒤에 있는 원온원을 진행하는 데 도움이 될 체크리스트도 참고해보길 바란다. 원온원을 하기 전에 잠깐 보고 들어가면 좋은 기본적인 사항이 정리되어 있다.

1단계: 표현하기

표현하기 단계는 매니저인 당신이 아젠다에 관한 핵심 질문으로 시작할 수도 있고 팀원이 자기 아젠다 목록에 있는 내용으로 시작할 수도 있지만, 어찌 됐든 주제와 사안을 책상에 꺼내놓은 단계다. 격려하는 말로 팀원이 입을 뗄 수 있는 분위기를 만들어라. 당신이 원하는 주제를 바로 의논하고 싶은 유혹을 잘 뿌리쳐야 한다. 최고 우선순위, 즉 팀원이 갖고 들어온 아젠다와 팀원의 니즈를 가장 먼저 챙겨야 한다. 팀원이 해주는 이야기에 감사하며 적극적으로 들어라. 긍정적인 몸짓으로 소통을 도모하고 관심을 내보여라. 팔짱을 끼는 등 벽을 치거나 방어적인 느낌을 줄 수 있는 자세는 피해야 한다. 대면이든 비대면이든 팀원이 자기가 하는 말을 당신이 잘 듣고 있다고 느낄 수 있도록 적절히 눈을 마주쳐 줘라.

2단계: 명확한 이해

명확한 이해 단계는 팀원이 공유한 자료를 살펴보며 문제의 근본적인 원인을 파악하는 등, 팀원의 얘기를 완전히 이해하려고 노력하는 단계다. 이 단계의 핵심은 능동적으로 들으면서 "A에 대해 더 자세히 말해줄래요?" "이런 일이 벌어진 원인에 대해 분석한 자료가 있나요?" "참고할 만한 유사한 선례가 있나요?"와 같은 강력한 질문으로 문제를 다양한 관점에서 바라보는 것이다. 경청과 탐구 기법에 관한 더 많은 내용은 9장을 참조하길 바란다.

아젠다에 어떤 항목이 있는지에 따라 달라지긴 하지만, 팀원이 꺼내든 주제를 완벽히 이해했을 때 다음 단계는 해결방안 모색 단계다. 혹은 팀원이 그저 뭔가를 표출하고 싶을 뿐이고 당신이 그 이야기를 들어주길 원한다면 표현하기 단계로 되돌아가 팀원의 다음 주제를 살펴봐도 된다. 어떤 경우에는 명확한 이해 단계 자체에서 이루어진 탁월한 질문과 세심한 듣기 덕분에 해법이 자연스럽게 마련되었을 수도 있다. 간단한 예로 책상 위에 오렌지 하나가 놓여 있다고 해보자. 조지가 "나 그 오렌지 갖고 싶어"라고 말하자, 리아나가 "그 오렌지 내가 가지면 안 돼?"라고 말한다. 하나뿐인 오렌지를 두고 둘의 입장이 충돌할 게 분명하다. 이렇게 되면 협상을 거친 끝에 반으로 나누거나(타협), 한 사람이 오렌지를 갖고 다른 사람은 갖지 못하는(승패) 해법만 나온다. 하지만 다른 해법도 있다. 즉 왜 오렌지가 갖고 싶은지를 물어보는 것이다. 그러면 욕구 뒤에 감춰진 동기를 이해할 수 있다. 이유를 묻기만 해도 뭔가 협력하여 더 큰 긍정적 효과를 낼 수 있는 해법을 찾을 수 있다. 오렌지 사례에 '왜'라는 질문을 넣어

보면 금방 알 수 있다.

리아나	"그 오렌지 내가 가질래."
조지	"리아나, 왜 이 오렌지가 필요해?"
리아나	"배도 고프고 갈증이 나서."
조지	"나도 그 오렌지가 필요해."
리아나	"조지, 왜 이 오렌지가 필요한데?"
조지	"스콘을 만들 건데 오렌지 껍질이 필요해서."

'왜'라고 물으면 둘의 동기가 분명해져 둘 모두에게 이익이 되는 원원 해법을 바로 찾을 수 있다. 리아나는 오렌지 속을 먹고 껍질은 조지를 주면 된다. 모두가 행복해진다. 다소 유치한 예이긴 하지만, "왜"라고 묻고 그 답을 자세히 파고 들어가다 보면 대화의 방향이 바뀌고 전에는 안 보이던 해법이 선뜻 눈에 들어올 수 있다. 명확한 이해 단계에서 책상 위에 놓인 문제를 깊게 파헤치다 보면 해결책이 보이기 시작하고 자연스럽게 해법 단계로 넘어갈 수 있다는 뜻이다.

3단계: 해결방안 모색

아젠다 항목에 따라 해법이 달라질 수 있다. 해결방안 모색 단계에서 해야 할 일은 다음과 같다.

- 피드백 제공과 개선 방향 결정
- 일반적인 조언, 지원, 제안과 충고를 제공
- 문제 혹은 어려움 등을 구체적으로 의논하고 그에 맞는 계획 수립
- 팀원을 지원할 방법 확인

팀원이 해당 문제를 가장 잘 알고 있기도 하고 최종 해법을 받아들일 당사자도 팀원이기에, 해결방안 모색 단계의 일반적인 시작은 팀원이 어떤 생각을 하고 있는지를 묻는 일이다. 몇 가지 열린 질문의 예는 다음과 같다.

- "그간 경험에 비추어, 어떻게 진행하는 게 맞는 거 같아요?"
- "직감적으로 이 문제를 어떻게 해결해야 한다고 생각하나요? 그 이유는요?"
- "가능한 해법을 두세 가지 정도 말해줄래요? 해법별로 장단점도요."

팀원이 계속 의견을 내도록 격려해야 한다. 첫 번째 의견에 꼭 동의할 필요도 없다. 반대 의견을 건설적인 취지로 제안할 수도 있고 또 그래야 하기 때문이다. 하지만 (굵은 글씨로 강조하고 싶을 만큼) 직원 의견 청취의 핵심이자 리더들 대부분이 잘 못 하는 것은 바로 이것이다. **팀원이 제시한 해법이 당신이 생각하는 해법과 완벽히 맞아떨어지지 않더라도 해볼 만한 해법이라면 속마음으로는 당신 생각이 더 낫다는 생각이 들더라도 팀원의 아이디어를 따라야 한다.** 만약 당신 생각과 팀원 생각 사이에 질적으로 큰 차이가 있고 잘못된 해법이 가져올 파급효과 역시 크다는 생각이 들면, 당신 생각을 밀어붙이는 것이 마땅하다. 하지만 여기서 잘못된 결과를 동반할 정도의 '큰 의견 차이'라는 표현에 주목할 필요가 있다. 만약 의견의 질적 차이가 크지 않다면 팀원이 낸 해결책은 팀원이 제시했다는 이유만으로 더 좋은 의견이다. 팀원의 의견을 수용하면 팀원과 팀원의 판단을 신뢰한다는 의미가 전달돼, 팀원은 팔을 걷어붙여 일하고 역경에도 굴하지 않게 된다. 질적으로 큰 차이가 있지만, 팀원의 의견을 따랐을 때 일이 잘못되더라도 '파급 효과가 큰 부정적 결과를 낳는 게 아니'라면 팀원 의견을 따르는 것이 최선이라는 점을 강조하고 싶다. 팀원의 의견대로 일이 잘 풀리지 않았다면 함께 되짚어 보고 다른 시도를 해 보면 그만이다. 하지만 팀원의 의견이 맞았다면 둘 모두에게 행복한 선택이 된다. 상사로서 고집을 부리기보다 우선순위에 따라

합리적으로 사고해야 한다. 팀원이라고 무조건 팀장 의견을 따를 필요는 없다. 팀장인 당신도 자신의 의견이 늘 최선이 아니라는 사실을 잘 알고 있다. 다시 한번 강조하지만 9장에서 언급했듯, 원온원에서 무조건 입을 닫고 듣기만 하라는 뜻은 아니다. 당연히 자기 생각을 말할 수도 있고 또 그래야 한다. 원온원을 진행하다 보면 당신의 관점을 언급하며 솔직하고 구체적인 피드백을 해야 할 때가 분명히 있다. 하지만 팀원에게 무력감을 주거나 팀원의 기를 꺾지 않으려면 언제가 그런 때인지를 신중하게 선택해야 한다.

지금까지 설명한 단계는 팀원이 먼저 입을 열고 그 말에 매니저가 대꾸하는 방식을 반복하는 꽤 단순한 흐름이라고 느껴질 수도 있지만, 해결방안 모색 단계에서 능동적 질문과 탐색이 이루어지므로 흥미와 역동성, 그리고 쌍방향성이 담보된다. 그런데 매니저와 팀원 둘 다 이렇다 할 아이디어가 없을 땐 어떻게 해야 할까? 그럴 땐 함께 머리를 맞대야 한다. 눈앞에 놓인 문제를 제대로 이해하기 위해 정보를 수집해 근본적인 문제를 파악한 후 두 당사자 모두 만족하는 해법을 끌어내려고 노력하라. 당장 해법을 못 찾아도 좋다. 시간을 두고 곰곰이 생각해보면 된다. 그러고 나서 다음 원온원이든 따로 자리를 만들든 해서 그간의 고민을 나누어 보면 된다. 의미 있는 해법을 못 찾았다는 의미는 명확한 이해 단계로 다시 돌아갈 수 있다는 뜻이기도 하다. 언제든 일어날 수 있는 일이므로 전혀 문제 될 것이 없다.

> 매니저라면 침묵을 즐길 줄 알아야 한다. 침묵이 흐르면 무슨 말이라도 해야 할 것 같은 유혹이 들겠지만, 팀원의 침묵은 참여 의사 부족이나 어색함의 의미가 아니라 심사숙고를 의미한다. 심지어 팀원이 무슨 말이라도 해야 할 것 같은 압박을 느끼는 듯 보이면 침묵을 권해 자기 생각을 차근차근 살펴볼 수 있도록 해줘야 한다. 원온원을 서둘러 해야 할 이유가 없다.

4단계: 후속 조치 모색

이제 해결방안 모색 단계에서 합의한 사항을 확실히 못 박아 둘 때다. 아무리 훌륭한 생각도 실행으로 이어지지 않으면 아무런 의미가 없다. 즉 결론 난 계획과 관련 후속 조치를 명확히 해두어야 한다. 팀원에게 어떤 자원이나 지원이 필요한지, 그런 지원이 불가능하다면 어떻게 할지를 물어라. 팀원이 서슴없이 답하지 못한다면 해당 아이디어 실행에 실질적인 도움을 줄 수 있는 직원을 소개해주겠다는 제안 등을 하는 방식으로, 매니저인 당신이 어떤 지원을 해줄 수 있는지 설명하고 나서 팀원의 의견을 들으면 된다. 하지만 조심해야 할 것이 있다. 지원에 동의했다면 지원이 필요할 때만 도와야 한다. 결국, 해당 업무를 담당할 사람은 그 팀원이라는 사실을 잊어선 안 된다.

두 사람이 해야 할 실행 항목을 만들 때 내가 적극적으로 추천하는 방법은 목표설정에 관한 연구에서 권하는 방법이다. S.M.A.R.T 접근법으로, 실행 단계는 구체적이고Specific 측정과 달성이 가능하며Measurable and Achievable, 현실적이고 목표 달성과 관련되어야 하고Realistic or Relevant, 기한이 있어야Time-bound 한다. 실행 항목의 종류는 크고 복잡한 과제에서 '팀이 이루고자 하는 목표 리스트 만들기'와 같은 간단한 과제까지 다양해도 좋다. 구체적 실행 계획이 필요 없고 풍부한 논의 자체로 충분한 아젠다가 있을 수도 있다.

5단계: 모니터링

확립된 아젠다를 하나하나 검토하되 대화가 유기적으로 이루어질 수 있도록 융통성을 갖추는 것 또한 중요하다. 원온원은 팀원 중심이다. 그 본질을 고려해, 좀 더 일찍 다루어졌으면 좋았을 항목들을 먼저 살펴봐야 한다. 결국 매니저인 당신이 원온원 지속 시간을 결정하지만, 여기서도 융통성이 중요하다. 원온원 내내 주기적으로 팀원의 니즈가 잘 반영되고 있는지 팀원과 확인하라.

아젠다가 도움이 되는 건 맞지만, 아젠다에 있는 모든 중요한 항목 전체를 다 살피겠다는 집착에 빠져 서둘러서는 안 된다. 우선 중요한 몇 가지 항목에 집중하라. 살펴보지 못한 항목은 다음 원온원이나 별도의 미팅으로 미뤄도 상관없다.

다시 한번 강조하지만, 본격적인 원온원에서 이루어지는 이 모든 단계를 꼭 순서대로 진행할 필요는 없다. 순서에 따라갈 때도 있겠지만, 단계를 아무렇게나 이동할 때도 많을 것이다. 둘 다 괜찮다. 마지막으로, 대화 중 부정적인 감정이 생길 때가 있을 수 있다. 자연스러운 일이므로 건설적인 방향으로 풀어가면 된다. 2부 뒤에 나오는 체크리스트에 이와 관련해 도움이 될 툴을 마련했다. '원온원에서 발생하는 부정적 감정에 관한 자가진단 테스트'를 통해 부정적 감정에 대처할 수 있다.

원온원을 긍정적으로 마무리하라

원온원 마무리의 첫 번째 규칙은 시간 엄수다. 시간 초과는 본의 아니게 상대의 시간에 대한 배려 부족으로 비친다. 원온원 목표를 달성했다면 약간 일찍 끝내도 상관없다(하지만 늘 일찍 끝낸다면 당신이 원온원을 효과적으로 진행하지 못한다거나 둘의 시간 가치를 극대화하지 못한다는 인상을 줄 수 있다). 뭐니 뭐니 해도 마무리 단계의 핵심은 의미 있는 결론이다. 그리고 가장 이상적인 결론은 상대방과 원온원에 대한 긍정적인(혹은 최소한 부정적이지는 않은) 감정이다.

노벨 경제학상 수상자 대니얼 카너먼Daniel Kahneman과 그의 동료들은 최종 경험에 따라 사람들의 미래 행동이 어떻게 바뀌는지를 연구로 입증했다.[2] 그는 우선 실험 참여자들을 두 가지 조건에 나누어 배치했다. 첫 집단은 14도의 꽤 차가운 물에 손을 1분 동안 담그고 있게 했다. 쉬워 보이지만 실제 해보면 참기 힘들 온도다. 다른 피실험자 집단도 마찬가지로 1분간 같은 온도에 손을 담그고 있게 했지만, 30초를 추가해 이번에는 약간 따뜻한 15도에 손을 담그고 있게 했다. 온도 차는 크지 않고 여전히 찬물이지만, 먼저 1분에 비해 더 참을만해졌다. 그리고 다시 같은 실험을 해볼 의사가 있는지를 두 집단 모두에게 물었다. 두 번째 피실험자 집단이 찬물에 더 오래 손을 담그고 있어야 하는데도 첫 번째 집단보다 참여 의사가 더 컸다. 실험을 좀 더 긍정적인 기분으로 마쳤기 때문이다. 원온원에 바로 대입할 수 있는 중요한 연구 결과다.

원온원을 훌륭하게 마무리하는 데는 몇 가지 요소가 필요하다. 당신이 어떤 지원을 할지를 포함해서 결론, 책임소재, 일정, 후속 조치 등을 명확히 해야 한다. 마지막에 어떤 아이디어가 떠올랐거나 합의한 사항에 이의가 있으면 의논하고 끝을 내야 한다. 책임소재와 경과 확인을 명확히 하기 위해 회의를 간단히 기록하고 그 기록을 서로 갖고 있어야 한다. 인텔 공동창립자이자 CEO였던 앤디 그로브가 한 말에 기록의 중요성이 잘 녹아 있다. "마찬가지로 중요한 것은 '기록'이 무엇을 상징하는가이다. 이 행위는 악수처럼 무엇을 하겠다는 약속을 의미한다."

마지막으로 열심히 일해줘서 고맙다고 말하며 원온원을 끝낸다. 팀원의 노력을 칭찬하고, 성취한 일이 있다면 그것도 당연히 칭찬하라. 매니저로서 딱딱한 주제로 회의를 진행했고 건설적인 피드백도 주었지만, 긍정적인 분위기로 마무리해야 한다. "힘든 일인 거 압니다. 같이 잘 해결해봐요", "이런 피드백을 듣는다는 게 쉽지는 않겠지만, 노력 많이 하고 있다는 거 잘 알아요. 열린 마음으로 들어줘서 고마워요. 팀에 큰 힘이 되어줘서 고마워요"와 같은 표현을 해도 좋고, 팀원이 업무 처리에 자신감이 생길 수 있는 다른 방식으로 격려해도 좋다. 원온원을 긍정적으로 마무리하면 둘 다 스트레스를 받거나 녹초가 돼 회의실을 빠져나가는 대신, 의욕과 희망에 차 있을 것이다.

성공적인 원온원을 경험한 사례들

성공적인 원온원 경험에 대한 인터뷰 질문에 여러 조직의 팀원들과 관리자들이 해준 답변을 소개한다. 첫 번째 답변은 효과적인 원온원에 '균형'이 얼마나 중요한지를 보여주는 사례다.

"1) 요즘 저의 행복감은 어떤지 생각해보며
더 친밀하고 인간적인 대화를 위해 수첩을 펼쳤습니다.
2) 저와 매니저 모두 각자 생각해온 주제를 적절히 시간 조절해가며
의논할 수 있었어요. 3) 업무 관련 코칭도 있었습니다.
좀 더 민감한 주제를 이야기해도 된다고 말해주며
제 이야기에 귀 기울여줬지요. 진심으로
제가 하는 말을 들어주었습니다."

다음 인터뷰 답변은 팀원이 더 깊이 생각할 수 있도록 응원하려면 매니저가 무엇을 해야 하는지, 그리고 이상적인 원온원 틀이란 어떤 모습인지를 잘 보여준다.

"저와 팀장님의 원온원에는 제 핵심 업무,
진행상황, 그리고 제 경력 개발을 이야기하는 정해진 틀이 있어요.
모든 사항이 한눈에 들어오도록 제작한 간단한 점수표 같은 것도 있습니다.
팀장님은 짧고 분명한 피드백을 주는 분이에요. 스스로 업무를 점검하는
경험을 통해 저만의 방식을 키워가라고 조언하는 등,
저 혼자 생각해볼 수 있는 많은 숙제거리를 주고 계세요."

마지막 사례로 원온원 형식이 왜 천편일률적일 수 없고, 질문이 왜 중요한지를 알 수 있다.

> "원온원에는 두 종류가 있습니다.
> 하나는 목표와 전략에 근거한 전술적인 내용을
> 다루는 원온원이에요. 이런 원온원이 대부분일 겁니다.
> 이런 방식의 원온원이 효과를 볼 때는 팀장이 '말'을 줄이는 대신
> 어떤 일이 잘 되어가고 있고 안 풀리는 일은 어떻게 해결할지 같은 '질문'이
> 더 많을 때입니다. 팀장들은 대개 질문은 적고 말을 많이 하거든요.
> 또 다른 원온원은 팀원 성장에 집중하는 원온원이에요.
> 팀원의 경력 목표, 야심, 기대치 등을 이해하기로 시작하면 가장 좋습니다.
> 그 꿈이 현실이 되게 하려면 팀원이나 팀장이 뭘 해야 하는지에 대한
> 대화가 따라와야 합니다. 혼자 할 수 있는 일이 아니라,
> 고도의 협력이 필요한 일이니까요."

핵심 포인트

- **원온원의 4단계:** 원온원에는 1) 사전 준비 2) 시작 3) 본격적인 원온원 4) 마무리, 이렇게 핵심 4단계가 있다. 원활하고 효과적인 원온원을 위해 어느 한 단계도 빼놓을 수 없다.

- **실제 원온원 분위기를 결정하는 사전 준비와 시작 단계:** 사전 준비는 미리 준비해 제대로 된 마음가짐으로 원온원에 임하기 위해서다. 시작 단계는 업무 외 이야기, 잘한 일 혹은 감사 표시와 같은 가벼운 주제로 시작한 후, 업무상 어려움이나 피드백 제공 같은 좀 더 무거운 주제로 넘어가야 한다.

- **본격적인 원온원의 5단계:** 본격적인 원온원 단계는 1) 표현하기 2) 명확한 이해 3) 해결방안 모색 4) 후속 조치 모색 5) 모니터링, 이렇게 5가지로 이루어진다. 순서를 꼭 따를 필요는 없다. 주제에 맞게 합리적이라고 생각하는 순서를 자연스럽게 따라가면 된다.

- **긍정적으로 마무리하라:** 마무리 단계는 논의사항을 검토하고 핵심 내용을 간단하게 기록하기 좋은 기회. 감사 표시와 함께 확실한 지원을 강조하며 늘 제시간에 마치려고 노력해야 한다. 그래야 팀원이 약속한 사항을 이행하려는 동기가 생기고 다음 원온원의 성공도 보장된다.

11장
원온원에서 팀원은 뭘 해야 하나요?

우주의 모든 것에는 리듬이 있다. 모든 것은 춤을 춘다.
— 마야 안젤루, 소설가

손바닥도 부딪혀야 소리가 나듯, 원온원은 둘이 같이 추는 춤과 같다. 분명 누군가 주도하는 사람이 있지만, 그걸로는 부족하다. 원온원이라는 춤을 추려면 두 사람 모두 수행해야 할 중요한 역할이 있다. 둘 다 원온원에 영향을 미치므로 원온원 성공에 책임이 있다. 팀원이라고 원온원에서 하는 역할이 수동적일 수 없다. 팀원도 능동적으로 참여할 때 관계가 형성되고, 그래야 팀장도 팀원과 함께 팀원의 니즈를 만족시키려고 노력하게 된다. 11장은 원온원 성공률을 끌어올리는 데 팀원이 해야 할 중요한 행동들을 주로 다룰 것이고, 따라서 팀원에게 직접 말하는 듯한 화법을 쓸 것이다. 즉, 11장 내내 '당신'은 팀원인 당신이다. 하지만 강조하고 싶은 점은 관리자들에게도 분명 도움이 될 내용이라는 것이다. 앞으로 다룰 팀원들에게서 보이는 여러 가지 행동은 원온원을 끌어가는 관리자 행동의 결과물이기 때문이다. 게다가 관리자들은 자신의 관리자들과도 원온원을 하는 입장이다.

원온원의 가치가 극대화돼 긍정적인 결과를 낳을 가능성을 키우려면 팀원이 어떤 일을 할 수 있고, 또 해야 할까? 내가 실시한 인터뷰에서 꽤 꾸준히 언급된 10가지 행동을 공유하고자 한다. 끔찍한 10가지 행동, 훌륭한 10가지 행동, 혹은 최고의 원온원을 낳는 최고의 행동으로 다양하게 불릴 수 있는 딱 10가지 행동이다.

#1 자신에게 필요한 것이 무엇인지 안다

원하는 게 무엇인지 모르면 원온원을 통해 원하는 걸 얻을 수 없다. 논의하고 싶은 가장 중요한 문제와 주제가 무엇인가? 시급한 니즈가 무엇인가? 피상적인 주제나 잡다한 주제, 혹은 뭔가 말해야 할 것 같다는 '생각'이 드는 이야기로 빠져들면 안 된다. 의미 있는 장·단기적 니즈, 희망, 목표 등을 파악하라. 명확한 목표는 명확한 우선순위를 낳고 자신이 하는 말과 질문이 정돈될 것이다. 결국 원하는 걸 얻어낼 수 있는 원온원이 될 가능성이 커진다.

#2 궁금해한다

궁금증은 마음가짐이지만, 행동과도 연관이 있다. 궁금증이란 타인으로부터나 경험을 통해 배우며 성장하고, 새로운 지식을 습득하며, 별개의 정보들을 놓고 기꺼이 씨름하겠다는 열망을 뜻한다. 연구에 따르면 호기심은 다음의 몇 가지 긍정적 결과와 연관이 있다.

- 높은 업무 능력
- 높은 업무 만족도와 삶 만족도
- 긍정적이고 깊이 있는 사회적 관계
- 주인의식에서 나오는 다양한 행동
- 융통성과 성장

자기 자신이 호기심을 타고났다고 말하는 사람들 대부분은 실제로 호기심 있게 행동하지 않는다. 우리는 빛의 속도로 일상을 살아간다. 마감일, SNS, 이런저런 문제들로 늘 정신을 빼앗긴다. 무엇보다도 우리가 자신을 가로막는 가장 보편적인 방법은 남에게서, 그리고 그들의 '진실'에서 배움을 얻으려고 진정한 시간 투자를 하지 않는 것이다. 대개는 호기심 있는 행동다운 행동을 하고 있지 않다. 호기심 있는 마음가짐을 가지라고 자신에게 적극적으로 신호를 보내야 하지만(그리고 원온원 회의실에 들어가기 전에 우리 자신에게 꼭 상기시켜야 할 덕목이기도 하지만), 호기심의 기본은 질문하고, 답을 경청하며, 그러면서 배워가는 과정 자체를 즐기는 것이다. 아마도 궁금증의 핵심은 우리가 자신의 믿음과 일치하는 정보만을 찾는 확증 편향confirmation bias 성향을 피하려고 노력하여, 조금 심기가 불편해지더라도 새로운 지식과 사고방식을 받아들이기 위해 노력한다는 뜻일 것이다. 다시 말해, 타인의 이야기와 진실을 배워나간다는 뜻이다. 동의하지 못할 때도 있겠지만, 그 또한 배움과 성장의 기회다.

#3 친밀한 관계를 쌓는다

친밀한 관계가 쌓이면 서로를 개인적으로나 직업적으로 더 많이 알게 되며 대화도 편해진다. 관계가 친밀해지는 과정은 역동적이다. 매니저가 성격이 지나치게 내성적이거나 사람들과 같이 있을 때 다소 어색한 분위기를 연출하는 사람일 수도 있지만, 그렇다고 친밀함을 쌓을 수 없는 것은 아니다. 단지 노력을 더 해야 할 뿐이다. 대개의 자료들은 열정적이고 긍정적인 인사를 하라고 권한다. 눈 마주치기와 웃음 같은 비언어적 행동도 상대 마음의 문을 여는 데 효과적이다. 그 사람이 어떤 사람인지에 관심을 보여라. 대화 수준을 끌어올릴 시너지 효과를 내고 공통분모가 있는지도 알아보기 위해 무엇에 열광하고 어떤 걸 관심 있어 하는지 알아내라. 서로 비슷하게 겹치는 부분이 없다면 오히려 차이에 관심을 두고 궁금해하면 된다. 대화가 자연스럽게 발전하도록 두면서도 가속을 잃지 않으려면 상대의 말에 관심을 보여야 한다. 가장 중요한 건 소통 과정 자체를 즐기는 것이다.

#4 적극적으로 참여한다

원온원은 당신을 위한 미팅이다. 최대한 많은 걸 얻어내야 한다. 정보 공유, 의견 교환, 질문, 표현, 적극적 협조, 경청, 들은 내용에 대한 건설적 답변 등을 통해 적극적으로 참여할 수 있다. 기록하는 것도 참여를 유도하고 참여하고 있다는 신호를 보내는 효과가 있다. 뿐만 아니라 둘만 참여하는 미팅이므로 비언어적 의사소통이 차지하는 비율이 커지고 심지어 둘의 관계 역학에 언어적 의사소통보다 더 큰 영향을 미친다. 강력하고 긍정적인 비언어적 참여 의사 표시에는 약간 앞으로 몸을 숙이고 듣기, 웃기, 시선 맞추기 등이 있다.

#5 의사소통을 잘한다

우선 훌륭한 의사소통으로 직결되는 몇 가지 핵심 행동부터 살펴보자.

- **분명하고 간결한 표현**: 오해를 막기 위해 쉽고 정확한 어휘를 사용한다.

- **이야기하는 듯한 의사소통**: 말에 구조와 짜임새가 있고 흐름이 부드럽다.
- **일관적이고 초점 있는 메시지**: 여러 주제를 오가며 이야기하면 듣는 사람은 혼란스럽다.
- **또렷한 목소리**: 억양과 말투는 의사소통에 영향을 미친다. 즉 메시지 이해와 해석에 영향을 미친다.
- **정직함**: 매니저에게서 의미 있고 사려 깊은 반응을 기대한다면 정직하고 솔직하며 심지어 자신의 약한 모습도 보일 줄 알아야 한다.

또한 훌륭한 의사소통의 토대는 듣기다(9장 참조). 말하기의 경우, 기밀사항이나 고도로 민감한 사안이 아니라면 가끔 신뢰하는 동료와 어려운 주제나 문제를 두고 의사소통하는 연습을 해, 장차 있을 매니저와의 힘든 대화에 대비해두는 것이 좋다.

#6 문제를 해결한다

원온원에 문제만 무작정 들고 들어가는 대신, 아직 미완성이어도 좋으니 해결책을 들고 들어가려고 노력해야 한다. 그러면 매니저는 문제를 건설적으로 풀어보려는 당신의 적극성과 욕구를 좋게 볼 것이다. 매니저의 의견과 당신의 의견이 달라도 자기 관점을 피하지 말고 표현하라. 의견이 다르거나 갈등이 생기면 건설적으로 차이를 해소하면 된다. 의견이 다르다는 사실 자체는 전혀 문제가 되지 않을뿐더러, 다른 관점을 들어볼 수 있는 일종의 기회다. 핵심은 서로를 공격하거나 개인적으로 받아들이지 않으며 말로 풀어가는 과정이다. 이렇게 차이를 좁혀가는 과정을 통해 둘의 의견이 다 반영된 독특한 해법이 나올지도 모른다.

이와 관련된 이야기로, 자기방어적 행동 없이 자기 아이디어를 방어하는 기술에 관해 리더십 전문가 존 발도니John Baldoni가 자신의 저서에서 소개한 내용을 일부 공유한다.[1] 우선 시작은 준비다. 당신 의견에 대해 나올 수 있는 반대 논리나 이의를 생각해보고 어떻게 답할지 궁리해두는 것이다. 참호를 파고 들어가 무슨 수를 써서라도 자기 생각을 방어하라는 뜻이 아니라, 당신 생각이 오히려 더 큰 주목을 받고 상대에게서 신중한 반응을 일으킬 가능성을 늘리자는 뜻이다. 나아가 실제 미팅 전, 자신의 주장에 있을지도 모를 허점을 발견할 기회가 될 수도 있다. 회의 중에 만약 반대 의견을 듣게 되면 동의까지는 아니더라도 의견이나 피드백을 준 점에 대해 감사를 표현하라. 그러면 당신은 개방성과 수용성이 있는 사람으로 이해될 것이고, 결국 상대도 마음을 열 것이다. 대화가 즐거워질 것이고 참호를 파고 들어가는 일도 줄어들 것이다. 인내심도 중요하다. 상대가 당신의 관점을 얼마나 빨리 수용할지를 현실적으로 생각해야 한다. 반대로 피드백을 듣고 자기 생각을 다듬는 데도 열려 있어야 한다. 당신 제안의 핵심은 무엇이고 두루뭉술한 부분은 없는지 살펴라. 탄력 있는 대화를 위해 모호한 측면은 버릴 줄 알아야 한다. 마지막으로 평정심을 유지하라. 감정적으로 되는 순간 대화가 부정적인 방향으로 흘러갈 수 있다.

대화 중 자기 생각에 문제가 있다는 것을 깨닫고 당황할 수도 있다. 혹은 아무리 노력해도 상대를 내 편으로 만들 수 없는 경우도 있을 수 있다. 흔히 일어날 수 있는 상황들이다. 내 주장에 어떤 상대든 흔들릴 거라고 기대하는 것이야말로 비합리적인 사고방식이다. 가끔은 그냥 하던 대로 밀고 나가며 방향을 수정해야 한다. 하지만 당신이 능숙하게 그 과정을 지나온다면 결국 당신의 이미지에 긍정적으로 작용할 것이다.

#7 (건설적으로) 도움을 구한다

일하다 보면 뜻하지 않은 어려움을 겪을 수도 있고, 기한 맞추기가 빠듯하거나 프로젝트가 막연해서 가닥을 잡을 수 없을 때가 있다. 이럴 때 주변에 도움을 요청할 줄 알아야 한다. 학자들도 지난 20년간 집중적으로 연구해온 중요한 행동이다. 사회심리학자들은 이러한 행동을 자율적 도움 요청autonomous help-seeking과 의존적 도움 요청dependent help-seeking 두 종류로 분류한다.[2] 자율적 도움 요청은 정보를 구하고, 그 결과 독립적으로 과제를 수행하고 문제를 해결하는 행동 방식이다. 장기적으로 자율성이 키워지는 방식으로, "어떤 사람에게 물고기 한 마리를 주면 하루 동안 먹겠지만, 물고기를 낚는 법을 알려주면 평생 먹고산다"라는 격언과 맞닿는다. 반면 의존적 도움 요청은 '임시방편'을 찾고 누군가를 통해 '답'을 찾는 행동이다. 시간과 노력을 절약할 수 있고 즉각적인 만족으로 이어지지만, 장기적 자급자족을 낳기는 힘든 행동이다. 업무능력 평가 자료들도 자율적 도움 요청 행동과는 긍정적인 상관관계를, 의존적 도움 요청 행동과는 부정적인 상관관계를 보이는 것으로 나타났다.[3]

도움을 부탁하는 일이 늘 쉬운 일은 아니라는 점에는 동의한다. 하지만 주변 사람들을 도와온 경험이 많다면 부탁하는 일도 쉬워진다. 사실, 6장에서 예로 든 많은 질문을 매니저가 어떤 생각을 하고 있고 어떻게 당신이 도움이 될 수 있을지를 묻는 식으로 살짝 바꿔 써볼 수 있다. 예를 들면, "향후 X 기간에 우선순위가 어떻게 되고 제가 뭘 도울 수 있을까요?"라고 매니저에게 물어볼 수도 있다. 물론 원온원의 1차 목적에서는 벗어나지만, 매니저는 당신이 뻗은 도움의 손길을 스스럼없이 잡을 것이다. 선한 뜻이 담긴 행동이고 상대도 같은 행동을 할 가능성이 커진다. 도움은 도움을 낳는다.

#8 피드백을 구한다

피드백을 구할 때 목적이 있고 구체적이어야 한다. 몇 가지 좋은 질문 사례를 소개한다.

- 제가 잘하고 있는 건 무엇이고, 어떻게 하면 더 잘할 수 있을까요?
- 제 강점에는 어떤 것들이 있고, 그중에서 어떤 강점을 더 키워야 할까요?
- A 업무 처리와 관련해서 제가 놓치고 있는 게 뭘까요?
- 어떤 지식이나 기술을 추가로 익히는 것이 제 업무에 도움이 될까요?
- 제가 이 조직에서 뛰어난 성과를 내고 성장하는 데 필요한 조언을 주신다면 어떤 말씀을 해주시겠어요?
- 팀과 조직에서 제 미래를 어떻게 보시나요?
- 경력 개발 차원에서 제 목표를 이루려면 어떤 지식이나 기술을 더 쌓고 발전시켜 가야 할까요?

또한, 피드백을 받고 나서 "그리고 또 뭐가 있을까요?"라고 물어도 좋다. 매니저는 그 말에 좀 더 고민해보고, 놓친 부분을 추

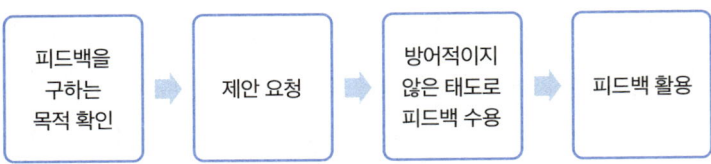

가해줄 것이다.

앞에서 언급한 마셜 골드스미스 박사의 피드포워드 개념도 적극적으로 활용해보길 권한다.[4] 과거의 잘못된 일보다 미래 행동에 집중하자는 접근법이다. 개인적 가치관에 치우치지 않으며 힘이 솟게 하고 통찰력을 제공하는 것이 원온원을 고안한 목적으로, 이는 4단계로 이루어져 있다.

1. **피드백을 구하는 목적 확인**: 스스로 통제할 수 있는 행동 중 어떤 행동에서 발전하길 원하는가. 혹은 자신의 어떤 행동이 자신이나 타인의 성장을 방해하는가. 팀워크와 관련된 행동, 개인적 생산성, 전반적 행복감 증진, 일과 삶의 균형 문제, 직장 내 골치 아픈 사람들과의 문제, 분쟁이나 긴장 상황 해결, 업무량 소화, 더 많은 혁신 도모 등과 관련된 행동이 그런 범주에 속할 수 있다. 일단 그런 문제 행동이 파악되었다면, 긍정적인 방향으로 그 행동을 바꾸고 싶다는 의지와 이유를 분명히 전달한다.

2. **제안 요청**: 미래 지향적 해법에 집중하고 과거는 일절 언급하지 않는다. 이와 같은 식이다. "우선순위를 정하는 일이 힘듭니다. 어떻게 하면 나아질 수 있을까요?" "팀원들과 생긴 분쟁을 해결하는 능력을 좀 더 키우고 싶습니다. 가장 좋은 방법이 뭐라고 생각하세요?" "스트레스 관리를 잘하는

사람들을 보면 정말 부럽습니다. 직장에서 받는 이런저런 스트레스를 관리하는 가장 좋은 방법이 뭘까요?" 제안을 요청하고 그 요청에 답하는 과정이 원활해지려면 제안을 두 가지 정도로 제한해 상대의 부담을 줄여준다. 이 과정 전체는 2~3분 정도 걸린다.

3. **방어적이지 않은 태도로 피드백 수용**: 상대가 해주는 말을 경청한다. 논쟁이 아니라 이해를 위한 추가 질문을 한다. 명확히 이해하려는 취지의 질문은 좋지만, 제시된 해법에 왈가왈부하지 않는다. "의견 주셔서 감사합니다"로 충분하다. 결국 제안일 뿐이고, 궁극적으로 어떤 긍정적 변화를 이루어낼지는 당신 자신의 몫이다.

4. **피드백 활용**: 배운 내용을 기록해 음미해본 후 행동을 어떻게 바꿀지 고민해본다. 13장에 긍정적 행동 변화를 일으키는 방법과 관련해 추가한 내용도 참고하길 바란다.

피드포워드 평가 방식은 과거의 긍정적이거나 부정적인 행동보다, 어떻게 특정 상황을 장차 개선해갈지를 고민한다. 어차피 과거는 과거일 뿐이지만, 미래는 노력 여하에 따라 바뀔 수 있다. 피드포워드 접근법은 옳고 그름을 따지지 않으며 동기와 통찰력을 심어준다. 피드포워드 접근법이 강력한 이유는 피드백은 다소 떨리고 두렵기도 하지만, 피드포워드는 대부분 사람에게 환영

받기 때문이다. 문제보다 해법에 초점을 맞춘 낙관적 노력이어서 그렇다. 또한 과거 사건 대신 미래 방향을 논의하므로 방어적 자세를 불러오지 않는다. 고려할 수 있는 제안을 제시하지, 명령이나 수정을 요구하지 않는다. 전반적으로 피드포워드는 긍정적 변화 가능성에 집중한다. 과거 행동을 둘러싼 피드백에 동반되는 부정적 긴장감 없이 개인의 성장과 발전을 돕는다. 게다가 누구에게나 적용할 수 있다. 사실 피드포워드를 경험한 사람 대부분은 의욕이 솟게 만드는 재미있는 과정이었다고 설명한다.

> 피드포워드의 또 다른 장점은 원온원이나 직장이 아닌 환경에서도 적용할 수 있다는 점이다. 유일한 필요조건은 피드포워드를 요청받은 사람이 당신이 바라는 성장 분야에 대해 당신보다 더 폭넓은 지식을 보유한 사람이어야 한다는 것이다. 다시 말해, 가족끼리나 친구 사이에도 피드포워드가 가능하다.

#9 피드백을 잘 수용한다

부정적인 피드백을 듣는 일은 피드백을 기꺼이 받아들일 자세가 되었더라도 힘든 일이다. 어떤 피드백이든 엄청나게 유용한 도구로 받아들이는 태도를 키우는 일종의 자기 훈련으로 생각해야 한다. 어떤 종류의 피드백도 잘 받아들이는 사람들 대부분은 피드백을 준 사람에게 감사하며 피드백을 수용하기 시작한다. 그러고 나서 추가 질문으로 더 큰 배움을 얻으려고 노력한다. 이런 사람들은 누구나 피드백을 잘 전달하는 것은 아니며 피드백 전달 방법도 다르다는 점을 잘 알고 있다. 그럼에도 이들은 피드백을 해준 데 대해 감사 표현하는 것을 늘 잊지 않는다. 그래서 이들은 화가 나 있을 때는 말을 자제한다. 상황이 안 좋은 쪽으로 급변할 수 있기 때문이다. 피드백을 받았다고 해서 그 피드백에 담긴 모든 내용을 반영할 필요는 없다는 점도 강조하고 싶다. 12장에서는 피드백을 받을 당시의 당신과 피드백을 반영해 발전하려고 노력하는 당신에 대한 주변의 인식을 어떻게 관리할 것인지 살펴볼 것이다.

#10 감사를 표현한다

최고의 원온원 결과를 낳는 팀원의 마지막 행동은 매니저가 조언해주고 시간을 내어준 점에 감사를 표현하는 것이다. 회의 내용에 100퍼센트 동의하지 않더라도 감사할 이유는 분명히 있다. 개인적으로 당신의 품격이 올라가는 행동이며(감사할 줄 아는 사람은 행복하다) 매니저와의 관계도 좋아질 수 있다. 감사 표시를 할 땐 다음 사항을 기억해야 한다.

1. "정말 큰 도움이 될 것 같습니다. 감사합니다"나 "오늘 정말

어떻게 감사드려야 할지 모르겠습니다." 정도로 열정을 담는다. 약간 과장해도 괜찮다.
2. 감사의 뜻이 더욱 두드러지게 보이도록 "X에 대한 관점, 진심으로 감사드립니다"처럼 구체적으로 표현하라.
3. 시선 교환과 웃음을 잊지 마라.
4. 같은 표현 방식을 고수하는 대신, 다양한 표현을 두루 사용한다.
5. 감정을 같이 표현해도 좋다. "도와주신 점, 정말 저에게는 남다른 의미가 있습니다"나 "제 이야기를 경청해주시고 그렇게 큰 관심을 보여주셔서 감사합니다" 정도면 훌륭하다.

이 장에서 다루었던 10가지 행동은 원온원을 성공적으로 이끄는 데 당신이 할 역할이다. 매니저가 어떻게 행동하느냐도 당연히 중요하지만, 가정과 마찬가지로 조직 역시 구성원 모두가 자기 역할에 최선을 다할 때 제대로 작동한다. 동시에 이 10가지 행동은 한 인간으로서 당신에게도 유익한 행동으로 매니저도 당신을 더 긍정적으로 보게 될 것이다. 마지막으로 '매니저에게 주는 피드백'이라는 특별 주제로 10장을 마무리 짓자.

저도 매니저에게 피드백을 주나요?

질문에 답하기에 앞서 우선 재미있는 문장 세 가지를 살펴보자. 가만히 새겨보면 약간의 지혜가 담겨 있는 문장들이다.

> "피드백은 선물 중에서도 최고의 선물이다. 받기를 원했다면."
> "피드백은 관계 형성에 도움이 된다. 피드백이 명백히 틀리지 않았다면."
> "사람들은 당신의 생각을 듣기 원한다. 당신을 멍청이라고 생각하지 않는다면."

윗사람이 원하든 원치 않든 피드백을 주는 것은 난처한 일이지만, 못 할 일도 아니다. 게다가 제대로만 된다면 당신과 매니저 모두에게 긍정적인 결과를 안겨줄 수 있다. 우선 별거 아닌 일로 법석을 떠는 건 아닌지 살펴봐야 한다. 문제가 되는 상황이 대화와 피드백을 정당화할 만한지를 고민해봐야 한다. 다음으로 상황이 자연스레 해결될지를 자문해봐야 한다. 당신이 제공한 피드백이 매니저에게 도움이 될 거라는 판단이 섰더라도 치러야 할 잠재적 대가가 잠재적 이득보다 크지 않을지 자기 자신에게 되물어야 한다. 다시 말해, 당신 자신에게 얼마나 중요한 일인가? 이를 가늠할 한 가지 좋은 방법은 과거에 다른 사람이나 매니저가 당신의 피드백에 어떻게 반응했는지를 떠올려 보는 것이다. 수용적인 자세였는가? 방어적 자세였는가? 그래도 해볼 가치가 있다고 생각되면 다음 프로세스를 당신에게 맞게 변형해서 써보는 것도 좋다.

피드백을 주기 전 이렇게 준비하라

- 매니저가 미리 마음의 준비를 할 수 있도록 한다. 당혹감을 줄이고 건설적인 대화의 토대를 닦는다는 차원에서 피드백을 주고 싶다고 미리 알린다.
- 예상되는 매니저의 반응을 신중하게 예측해본다. 어떻게 그 반응에 대처할지 생각해둔다. 준비가 제일 중요하다.
- 피드백과 연관된 문제에 생각하지 못했던 측면이 있을 수 있다는 점을 놓치지 않는다. 예를 들어, 매니저 결정에 영향을 미치는 주주들의 압박이 있을 수도 있다.
- 무슨 말을 할지를 미리 연습한다. 그래야 긴장하지 않고 해야 할 말에 집중해 최대한 명확하게 피드백을 전달할 수 있다.

건설적으로 예의와 배려가 담긴 피드백을 제공하려면

- 동의를 받고 시작한다. 다시 말해, 아직도 X에 대한 피드백을 듣고 싶은지를 묻고 시작한다.
- 우선 피드백을 들어보겠다고 동의해줘서 감사하다고 말하고, 자리를 만든 의도를 밝힌다. 피드백은 건설적이고 도움이 되는 방향으로 틀을 잡는다.
- 피드백과 관련된 상황이나 문제를 밝힌다.
- 매니저의 구체적인 행동에 대한 의견을 밝힌다.
- 매니저의 행동이 당신에게도 영향을 미쳤다면 그 영향을 자세히 설명한다.
- 매니저의 행동이 실제로 목표 달성에 걸림돌이 되었다면 구체적으로 어떻게 걸림돌이 되었는지를 밝힌다.
- 내가 매니저 입장이라면 어떻게 행동할지에 초점을 두는 대신, 어떻게 매니저의 발전을 도울 수 있는지에 집중한다.
- 당신이 우려하는 사항을 적극적으로 들어주고 피드백을 잘 받아준 매니저에 대한 감사로 대화를 마무리한다. 매니저가 원한다면 피드백 실천에도 도움을 주겠다고 제안할 수 있다.

피드백 전달이 끝나면 매니저가 피드백을 소화하고 답할 때까지 기다린다. 차분히 기다릴 필요가 있다. 매니저가 방어적 자세로 나오거나 화를 내면 (그렇게 생각하고 느낀 사실에 대해 "기분이 상하셨다면 죄송합니다"와 같은 식으로) 사과하며, 의도를 다시 한번 밝히고 필요하다면 구체적인 질문을 하면 된다.

- **원온원은 둘이 추는 춤이다:** 팀원도 원온원이 제대로 실행되는 데 적극적이어야 한다.

- **팀원의 핵심 10가지 행동:** 원온원의 효과를 극대화하려면 (팀원인) 당신도 적극적으로 행동해야 한다. 그런 차원에서 당신은 다음의 10가지 행동을 갖춰야 한다. 1) 자신에게 필요한 게 무엇인지 안다. 2) 궁금해한다. 3) 친밀한 관계를 쌓는다. 4) 적극적으로 참여한다. 5) 의사소통을 잘한다. 6) 문제를 해결한다. 7) (건설적으로) 도움을 구한다. 8) 피드백을 구한다. 9) 피드백을 잘 수용한다. 10) 감사를 표현한다.

- **매니저에게도 중요한 행동들:** 팀원이 최고의 원온원을 위해 이런 행동들을 갖추려고 노력하는데 매니저라고 가만있을 수 없다. 당연히 매니저도 팔을 걷어붙여 원온원에 임해야 한다.

- **배려 섞인 팀원의 피드백:** 상사에게 피드백을 제공한다는 생각에 위축될 수도 있지만, 사실 당신과 매니저 모두가 덕을 볼 수 있다. 단, 배려가 섞여 있어야 한다. 매니저에게 피드백을 주고 싶다는 당신의 열의를 꼭 미리 알려라. 피드백을 제공할 때 건설적인 방향으로 존중과 배려를 섞으면 매니저가 덜 방어적인 태도를 보일 것이다.

원온원 진행을 위한 체크리스트

원온원을 진행하는 데 도움이 될 두 가지 툴을 담았다.

1. 원활한 원온원 준비 체크리스트
2. 원온원에서 발생하는 부정적 감정에 관한 자가진단 테스트

1. 원활한 원온원 준비 체크리스트

원온원을 진행하기에 앞서 상기하면 유용할 체크리스트다.

원활한 원온원 진행에 필요한 핵심 행동 체크리스트		
항목	핵심 행동	
표현하기	• 팀원이 편하게 말할 수 있도록 긍정적인 분위기로 시작한다.	[　]
	• 시작하기 전에 이전 원온원에서 이행하기로 합의한 사항을 점검한다.	[　]
	• 팀원의 관점에 감사를 표한다.	[　]
	• 적절한 몸짓을 하고 시선을 맞춘다.	[　]
	• 신뢰가 쌓일 수 있는 분위기를 만든다.	[　]
	• 동기를 부여하고 힘이 나게 하며 격려와 지지를 아끼지 않는다.	[　]
	• 열린 대화를 권한다.	[　]
명확한 이해	• 들은 내용을 자신의 어휘로 다르게 바꿔 맞장구친다.	[　]
	• 결정을 내리는 시점에 중립을 유지한다.	[　]
	• 팀원이 하는 얘기를 적극적으로 듣고 이해하려고 노력한다.	[　]
	• 팀원이 한 말의 동기를 명확히 이해하기 위해 추가 질문을 한다.	[　]
	• 팀원의 아이디어와 당신의 아이디어를 종합한다.	[　]
	• 근본적인 원인을 찾기 위한 질문을 던진다.	[　]

항목	핵심 행동	
해결방안 모색	• 부드럽게 팀원의 전제에 이의를 제기해본다.	[ ]
	• 대략적인 권고, 지원, 제안, 조언 등을 제공한다.	[ ]
	• 문제를 함께 해결하려고 노력한다.	[ ]
	• 지원이나 자원 등 팀원을 도울 방법을 찾는다.	[ ]
	• 팀원이 먼저 문제 해결책을 제시하도록 한 후, 제안한다.	[ ]
	• 원온원 중 대부분을 듣는다.	[ ]
후속 조치 모색	• 아이디어들을 기록한다.	[ ]
	• 후속 조치에 대한 기대치를 분명히 전달한다.	[ ]
	• 구체적이고 달성할 수 있는 후속 조치에 기한도 꼭 정한다.	[ ]
	• 핵심 논의사항을 요약한다.	[ ]
	• 원온원을 마무리하기 전에 실행 항목을 설정한다.	[ ]
	• 실행 항목들이 합의된 것인지 확실하게 확인한다.	[ ]
	• 책임감을 강화할 수 있도록 원온원 후에도 실행 항목이 이행되고 있는지 확인한다.	[ ]

항목	핵심 행동	
모니터링	• 가장 중요한 아젠다 항목부터 시작한다.	[ ]
	• 아젠다를 참조하되, 지나치게 얽매이지 않는다.	[ ]
	• 팀원이 하는 말을 유연하게 받아들인다.	[ ]
	• 핵심 사항에 대해서는 꼭 의견을 나눈다.	[ ]
	• 핵심 사항 논의에 집중한다.	[ ]
	• 적절한 시간 관리로 제시간에 회의를 끝낸다.	[ ]
	• 의논하지 못한 아젠다 항목은 다음 원온원으로 미룬다.	[ ]
	• 의논하지 못한 아젠다 항목을 필요하다면 별도의 자리를 만들어 의논한다.	[ ]
	• 고맙다고 말하며 회의를 끝낸다.	[ ]
위의 모든 행동에 공통으로 따라와야 할 행동들		
공감하며 듣고 반응한다.		[ ]
진정성 있고 투명하게 의사소통한다.		[ ]
팀원을 적절히 참여시킨다.		[ ]
친절하게 대하고, 지원을 제공한다.		[ ]
관리자로서의 약점을 어느 정도 드러낸다.		[ ]

2. 원온원에서 발생하는 부정적 감정에 관한 자가진단 테스트

원온원을 하다 보면 가끔은 화, 분노 같은 부정적인 감정이 일 때가 있다. 이런 힘들지만 불가피한 상황을 효과적으로 해결할 방법이 있다. 다음은 당신의 껄끄러운 상황 해결 능력을 진단하는 테스트다.

테스트 방법

아래는 원온원에서 생겨날 수 있는 부정적 감정을 대하는 태도에 관한 목록이다. 항목을 하나하나 읽어보고 '예'나 '아니오'에 동그라미를 친다. 다 끝났으면 다음 페이지에서 정답을 확인한다.

원온원 중 부정적 감정을 해결하는 방법은…	답변	정답
1. 팀원이 왜 화를 냈는지에 대한 설명을 이끌어낸다.	[예/아니오]	
2. 즉시 자신의 의견을 전달한다.	[예/아니오]	
3. 팀원의 생각에 동의하지 않을 때는 바로 알려준다.	[예/아니오]	
4. 적극적으로 팀원의 생각에 귀 기울인다.	[예/아니오]	
5. 팀원의 생각이 왜 잘못됐다고 생각하는지를 즉시 표현한다.	[예/아니오]	

원온원 중 부정적 감정을 해결하는 방법은…	답변	정답
6. 팀원이 자기 감정을 설명할 수 있는 분위기를 만든다.	[예/아니오]	
7. 팀원의 분노 반응을 좋게 보지 않았음을 알린다.	[예/아니오]	
8. 화가 난 순간에 바로 감정을 표출한다.	[예/아니오]	
9. 문제를 더 깊이 파고드는 질문을 피한다.	[예/아니오]	
10. 해당 상황에 대한 팀원의 관점을 이해하고 공감을 보인다.	[예/아니오]	
11. 팀원이 화가 나 있는데도 문제를 바로 해결하려고 든다.	[예/아니오]	
12. 해당 상황에서 자신의 역할에 대한 책임을 받아들이고 사과한다.	[예/아니오]	
총점:		

정답

아래는 항목별 답이다. 목록과 답지를 맞춰보며 맞은 칸에 체크 표시를 한다. 그리고 맞은 개수를 모두 더해 표 맨 아래 총점 칸에 적는다.

1.	예	4.	예	7.	예	10.	예
2.	아니오	5.	아니오	8.	아니오	11.	아니오
3.	아니오	6.	예	9.	아니오	12.	예

점수별 의미

- **10~12점**: 훌륭하다! 계속 그런 태도를 유지해나가길 바란다.
- **7~9점**: 잘했다! 하지만 꼭 오답을 점검해 불편한 상황 대처 능력을 더 키워나가도록 하자.
- **0~6점**: 오답 점검은 물론, 원온원에서 상황 대처 능력을 더 키워나가기 위해 이 책의 내용을 충분히 숙지해야 한다.

아마도 원온원은 매니저와 팀원이 서로에게 만족스러운 관계를 구축하는 데 가장 기본적이고 중요한 방법일 것이다. 이는 성공적인 리더십의 핵심적 요소다. 일대일 대화 과정을 통해 쌓인 관계 없이는 신뢰가 쌓일 수 없고, 선봉에 선 매니저를 진심으로 따르기 힘들다.

— 트레인 테크놀로지 임원

원온원의 궁극적 목적은 의미 있는 소통을 도모하기 위함이다. 결국 당신이 이끄는 팀이 리더인 당신을 보는 시각, 팀원들이 업무를 대하는 태도, 그리고 조직에 대한 팀원들의 정서에 엄청난 영향을 미칠 수 있는 것 또한 원온원이다. 누군가의 하루를, 한 주를, 혹은 일 년을 기쁘게 할 수도 있고 망칠 수도 있다. 개개인이 느끼는 이런 순간들이 쌓이면 그 파장은 막대해진다. 절대 가볍게 생각할 수 없는 문제다.

— 딜로이트 임원

3부

원온원이 끝난 뒤 우리가 해야 할 일

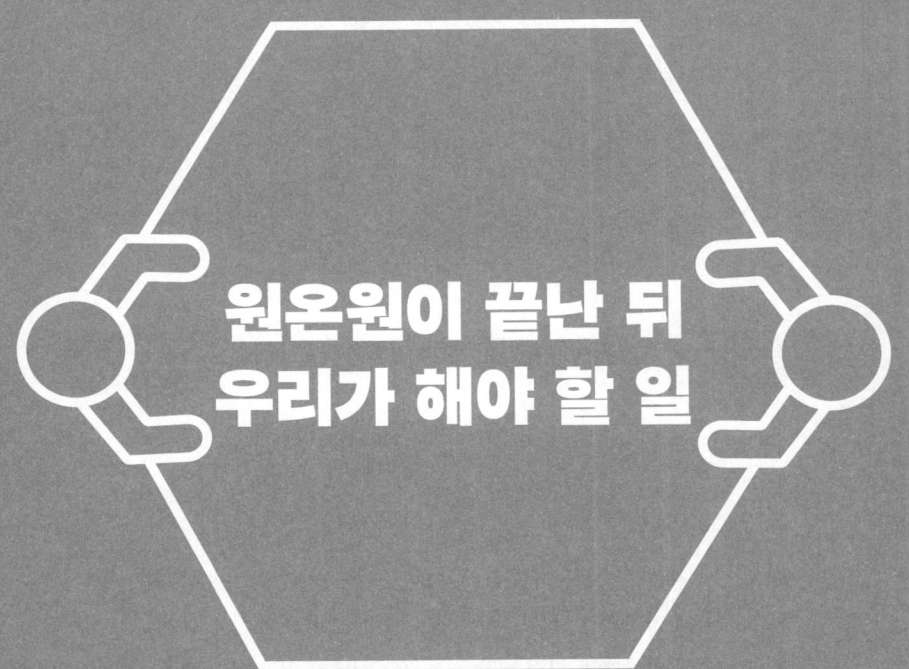

3부에서는 원온원을 성공적으로 마치고 나서 어떻게 하면 그 성공을 공고히 해 정기적인 원온원이 낳을 수 있는 진정한 가치를 실현할 수 있을지 알아보자. 그런 다음 원온원을 어떻게 평가할지, 원온원으로 정말로 팀 내에 변화가 일어나고 있는지 살펴보자. 또한 원온원이 참여자 모두에게 이상적으로 운영되려면 무엇을 바꿔야 할지도 알아볼 것이다.

12장
원온원이 끝났는데, 이제 뭘 하면 되죠?

머릿속에 다음과 같은 상황을 그려보자. 자멜과 데이브의 매니저는 로사리오다. 어느 날 자멜과 데이브 둘 다 로사리오와 원온원을 한다. 자멜은 원온원을 마친 후 업무가 명확해졌고, 그 업무를 충실히 이행한다. 데이브도 마찬가지지만, 자멜처럼 열심히 일하지 않는다. 이 둘의 차이를 설명할 때 대개는 동기 부여를 원인으로 꼽는다. 자멜은 진취적이고 데이브는 게으르다는 것이다. 그래서 데이브와 달리 자멜에게는 밝은 미래가 기다린다고들 한다. 하지만 업무 불이행에 관한 연구 자료를 살펴보면 자멜은 좋은 팀원이고 데이브는 나쁜 팀원이라는 단순 논리를 넘어서는 더 미묘한 이유가 드러난다.

이유 1	데이브는 그 업무에 열의가 없었다.
이유 2	데이브 자신은 그 업무를 처리했다고 생각하지만, 다른 사람들의 생각은 다르다.
이유 3	데이브는 그 업무를 잊고 있었다.
이유 4	데이브는 그 업무를 할 시간이 없었다.
이유 5	데이브는 그 업무를 중요하게 생각하지 않았다.
이유 6	데이브는 그 업무를 수행할 재량이나 능력 혹은 기술이 없었다.
이유 7	뭔가가 데이브의 업무 수행을 방해했다.

여기에 왜 일부 직원들은 업무를 이행하지 않는지를 더 잘 이해할 수 있는 7가지 서로 연관된 이유가 있다. 데이브를 예로 들어 다시 살펴보자.

위의 표에 정리된 이유를 살펴보면 몇 가지 해석이 나온다. 첫째, 이유 1과 같은 상황은 업무 이야기가 오갔던 원온원에서 팀원의 개인적 욕구가 제대로 다루어졌더라면 막을 수 있었다. 다시 말해, 원온원에서 팀원이 경청과 존중을 받고 있다고 느끼고 해법 도출 과정에 적극적으로 목소리를 낼 수 있다면 업무 욕구는 당연히 높다는 뜻이다. 나머지 이유들은 두 종류로 분류된다. 우선 명확성 부족 문제(이유 2, 3)와 개인적 혹은 상황적 문제(이유 4~7)다. 다행히도 이런 부정적 결과들을 예방할 방법이 있다.

이제부터 논의할 행동들은 당신의 업무 수행은 물론, 팀원들의 업무 처리에도 도움이 될 것이다.

누구 책임인지 명확히 하라

문서를 공유하면 누가 맡은 업무인지 책임을 명확히 할 수 있다. 원온원이 끝나고 하루나 이틀 안으로 (모든 사항을 기록한 회의록 형식까지는 아닌) 원온원 노트를 마무리해서 둘이 나누어 가진다. 원온원 중에는 매니저와 팀원 '둘 다' 노트를 기록해야 하지만, 원온원을 마친 후 요약본 작성은 둘 중 한 사람이 하면 된다. 둘이 돌아가면서 해도 좋다. 이제 요약본을 받아본 사람이 필요한 사항을 수정하면 최종본 초안이 마련된다. 이 최종본 초안에 꼭 포함해야 할 내용은 필수사항과 선택사항으로 나뉜다.

선택사항	아젠다 항목 각각에 대해 나눈 대화 요약
필수사항	누가 무엇을 언제까지 하기로 했는지를 구체적으로 적은 (지원 내용을 포함한) 업무 목록

다음은 원온원을 요약한 사례다.

> **2023년 8월 28일 원온원 정리**
>
> jane@company.com
>
> 보낸 사람: 마리아
>
> 제인, 오늘 원온원에서 얼굴 봐서 정말 좋았어요. 회의 중 이야기했던 내용을 정리해봤습니다. 원온원 내용을 상기하며 빠진 내용이나 바꿔야 할 내용이 있는지 봐줄래요?
>
> - 나는 제인에게 이번 주까지 지역 예측 자료를 전달한다.
> - 제인은 다음 주 월요일까지 업데이트된 프로젝트 관리 일정을 나에게 보내준다. 꼭 내 도움이 필요한 사항에 표시한다.
> - 제인이 마케팅 팀에 할 프리젠테이션이 잘 되었는지 나에게 알려준다(정말 기대됩니다!). 이번 원온원에서 이와 관련해서 아이디어를 나누었던 점 정말 좋았어요.
> - 사샤와 고든 사이의 갈등 해결에 제 도움이 필요하면 얼마든지 알려줘요. 우리가 짜낸 전략이 통했으면 좋겠네요. 원한다면 사내 갈등 해결 지침서를 보내줄 수 있습니다.
> - 제인의 경력 개발과 관련해서는 곧 훈련 프로그램 하나를 밟게 될 거예요. 원하는 방향과 맞는 코스이길 바랍니다.
> - 나이 든 부모님 돌보는 문제를 말해줘서 고마워요. 언제든지 내 도움이 필요하면 말해줘요.
>
> 즐거운 하루 보내요.
> 마리아
> 매니저

이런 기록은 쌍방이 합의한 일종의 계약서 역할을 하여, 책임소재가 분명해지고 긍정적인 후속 작업이 일어날 가능성을 키운다. 게다가 다음 원온원 아젠다를 작성할 때 참조할 수 있어서 원온원 준비와 업무 확인에도 도움이 된다. 나아가 팀원이 수행하는 업무나 문제를 해결해가는 과정을 꾸준히 기록하는 아카이브 역할을 해, 업무 평가, 승진, 새로운 업무 배정 등 공식적인 인사 결정에도 매우 유용하게 쓰일 수 있다.

> 나의 우수한 박사과정 학생이었던 잭 플린첨과 진행한 연구에 따르면, 팀원들은 원온원 중에 기록하는 매니저를 전반적으로 일을 잘한다고 평가하는 것으로 나타났다. 이러한 상관관계가 존재하는 이유가 뭘까? 원온원 중에 메모하는 매니저가 원온원을 더 진지하게 생각한다고 여겨지기 때문이다. 즉 합의 사항을 이행하려는 동기가 더 강하고 팀원을 지원하려는 의지도 더 강할 것이라고 해석한다. 팀원에게 매니저가 기록하는 행동은 능력 있는 매니저라는 인상으로 남고, 그 기억이 원온원 이후까지 이어지는 것이다. 나아가 원온원 현장에서 팀원은 그런 매니저의 이야기를 더 귀담아들으려고 노력하고, 열의가 있으며 팀원에게 진심인 매니저라고 생각한다.

동기를 불어넣어 개인적·상황적 문제를 극복하라

팀원이 업무 약속을 지키지 않았을 때 그 결과는 심각하다. 첫째, 지키지 못한 업무로 발전이 더뎌지고 생산성도 떨어진다. 둘째, 하기로 한 일을 하지 않은 그 사람의 평판과 입지에 악영향이 미친다. 본질적으로 자신의 이름을 저당잡히는 꼴이고 결국 직업적 발전도 정체된다. 업무 약속 이행 가능성을 높이고 이행 과정에서 동기를 잃지 않고 싶다면 다음의 세 가지 행동을 주의 깊게 살펴보길 바란다. 동기를 끌어올리는 데 효과적이고, 장애를 넘어서는 데도 도움이 되는 행동들이다.

  첫째, '책임 파트너'를 구한다. 지키기로 한 약속을 (동료, 친구, 배우자 등) 누군가에게 알리는 거다. 이는 행동하여 약속을 끝까지 지켜야 한다는 보이지 않는 압박으로 작용할 것이다. 또한 책임 파트너가 약속 이행과 어려움 극복에 필요한 조언과 상담, 지원을 해줄 수도 있다. 정기적으로 책임 파트너와 상의하라. 그러면 동기가 사그라지는 일을 막을 수 있다. 둘째, 약속 이행을 위한 시간 계획을 수립한다. 약속 이행을 위해 하루, 며칠 혹은 몇 주의 시간을 따로 떼어둔다. 회의를 달력에 적어두면 깜빡하는 일이 거의 없듯이, 약속 이행 가능성을 높이기 위해 약속 이행 스케줄을 짜라는 뜻이다. 셋째, 동기 부여가 잘 안 된다면 작게 시작해서 천천히 탄력을 붙이는 방법을 써봐라. 더 큰 진전을 위해 작은 진전을 만들어보는 거다.[1] 집중력을 높이기 위해 경과를 기록하면 눈에 들어온 경과로 동기가 더 커질 수 있다.

  변화와 발전을 끌어내고 싶다면 내 멘토인 마셜 골드스미스 박사가 제안한 일상 질문법 dailly question approach을 시도해보길 권한다.[2] 우선, 노력 중인 핵심 행동이나 자세를 질문 형식으로 적은 엑셀 표를 만든다. 예를 들자면 다음과 같다: "오늘 나는 재택근무를 하는 팀원들과 의사소통하는 데 최선을 다했나?" "오늘 나는 실망한 고객을 설득하는 데 최선을 다했나?" "오늘 나는 이 메일 답장을 제때 하는 데 최선을 다했나?" "오늘 나는 굳이 그럴 가치가 없는 일에 내가 옳다고 우기지 않으려고 최선을 다했는 가?" 그리고 각각의 질문에 매일 점수를 매긴다(세로칸에는 날짜를 적는다). 하루도 빼놓지 않고 모든 질문에 답한다(나는 매일 밤 8시에 한다). 이러면 노력 중인 핵심 행동이나 자세를 늘 상기할 수 있고 발전도 눈으로 확인하는 효과가 있다. 생각만큼 나아지지 않고 있다면 자세히 분석해보고 필요하다면 주변의 도움도 얻어가며 계속 노력해가면 된다.

골드스미스 박사는 자신의 일상 질문법에 관한 연구에 참여했던 일부 고객의 반응도 공개했다.[3] 다음 반응은 연구 참가자들이 공통으로 보였던 반응이다. "질문지에 점수를 매기기 시작하고 며칠이 지나자, 이따 저녁에 질문지를 작성할 생각에 목적의식을 갖고 사람들을 대하게 되었고 자기 시간을 쓰는 일도 더 고민하는 저를 발견하게 되었습니다." 만점을 받는 날이 있다는 건 현실적으로 불가능하다. 발전하는 날도 있겠지만, 소소한 문제들도 있을 것이다. 하지만 크게 보면 이러한 방식으로 행동에 힘과 변화가 실려 결국 목표를 이루게 될 것이다. 더 큰 발전을 위한 자극제로 그간 발전해온 자신에게 휴가나 맛집 탐방 같은 작은 선물을 해보는 것도 좋다.

나는 골드스미스 박사에게서 변화를 통해 핵심 이해관계자들의 인식까지 바꿔놓는 기법도 알게 됐다. 여기서 이해관계자란 당신이 목표하는 변화가 사람에 중점을 둔 변화라는 의미로, 당신은 사람들이 당신의 변화를 보길 원한다. 우리는 남들이 우리가 몰입해 최선을 다하고 있음을 보길 원한다. 그러면 그 사람들의 공감을 얻게 되고 우리가 (어쩔 수 없는) 실수를 해도 그들은 "또 실수했네. 데이브는 늘 건성이라니까"라고 말하는 대신 눈 감아 주려고 노력한다. 이 기법의 대략적인 틀은 다음과 같다.

#1	핵심 이해관계자들을 파악한다. 당신이 주력하고 있는 행동과 연관이 있거나 그 행동에 영향을 받는 사람들이다.
#2	그들 한 명 한 명에게 어떤 노력을 하고 있는지 말한다.
#3	첫 두 달 동안은 어떻게 하면 진전을 이룰지 그들에게 조언을 부탁한다.
#4	두 달 후 그들에게 어떤 변화를 목격했는지 묻는다. 그리고 다시 또 두 달에 걸쳐 추가적인 조언을 구한다.
#5	그 두 달 후, 또다시 그들에게 같은 질문을 한다. 이 과정을 반복한다.

이러한 행동들로 주변 사람들이 당신이 하는 일을 보고 당신이 쏟는 노력과 헌신을 이해하게 되어 당신의 행동을 끌어낼 '변화팀'에 그들이 소속되게 된다. 이 모든 것이 그들의 조언과 맞물려 행동을 실제로 일으키고, 사람들도 그 행동을 목격할 가능성이 커진다.

> 생각만큼 실천이 안 돼 자신과의 약속을 어기고 있다면 잘못을 인정하라. 그로 인해 영향을 받은 사람들에게 사과하라. 자초지종을 설명하고 상황을 어떻게 수습할 수 있을지 의견을 물어, 다시는 똑같은 일이 반복되지 않도록 노력하라.

업무를 확인하고 책임감을 유발해 행동으로 이끌어라

지금까지는 원온원 참가자 한 명만의 업무 약속 이행을 다루어 왔다. 하지만 원온원은 두 명이 참여하는 회의이므로 보통은 둘 다 업무에 관한 약속을 하게 된다. 당신은 약속한 업무를 완료했는데 상대는 그렇지 않을 때, 그 업무를 확인하고 Following Up 상대의 행동을 유발할 수 있는 몇 가지 아이디어를 소개한다.

1. 당신 업무의 진행상황과 완료 내용을 상대에게 전달한다. 그러면 대개 자신도 움직여야겠다는 긍정적 압박을 받지만, 늘 그렇지는 않다. 반복해서 상기해줘야 한다.
2. 상대에게 약속을 상기시켜야 하지만, 매일은 아니다. 공격적으로 느껴질 수 있기 때문이다. 이럴 땐 언제 다시 알려줄지를 달력에 표시하는 방법도 좋다.

3. 약속을 상기시키기 위해 보냈던 메일은 메일함을 따로 만들어 보관한다.
4. 필요하다면 상대가 일하는 공간에 들르는 등 다른 방법도 써본다.
5. 약속을 상기시키는 방법도 바꿔준다. 새로운 정보, 세부 사항 혹은 질문을 추가해 잔소리처럼 들리지 않게 하는 것이 중요하다.
6. "많이 바쁘죠?"와 같은 말로 의사소통에 공감과 예의를 담는다. 무뚝뚝함을 걷어내고 간결함, 따뜻함, 그리고 상대의 일정에 대한 이해가 배어 있을수록 상대도 더 잘 받아들인다. "궁금해서 그러는데요…"나 "간단히 확인해보고 싶어서 그러는데요…" 같은 부드러운 표현을 섞는 것도 좋다.

팀원이 약속한 업무를 완료했다면 고마움을 표현한다. 부드럽게 상기하고 재촉했는데도 업무가 아직 미완성이라면 다음 원온원 때 원인을 파악하고 잠재적 제약으로 무엇이 있는지를 알아보면 된다. 비난하고 화를 내기보다 충분한 여지를 인정해주면 당신은 팀원을 일단 믿어주고 팀원이 다른 업무로 충분히 바쁠 수도 있다는 점을 이해하는 매니저로 비치게 된다. 감독자가 아니라 조력자로 인식된다. 마지막으로, 원온원을 정기적으로 자주 하게 되면 업무 확인이 자연스러워진다는 장점이 있다. 얼마 후면 또 원온원이 있고 그때 확인하면 되므로 팀원이 약속한 업무를 완료하지 않아도 굳이 따로 상기시킬 필요가 없다. 3부 마지막에 두 종류의 체크리스트를 마련해두었다. 피드백을 주고받는 방법은 물론, 행동을 촉구하고 책임 소재를 명확히 하는 방법에 대한 통찰을 얻을 수 있을 것이다.

> **핵심 포인트**
>
> - **철저한 업무 확인:** 원온원을 마치고 나서 해야 할 가장 중요한 일은 합의한 업무를 확인하는 일이다. 업무 약속이 지켜지지 않으면 신뢰에 금이 가고, 업무 관계가 틀어져 이후 원온원이 그 효과를 보기 힘들어지기 때문이다.
>
> - **업무 불이행은 대개 막을 수 있다:** 업무 약속이 이행되지 않은 데는 여러 가지 이유가 있겠지만, 일부러 그런 경우는 드물다. 업무 지시가 명확하지 않았거나 개인적 혹은 상황적 방해 요인이 작용했을 수도 있다.
>
> - **효과적인 책임 소재를 설정하라:** 업무 약속이 지켜지도록 하는 몇 가지 방법이 있다. 첫째, 업무를 명확히 전달해 무엇을 달성해야 하는지를 분명히 이해시킨다. 둘째, 동기를 불러일으키고 성공을 가로막을 걸림돌을 줄일 방법을 찾는다. 셋째, 업무 진행과 발전 상황을 꾸준히 점검한다.

13장
성공적인 원온원이었는가?

다음 질문에 빠르게 답해보자. 아래 두 선 중, 어느 선이 더 긴가?

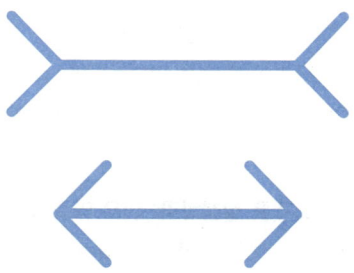

그렇다면 두 원 안에 있는 검은 점 중 어느 점이 더 큰가?

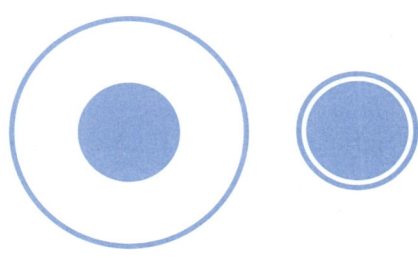

자, 답은 뭘까? 두 선의 길이는 같고, 두 점도 크기가 같다. 대개는 뇌에 조종당해 길이가 다른 선들이고 크기가 다른 점들이라고 답한다. 이처럼 우리의 인식은 정확하지 않을 때가 많다. 그런데도 우리는 눈으로 직접 '봤다'는 사실 때문에 이에 대해 꽤 확신한다. 또 다른 예를 보자. 다음 그림을 얼핏 보면 뭐가 보이는가?

눈에 들어온 게 꽃병이었는가, 아니면 마주 보고 있는 두 사람

이었는가? 착시를 일으키는 이 그림을 보고 나온 두 가지 응답은 확연히 다른 응답이지만, 둘 다 맞는 답이기도 하다. 우리가 인지한 것은 우리에게 진실이 된다. 그리고 그 진실은 우리가 주변 세상과 우리의 행동을 이해하는 데 영향을 미친다. 이걸 원온원에 적용해보자. 원온원이 원했던 만큼 성공적이었는지를 판단하는 일은 생각보다 쉽지 않을 수 있다. 가장 주된 이유는 우리가 언제라도 쉽게 사용할 수 있는 우리의 인식이라는 장치가 꽤 부정확할 뿐만 아니라 왜곡의 소지가 크기 때문이다. 방금 본 그림들처럼 말이다. 한 연구에서 간부 4천여 명을 대상으로 원온원의 기본이 되는 코칭 능력과 관련해 자신들이 얼마나 잘하고 있는지에 대한 평가를 주문했다. 이들의 코칭 능력에 대해 그들의 팀원들에게도 평가를 부탁했다. 평가 결과 두 그룹의 점수는 비슷하지 않았다. 24퍼센트나 되는 많은 관리자가 자신이 평균 이상이라고 평가했지만, 이들의 부하 직원들이 준 점수는 하위 1/3이었다. 극과 극의 차이다! 심리학 교수 데이비드 마이어스David Myers에 따르면 인간에게는 남과 비교하여 자신의 지식, 능력, 기술, 성격상 특징을 과대평가하는 고질적인 성향이 있다.[1] 재미있는 건 이런 성향이 우리의 운전 실력이나 지적 능력 평가와 같은 일상적인 상황에서도 흔하게 발견된다는 사실이다. 우리는 생각만큼 정확하지 않고, 실제보다 더 높게 우리 자신을 평가할 때도 많다.

당신은 자신이 이끌어가는 원온원이 전반적으로 잘 운영되고 있다고 생각하겠지만, 팀원들의 의견은 다를 수도 있다. 따라서 원온원을 평가할 때 경계해야 할 것은 부풀려진 낙관적 편견이다. 그러한 편견을 피하는 세 가지 전략을 소개한다.

구체성에 집중, 행동에 집중, 관점 변화, 이 세 가지 접근법을 따른다면 비판적인 시각으로 원온원을 평가하게 되어 왜곡된 평가를 막아줄 것이다. 원온원을 마치고 나면 항상 해야 할 평가법이다. 단 몇 분의 시간으로 배움과 성장을 얻어갈 수 있다.

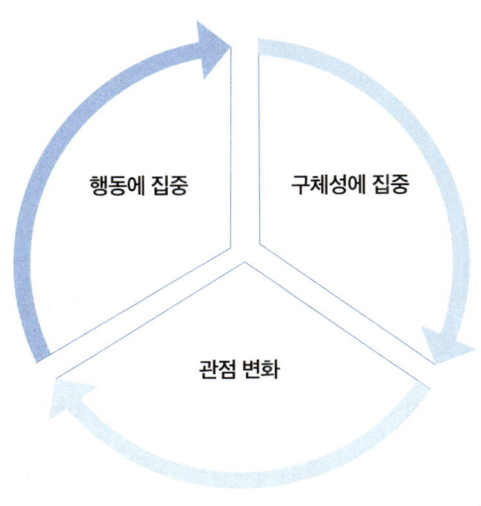

전략	설명
구체성에 집중	포괄적으로 회고하기보다는 잘된 행동(혹은 잘 풀린 순간) 세 가지, 잘 안 된 행동(혹은 잘 풀리지 않은 순간) 세 가지를 구체적으로 짚어본다.
관점 변화	상대의 시각을 받아들이고, '그들의 신발을 신고' 원온원을 되돌아본다. 팀원이 긍정적으로 평가할 세 가지와 부정적으로 평가할 세 가지가 뭐였을까? 원온원이 지금보다 더 가치 있게 될 수 있는 세 가지 방법에 대해 팀원은 뭐라고 할까?
행동에 집중	사후평가는 행동에 집중한다. 구체적인 예는 다음과 같다. • 나는 적극적으로 들으려고 노력했나? • 나는 말하기보다 듣기를 더 많이 했는가? • 나는 팀원에게 의견과 제안을 부탁했는가? • 나와 팀원은 업무를 명확히 하고 헤어졌는가? • 나는 도움과 지원의 뜻을 밝혔는가? • 나는 고마움과 감사를 표현했는가?

팀원의 평가에 귀 기울여라

원온원은 매니저와 팀원 둘 다 가치를 인정받고 존중과 지지 또한 받고 있으며 향후 절차, 해법, 그리고 상호 합의한 업무에 대해 충분한 정보를 받았다는 기분으로 마칠 때 가장 이상적이다. 하지만 대부분 매니저인 당신의 기분은 중요하지 않다. 원온원은 정의상 팀원을 위한 회의기 때문이다. 결국 팀원이 원온원의 가치에 대해 어떻게 느끼느냐가 원온원 성공 여부를 판단하는 결정적인 기준이 된다. 팀원이 자신의 개인적이고 실질적인 욕구가 정말 해결되었다고 느꼈을까? 그랬다면 성공이다. 아니라면, 성공적일 수 있었던 회의를 망친 게 된다. 원온원 중에 팀원이 한 일이나 하지 못한 일에 대해 비판하면 안 된다는 뜻이 아니다. 비판적 피드백이라도 효과적으로 전달된다면 팀원은 자신의 니즈가 해결되었다고 느낄 수 있다. 또한 (즐겁고 행복해서 나쁠 건 없겠지만) 방을 나가는 팀원의 얼굴에 깃든 행복감이나 즐거움이 원온원 성공의 전부는 아니다. 팀원의 니즈를 충족하는 것이 원온원의 궁극적 목표다.

차츰 원온원을 개선해가고 싶다면 팀원 한 명 한 명에게 피드백과 아이디어를 구하는 것부터 시작하라. 정기적으로, 원온원 중이나 끝나기 전에 물어보면 된다.

다음은 활용해볼 만한 몇 가지 질문 사례다.

#1	오늘 가장 유용했던 대화가 뭐였나요?
#2	오늘 원온원이 가치 있었나요? 이유는요? 아니었다면, 그 이유는요?
#3	다음 원온원을 더 의미 있게 만들려면 제가 어떤 점을 바꿔야 할까요?

이런 질문을 팀원들이 부담스러워할 수도 있다는 생각이 든다면 원온원에서 만족스러웠던 점이나 고쳐야 할 점, 또는 개선 방향을 익명으로 조사해보는 방법도 좋다. 5점 만점으로 평점을 매

기고 그 평점의 이유를 묻는 것도 방법이다. 특정 의견이나 제안 사항이 반복된다면 질문을 바꿔준다. 원온원을 조금씩 바꿔가며 실험해보겠다는 당신의 의지가 무엇보다 중요하다. 예를 들어 실험 이후 대략 3개월 정도 지났는데 효과가 나타나지 않는다면 팀원들에게 그 이유에 대한 피드백을 받아 분석한 후 다음 실험으로 넘어가야 한다. 이때도 시간을 정해 실험 성공 여부를 관찰해야 한다.

다양한 후행지표를 활용하라

원온원은 단기적으로 그 효과가 분명히 나타나지만, 장기적으로 그 효과가 나타날 수도 있다. 여러 장기적 후행지표 lagging indicator 는 수많은 원온원의 외적 요인에 영향을 받지만, 원온원을 자주 그리고 효과적으로 갖는다면 긍정적 방향으로 지표들을 움직일 수 있다. 다음 표는 꼭 고려해야 할 일련의 장기 지표들이다.

크게 보면 원온원은 시간, 자원 그리고 돈을 투자하는 것이다. 투자라면 당연히 시간을 두고 다방면의 평가가 따라야 한다. 원온원도 마찬가지다. 한동안 효과가 있던 방법이 두 달 후에는 효

● 뒤늦게 변화하는 지표로 지행지표라고도 부른다. – 편집자 주

질문	답변
전반적으로 팀원들의 업무 의욕이 높아지고 있는가?	예/아니오
팀원들의 업무 생산성과 근속 및 이직 지표가 긍정적 방향으로 나아가고 있는가?	예/아니오
팀원들 업무 평가 성적이 점차 좋아지고 있는가?	예/아니오
팀원들이 원했던 직급으로 승진하고 있는가?	예/아니오
매니저인 당신에 대한 팀원들의 평가가 나아지고 있는가?	예/아니오

과가 없을 수 있고, 팀원 A에게 효과 있던 방법이 팀원 B에게는 효과가 없을 수도 있다. 지금 원온원 방식이 효과가 있다는 믿음이 있더라도 꾸준히 새로운 시도로 원온원을 늘 신선하고 재미있게 유지하려고 노력하라.

- **원온원에 대한 왜곡된 인식:** 인간의 사고 능력은 강력하다. 하지만 그것이 우리 편일 때도 있고, 아닐 때도 있다. 착시현상처럼 원온원의 성공 여부를 이해하려는 우리 시각도 신기루에 가려 있을지도 모른다. 당신은 원온원이 잘 진행되고 있다고 생각하겠지만, 팀원들은 수준 이하라고 평가하고 있을지도 모른다.

- ✓ **틀어진 인식을 바로잡는 전략**: 원온원에 대한 당신의 부풀려진 관점과 실제 현실을 비교 확인할 수 있는 몇 가지 전략이 있다. 원온원을 되돌아볼 때는 잘된 측면과 그렇지 않은 측면을 구체적으로 파악한다. 원온원이 효과적인지를 평가할 때는 팀원들의 의견을 듣는다. 마지막으로 원온원 중 당신이 하는 구체적 행동을 생각해보고 그 행동이 원온원 성공에 도움이 되는지 걸림돌이 되는지를 연구한다.

- ✓ **팀원의 의견을 청취하라**: 이제는 원온원이 본질적으로 팀원을 위한 시간이라는 걸 알 것이다. 따라서 원온원의 가치는 팀원들이 원온원을 어떻게 인식하고 있느냐에서 나온다. 팀원들에게 원온원 진행 방식에 대한 피드백과 의견을 구해야 한다. 팀원들의 생각을 받아들여 바꿀 건 바꿔가며 경과를 보고 또다시 재평가해 보는 과정을 거듭해야 한다.

- ✓ **다양한 후행지표를 활용하라**: 원온원의 장기적 성공 가능성을 판단하는 최고의 방법은 다양한 후행지표를 활용하는 것이다. 팀원들의 업무 몰입 지표가 상승세인가? 팀 업무 수행 능력이 좋아졌고 이직률은 줄었나? 승진하여 새 업무를 맡은 팀원들이 있는가? 이런 모든 장기적 요인이 바람직해지려면 사람, 팀, 그리고 조직에 대한 일종의 투자인 원온원이 효과적이어야 한다.

원온원 이후 피드백을 위한 체크리스트

다음의 두 가지 템플릿은 3부는 물론이고 2부와도 연관된다. 두 점검표 모두 업무 책임을 명확히 하고 상황 변화에 대비하려는 목적으로 고안되었으므로, 원온원 이후 합의사항을 이행할 가능성이 커지고 궁극적으로는 원온원 자체의 가치 또한 끌어올려 줄 것이다.

1. 피드백 이후 팀원의 변화를 확인하는 체크리스트
2. 피드백을 반영해 행동에 옮길 때 유용한 체크리스트

1. 피드백 이후 팀원의 변화를 확인하는 체크리스트

이 툴은 팀원에게 피드백을 줄 때와 그 피드백을 반영한 행동 변화가 팀원에게서 일어나고 있는지를 확인할 때 사용하는 리마인드용 목록이라고 보면 된다. 항목별로 읽고 나서 옆 칸에 표시하면 된다. 이 학습 과정에서 배운 내용을 실제 원온원에서 최대한 활용해 효과적으로 피드백을 전달하자는 취지다.

피드백 단계	핵심 행동	
피드백을 요청하는 팀원(해당한다면)	• 열린 마음으로 늘 피드백 제공에 동의한다.	[　]
	• 구체적으로 무엇에 대한 피드백을 원하는지 묻는다.	[　]
	• 어떤 형식으로 피드백 받기를 원하는지 묻는다.	[　]
	• 과감하게 피드백을 요청해준 점에 감사를 표현한다.	[　]
	• 왜 피드백이 필요했는지 묻는다.	[　]
피드백을 줘도 되냐고 묻기	• 요청하지 않았지만 피드백을 줘도 되겠느냐고 묻는다.	[　]
	• 피드백은 처벌이 아닌 도움을 주려는 목적임을 설명한다.	[　]

피드백 단계	핵심 행동	
피드백 제공하기	• 정중하게 전달한다.	[ ]
	• 간단명료하게 말한다.	[ ]
	• 구체적으로 설명한다.	[ ]
	• 앞으로의 행동에 집중한다(피드포워드).	[ ]
	• 피드백이 장차 팀원에게 어떤 도움이 될지를 설명한다.	[ ]
팀원에게 생각할 시간 주기	• 피드백을 받은 팀원이 생각할 시간을 준다.	[ ]
	• 팀원이 말하는 동안에는 듣기만 한다.	[ ]
	• 침묵해도 괜찮다고 자신을 상기한다.	[ ]
팀원의 답변	• 피드백에 대해 팀원이 하는 말을 주의 깊게 듣는다.	[ ]
	• 말하지 않고 듣기만 한다.	[ ]
	• 적절한 몸동작과 눈 맞춤을 유지한다.	[ ]
	• 화가 났다든지 하는 부정적인 감정을 파악한다.	[ ]

원온원 이후 피드백을 위한 체크리스트

피드백 단계	핵심 행동	
변화를 계획하고 지원	• 피드백을 허락해준 점에 감사한다.	[ ]
	• 피드백과 관련되어 있을지도 모를 모든 질문에 답한다.	[ ]
	• 팀원이 피드백에 따라 바꿀 행동에 대한 일정을 정한다.	[ ]
	• 팀원이 피드백을 제대로 반영하여 변화해갈 수 있도록 행동 변화의 목표를 명확히 한다.	[ ]
	• 팀원이 변화와 관련해 어떤 도움이 필요한지를 묻는다.	[ ]
후속 조치	• 진행 경과를 팀원에게 묻는다.	[ ]
	• 피드백에 근거해, 관찰되는 어떤 변화에도 주목한다.	[ ]
	• 원온원을 활용해 진행상황을 점검한다.	[ ]
	• 가끔 팀원에게 피드백을 상기시킨다.	[ ]

2. 피드백을 반영해 행동에 옮길 때 유용한 체크리스트

두 번째 점검표는 매니저인 당신이 팀원에게서 피드백을 받고 행동할 때 스스로 상기할 수 있는 항목들을 모았다. 마찬가지로 항목별로 읽고 옆 칸에 체크하면 된다. 체크가 많을수록 좋다. 체크가 안 된 항목이 앞으로 개선해가야 할 사항이다.

피드백 단계	핵심 행동	
피드백 요청하기	• 어떤 피드백을 원하는지 구체적으로 밝힌다.	[ ]
	• 원하는 바를 분명하고 간결하게 전달한다.	[ ]
	• 어떤 방식으로 피드백을 받고 싶은지 설명한다.	[ ]
	• 피드백을 받아 달성하려는 목표를 분명히 한다.	[ ]
	• 피드백을 요청하게 된 이유를 팀원에게 말해준다.	[ ]
듣기	• 피드백에 귀 기울인다.	[ ]
	• 팀원의 말이 끝날 때까지 반응하지 않는다.	[ ]
	• 피드백에 대해 마음을 열고 궁금해한다.	[ ]
	• 적절한 몸동작과 눈 맞춤을 유지한다.	[ ]
	• 반박을 위한 듣기 대신 이해를 위한 듣기를 한다.	[ ]

피드백 단계	핵심 행동	
생각하기	• 피드백에 대해 충분히 생각해본다.	[ ]
	• 화나 다른 부정적 감정을 억누른다.	[ ]
	• 자기방어적 자세를 피한다.	[ ]
	• 도움을 주려는 취지의 피드백임을 자신에게 상기한다.	[ ]
감사하기	• 피드백을 준 점에 감사를 표현한다.	[ ]
	• 팀원의 피드백에 동의하지 않더라도 감사를 표현한다.	[ ]
	• 팀원 의견에 대한 감사 표현으로 라포를 형성한다.	[ ]
논의하기	• 팀원의 피드백을 잘 이해했음을 밝힌다.	[ ]
	• 질문을 통해 궁금했던 점을 해소한다.	[ ]
	• 피드백에 대한 둘의 이해가 같은지 확인한다.	[ ]
	• 피드백을 반영하고 행동에 옮기는 궁극적 목표를 함께 수립한다.	[ ]
	• 피드백에 따른 변화를 실행하는 데 도움이 될 만한 아이디어를 적어본다.	[ ]
	• 진척 상황을 어떻게 평가하고, 기한은 어떻게 정할지 결정한다.	[ ]

피드백 단계	핵심 행동	
변화하기	• 앞으로 나아가는 데 피드백을 활용한다.	[ ]
	• 어떻게 피드백을 활용할지 자신에게 매일 묻는다.	[ ]
	• 진척 상황을 추적할 수 있도록 스프레드 시트를 만든다.	[ ]
	• 피드백이 제대로 반영되고 있는지 확인해줄 사람을 지정한다.	[ ]
	• 피드백대로 나아가고 있는지 스스로 되돌아본다.	[ ]
후속 조치	• 진행 과정에서 겪고 있는 어려움을 팀원과 의논한다.	[ ]
	• 도움이 필요하다면 팀원에게 알린다.	[ ]
	• 원온원에서 진척 상황을 다룬다.	[ ]
	• 정해둔 일정에서 특정 주기마다 현 위치를 평가한다.	[ ]

원온원을 하는 가장 큰 이유는 동료들과 의미 있는 관계를 쌓기 위해서다. 단언컨대, 깊고 풍부한 대화 속에서 양방향 피드백을 주고받으며 신뢰와 믿음을 쌓아 기대치를 정렬하기에 이보다 나은 장치는 없다. 나아가 당신은 팀원들 모두의 성공에 투자를 아끼지 않으며 정서적 유대감을 강화하려는 리더로 인식될 것이다.

— 교사보험 및 연금협회TIAA 임원

팀과 깊고 의미 있는 방식으로 관계를 맺는 데 핵심이 되는 장치가 바로 원온원이다. 이러한 관계를 통해 손발이 맞춰지고, 가장 중요한 공동의 목적의식과 팀 정신이 싹튼다.

— J.P.모건체이스앤드컴퍼니 임원

4부

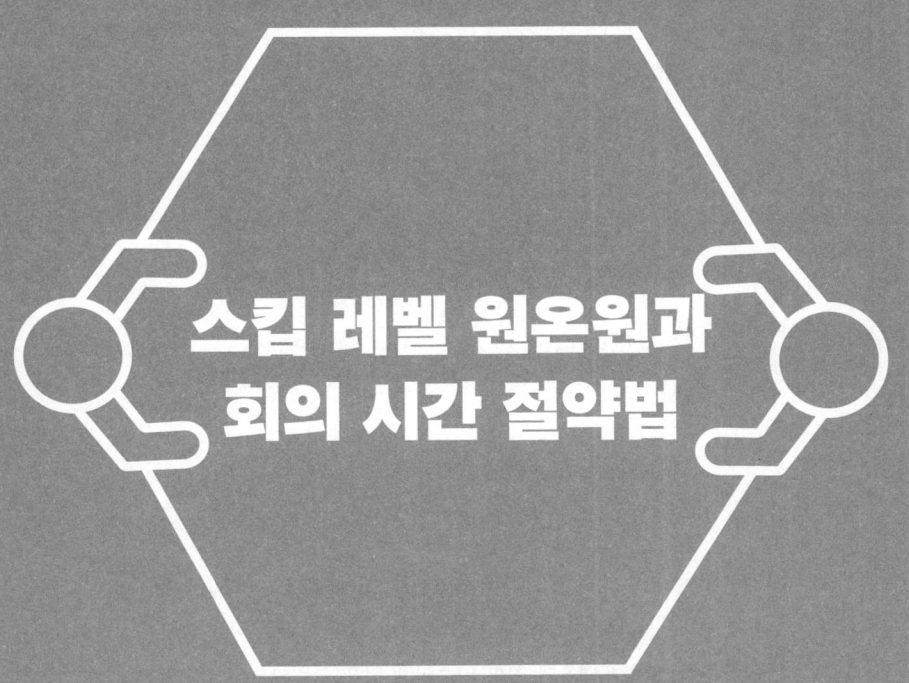

스킵 레벨 원온원과
회의 시간 절약법

4부에서는 특별한 주제 몇 가지를 다루었다. 첫 번째는 스킵 레벨 원온원, 즉 직속 상사를 건너뛰어 직속 상사의 상사와 하는 원온원이다. 지금까지 살펴본 내용과 거의 비슷하게 적용되는 원온원이지만, 알아두어야 할 약간의 미묘한 차이가 있다. 그다음 주제는 회의가 지나치게 많아지는 사태를 막는 방법이다. 그리고 마지막으로 이 책의 모든 내용을 하나로 묶는 결론이다.

14장
직속 상사의 상사와 하는 원온원이라는 게 있어요?

당신의 행동으로 주변 사람들이 더 큰 꿈을 꾸고,
더 배우고 더 열심히 일하려는 의욕에 불타며,
더 나은 자신이 되려고 노력하게 된다면, 당신은 진정한 리더다.
― 존 퀸시 애덤스, 미국 제6대 대통령

리더로서 행동하려고 하는데 뒤를 돌아보니 아무도 없다면 정말 끔찍한 일이다.
― 프랭클린 루스벨트, 미국 제32대 대통령

미국의 전 대통령들이 남긴 위의 명언은 영감을 주고 소통하는 리더의 중요성을 강조한다. 이 장은 바로 그런 리더가 되려면 무엇을 해야 할지를 다룬다. 첫 번째 방법은 직속 상사를 건너뛴 원온원, 즉 스킵 레벨 원온원skip-level 1:1이다. 스킵 레벨 원온원은 팀원과 그 팀원 매니저의 매니저가 진행하는 원온원을 말한다. 우선 내가 최근에 수집한 자료부터 제시하면, 응답자 중 55퍼센트가 스킵 레벨 원온원을 하고 있지 않다고 답했다. 다시 말해 (거의 반에 해당하는) 나머지 45퍼센트의 응답자들이 스킵 레벨

원온원을 하고 있을 만큼 많은 조직에서 일반적으로 이루어지는 회의라는 의미로 해석할 수 있다. 스킵 레벨 원온원을 하는 응답자들에게 회의 빈도를 물었더니 다양한 결과가 나왔는데, 가장 일반적인 주기는 분기별 한 번이었다. 다음으로 스킵 레벨 원온원이 도움이 되었는지 물었는데, 결과는 아래 그래프와 같다.

꽤 놀라운 결과다. 나는 '아니오'라고 답한 응답자가 9퍼센트에 불과했다는 사실이 흥미로웠다. 관리자들 대부분이 스킵 레벨 원온원에 대한 교육을 전혀 받아본 적이 없지만, 응답자들은 분명 그 가치를 알고 있었다. 따라서 그 잠재력은 생각보다 큼을 알 수 있다. 내가 응답자들에게 마지막으로 한 질문은 "스킵 레벨 원온원이 정기적으로 있었으면 하는가?"였다. 스킵 레벨 원온원을

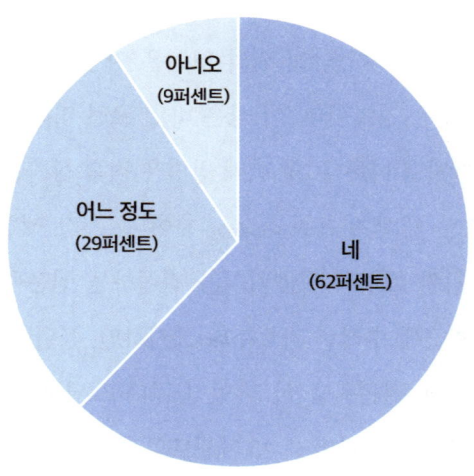

하고 있던 응답자와 그렇지 않은 응답자 모두에게 한 질문이었다. 응답자 대부분이 긍정적으로 답했고, 특히 57퍼센트는 실시되었으면 한다고 답했다. '아니오'라는 응답에는 세 가지 이유가 두드러졌다.

1. **저와는 맞지 않습니다.**
   a. "제 매니저의 상사가 이사회장이라서 저는 '아니오'라고 답했습니다."
   b. "제 매니저의 상사가 CEO라서 말도 안 되는 일이라고 생각합니다."
2. **딱딱한 회의를 추가할 필요는 없습니다. 언제든 대화할 수 있으니까요.**
   a. "조직 분위기가 꽤 개방적이어서 상사와 할 얘기가 있으면 이메일이나 전화로 하면 됩니다."
   b. "임원분들이라도 원하면 언제든 볼 수 있어서 딱히 형식적인 회의가 필요하진 않습니다. 부사장님과도 편하게 얘기할 수 있거든요."
3. **직속 상사와 긴밀히 업무하는 정도로 충분합니다.**
   a. "제 직속 상사의 상사는 체계가 없고, 의사소통하기도 참 힘든 분입니다. 좋은 분이지만, 같이 있는 시간은 최소화하고 싶습니다."

b. "임시로 그 자리에 계신 분이고, 딱히 그분을 좋아하지도 않습니다."

내가 이 결과에 특히 놀랐던 점은 스킵 레벨 원온원이 필요 없다는 이유 어디에도 그 개념 자체에 대한 어떤 믿음이나 소신을 근거로 한 반대가 없었기 때문이었다. 상대가 누구인지, 지나친 직급 격차 혹은 이미 효과적인 의사소통 채널이 존재하기 때문과 같은 이유가 전부였다. '예'라고 답한 응답자들은 스킵 레벨 원온원을 '간절히' 원했는데, 상호 연관된 두 가지 이유 때문이었다.

1. 이견 조율에 효과적이며 통찰을 얻을 수 있다.
   a. "팀과 따로 떨어져 일하고 있다는 느낌을 받을 때가 있습니다. 스킵 레벨 원온원 같은 기회가 있다면 팀 작업에 제가 하는 업무가 어떤 역할을 하는지 알 수 있고, 제 능력을 발휘하는 데도 큰 도움이 될 겁니다."
   b. "제 매니저의 매니저에게 조직의 우선순위가 무엇인지 안내받고 제가 하는 업무에 대한 구체적인 피드백을 받을 수 있다면 좋겠습니다."
   c. "서로 더 잘 이해할 기회가 되어 잘못된 의사소통으로 인한 업무 차질이 확연히 줄어들 것입니다."
   d. "좀 더 직급이 높은 분들께 조직의 전략적 비전에 대해

들어보고 싶습니다."

2. **관계가 형성되고 나를 보여줄 기회가 된다.**
   a. "그분들을 더 잘 알게 되고 그분들도 제 일을 더 잘 알게 되실 겁니다."
   b. "네, 직속 상사 외에 그런 관계 형성도 필요합니다."
   c. "제 매니저의 매니저에게 조언을 들을 수 있고 그분이 어떤 정보를 선호하는지, 제 매니저는 물론 그분이 의사결정에 필요로 하는 자료가 무엇인지를 직접 들어볼 좋은 기회죠. 제 능력을 보여주고 아무개 팀원에서 직접적인 관계가 있는 한 개인으로 인정받을 기회도 됩니다. 그분 혹은 같은 직급의 다른 임원들이 성공할 수 있었던 비결도 여쭤볼 수 있고요."
   d. "제가 조직에서 더 주목받는 기회가 될 겁니다."

스킵 레벨 원온원에 잠재된 긍정적 효과들이 분명히 담긴 답변들이다. 그렇다면 이제 스킵 레벨 원온원의 목적을 알아보자.

스킵 레벨 원온원의 목적

스킵 레벨 원온원은 다양한 목적에 쓰일 수 있다. 다음은 응답자들이 자주 거론하는 스킵 레벨 원온원의 목적을 제시한 것이다.

- **조직의 맥박을 느낀다**: 상급 관리자들은 그들의 부하 직원의 팀원으로부터 몇 계층 떨어져 있다. 스킵 레벨 원온원은 이런 여러 직급의 조직원들이 자신이 담당하는 프로젝트와 팀, 전반적으로 조직에 대한 피드백을 공유할 수 있는 공간이다. 내 인터뷰 응답자 중 한 명은 군대와 비교하며 부하 직원의 팀원들과 미팅을 하면 '현장' 지식을 얻을 수 있다고 했다.

  또한 당신이 이 원온원을 주관하는 매니저라면 당신의 부하 직원들이 매니저로서 어떻게 하고 있는지를 파악할 수 있는 좋은 방법이다. 매니저들을 '감시'하라는 뜻이 아니다. 이 장 내내 강조하겠지만, 스킵 레벨 원온원이 누군가의 매니저를 흔드는 계기가 되어서는 안 된다. 오히려 직원들이 엉터리 매니저를 떠나는 보편적인 원인을 찾아 개선하는 데 도움이 된다. 스킵 레벨 원온원으로 그 원인을 정면으로, 그리고 건설적으로 해결할 수 있다. 직원들이 직속 상사보다 거리가 있는 상사에게 사기 저하나 업무 관련 문제에 관해 이야기를 나눌 기회가 생겨나기 때문이다. 부하 직원의 팀원이 들려주는 부하 직원에 대한 피드백을 통해 부하 직원이 매니저로서 어떤 점을 개선해야 할지에 대한 중요한 단서를 얻을 수 있고, 결국 귀중한 인력 이탈도 피할 수 있다.

- **신뢰를 쌓는다**: 조직 내 다양한 직급의 사람들과 관계를 형성하고 그 관계에 대한 지속적인 투자를 하는 것은 중요한 일이다. 계층을 한 단계 넘어선 관계는 주니어 팀원들이 일에 대한 열정과 조직에 대한 애착을 유지하는 데 도움이 된다. 팀원들에게 기발한 아이디어가 떠올랐거나 혹은 풀리지 않는 일이 있을 때 당신을 찾을 가능성도 더 커진다. 스킵 레벨 원온원으로 당신은 더 인간적이고 접근하기 편한 사람으로 인식될 것이다.

- **아이디어에 대한 피드백을 얻는다**: 실질적인 업무를 담당하는 직원들은 당신이 고민 중인 계획을 평가하고 의견을 말해줄 수 있는 값진 시각을 갖춘 인재들이다. 예를 들어 당신이 조직의 서비스 품질을 개선할 목적으로 새로운 인센티브 제도 도입을 고민하고 있다고 해보자. 이때 최전선을 뛰고 있는 직원들의 의견을 들을 수 있다면 새로운 제도가 조직 전체에 적합한지를 판단할 수 있고, 실제 도입했을 때도 좋은 반응을 얻을 확률이 높아진다.

- **정보를 공유하고 조언을 제공한다**: 스킵 레벨 원온원은 정보를 좀 더 개인적인 방식으로 공유할 수 있는 공간을 제공한다. 정보는 특정 프로젝트가 될 수도 있고 팀 혹은 조직 전

체에 관한 내용일 수도 있다. 하지만 스킵 레벨 원온원은 직원들의 경력 개발이나 앞으로의 목표에 대한 조언을 제공하는 기회로도 활용될 수 있다. 자신들이 따르는 매니저의 매니저가 제공하는 정보와 조언에 실린 신뢰성은 막강하다.

종합하면, 스킵 레벨 원온원으로 정보를 수집하고 공유하며 의미 있는 소통을 하는 과정을 통해 팀과 팀원들의 현재 상황을 자세히 들여다볼 기회가 마련된다. 당신이 이런 회의를 시행하고 있다면 당신은 직급과 상관없이 모든 조직원을 소중하게 생각하는 사람인 셈이다. 나아가 여러 직원에게 듣는 다양한 정보가 쌓이면서 당신의 역할을 수행하는 데 큰 도움이 될 일정한 흐름을 보는 눈이 생길지도 모른다.

스킵 레벨 원온원 실행의 8단계

스킵 레벨 원온원을 실행하는 데는 8단계가 있다(4부 뒤에 '최고의 스킵 레벨 원온원을 위한 체크리스트'도 마련되어 있다). 팀장과 팀원들이 진행하는 일반적인 원온원과 겹치는 측면이 많지만, 차이점도 분명 존재한다.

1단계: 우선 부하 직원에게 알린다

당신 매니저가 아무 말도 없이 당신 팀원들과 스킵 레벨 원온원을 잡는다면 꽤 당황스럽고 불안할 것이다. 이렇게 입장을 바꿔보면 이해하기 쉽듯이, 부하 직원의 팀원들과 '무턱대고' 스킵 레벨 원온원을 시작하면 안 된다. 우선 부하 직원에게 스킵 레벨 원온원을 하려는 이유를 설명해 행여 들 수 있는 당혹감을 줄이

새로운 시도

gordon@company.com

보낸 사람: 사샤

안녕하세요, 고든.

제가 곧 새롭게 실행하려고 하는 직원 몰입 프로그램에 관해 얘기하려고 합니다. 고든의 팀원들과 스킵 레벨 원온원을 비정기적으로 실시하려고요. 저의 전략적 판단에 도움을 얻고, 팀원들과 관계를 쌓으면서 각자 맡은 역할을 어떻게 생각하고 느끼고 있는지를 더욱 잘 이해해보고 싶습니다.

이런 회의를 주최하려는 전반적인 취지는 제 시야를 좀 더 넓혀, 조직 내에서 이루어지는 업무들에 대한 이해도를 높이고, 그 업무들을 해나가는 분들이 더 효과적으로 일하는 데 도움을 드리고 싶기 때문입니다. 물론, 고든이 매니저 역할을 하는 데 필요한 피드백이나 조언은 앞으로도 계속 나눌 겁니다. 스킵 레벨 회의로 고든의 권위를 흔들겠다는 의도도 아니고 매니저로서 자질을 의심해서도 아니라는 점을 꼭 알아줬으면 해요. 우리 조직, 우리 팀, 그리고 조직과 팀을 이루는 팀원들 모두의 호흡을 느끼고 싶기 때문입니다. 당신 팀 내에서 이 스킵 레벨 원온원에 대해 어떤 의견이 나오거나 개선안이 제시되면 저에게도 꼭 알려주시길 바랍니다.

매니저 사샤

는 것이 가장 먼저 할 일이다. 타당한 이유를 마련해야 한다. 이메일이나 회의를 통해 그 취지를 알릴 때 참조할 만한 사례는 위와 같다.

당신이 무엇을 기대하는지를 명확히 하고 팀원들과 신뢰에 기반한 관계를 유지해간다면, 다들 스킵 레벨 원온원을 더 반길 것이고 위협을 느끼는 일도 없을 것이다. 스킵 레벨 원온원을 몇 차례 실시해보고 팀원들에게 어떻게 생각하는지도 확인 점검해야 한다. 그래야 팀원들도 가치를 인정받고 있고 이 과정에 자신들도 기여하고 있다고 느끼게 된다.

2단계: 스킵 레벨 원온원을 할 당사자들에게 알린다

관계 형성이 안 되어 있고 정기적으로 만난 적이 없다면, 당신이 이런 회의를 한다고 했을 때 직원들이 당황할 수도 있다. 뭔가 잘못됐다는 생각이 들 수도 있다. 따라서 미리 취지와 기대치를 알리는 것이 중요하다. 직원들에게 어떤 문제가 있어서도 아니고 팀을 감시하려는 목적도 아니라는 점을 확실히 알려야 한다. 이메일로 알려도 좋고, 회의를 열어도 된다. 내용은 다음 사례를 참조하라.

시작 전에 다음과 같이 의도와 기대치를 명확히 해두면 오해의 소지가 줄어든다.

> 여러분과 새로운 시도를 해보려고 합니다. 스킵 레벨 원온원이라는 회의로, 가끔 저와 일대일로 만나는 겁니다. 서로를 알아가고 업무상 잘되고 있는 점과 애로사항을 이야기하며 피드백과 정보를 공유하는 시간입니다. 제가 몇 가지 질문을 준비해 들어가겠지만, 여러분이 의논하고 싶은 사항이 있으면 그 얘기가 우선입니다. 팀을 위한 개선점, 제가 꼭 알아야 할 내용 혹은 그 외 어떤 주제도 대환영입니다. 경력 문제도 허심탄회하게 이야기할 준비가 되어 있습니다. 첫 스킵 레벨 원온원은 3월 9일 수요일입니다. 어떻게 생각하는지 의견 부탁합니다. 기대하고 있겠습니다.

3단계: 일정을 짠다

회의 주기를 결정하되 지나치게 부담이 되지 않도록 한다. 팀원들 전체를 돌아가면서 하는 방식이 가장 일반적이다. 따라서 팀 크기에 따라, 그 주기는 분기별이 될 수도 있고 월별이 될 수도 있다. 보통 20~30분 동안 진행한다. 핵심은 감당할 만한 소수의 인원과 매주 꾸준히 진행하는 것이다.

하지만 팀 인원이 적다고 꼭 매주 혹은 2주 간격으로 스킵 레벨 원온원을 해야 한다는 뜻은 아니다. 지나치게 자주 하면 팀원들의 매니저, 즉 당신 부하 직원의 권위가 흔들리기 때문이다. 무조건 피해야 할 일이다. 스킵 레벨 원온원이 훌륭한 방법이긴 하지만, 1차 의사소통 창구는 무조건 당신의 부하 직원이어야만 한다.

> 만약 관리하는 팀 인원이 50명이 넘을 정도로 많다면 효율성을 위해 그룹 단위로 스킵 레벨 회의를 가질 수도 있다. 그렇게 하면 시간 절약은 되겠지만 개인적 소통과 관계를 쌓는 것은 훨씬 더 힘들어진다. 여럿이 있다 보니 관계에서 오는 역학, 순응, 압박과 같은 요인들이 작용해, 정보 공유에 지장을 초래할 수도 있다.

4단계: 아젠다를 정한다

스킵 레벨 원온원 아젠다는 이제까지 다룬 일반적인 원온원 아젠다와 약간 다르다. 당신의 부하 직원과 비교하면, 이 회의에 참여하는 직원들은 그렇게 중요한 질문이나 다급한 지원요청을 할 일은 없을 것이다. 따라서 질문할 기회를 팀원에게 먼저 주는 것으로 회의를 시작한 다음 당신이 준비한 전반적인 질문을 하는 순서를 따른다.

예시 질문들

- 잘 지내요?
- 하고 싶은 얘기나 제가 뭐 도와줄 일이 있나요?
- 제가 알면 좋은데 놓치고 있는 게 있을까요?
- 팀이 일하는 것이나 팀의 사기는 어떻다고 보세요?
- 맡은 역할에서 힘든 점은 없나요?

- 당신의 업무가 조직의 목표와 어떻게 연결되는지 이해하고 있나요?
- 일을 더 잘하기 위해 필요한 것은 무엇인가요?
- 경력 개발과 목표 달성에 대해 충분히 지원받고 있다고 느끼시나요?
- 만약 본인이 팀장이라면 어떤 걸 좀 다르게 해보고 싶나요?
- 오늘 다루지 않은 내용 중에서 추가로 논의하고 싶은 것이 있나요?

앞에 앉아 있을 팀원과의 관계에 맞는 질문을 마련해야 한다. 만약 팀원이 자기 매니저, 즉 당신 부하 직원에 관한 얘기를 하길 원한다면, 다음의 예시 질문들을 참고하길 바란다.

- 매니저와 일하면서 가장 좋은 점은 무엇인가요?
- 매니저와 일하면서 가장 어려운 점은 무엇인가요?
- 매니저가 더 자주 혹은 덜 했으면 하는 것이 있다면 무엇인가요?
- 최근 있었던 일 중 '매니저가 다르게 대처했더라면 좋았을 텐데'라고 생각했던 상황이 있나요?
- 최근에 매니저가 잘 대응했다고 생각하는 상황은 무엇인가요?

- 매니저와 경력에 대해 얼마나 자주 대화하시나요? 이러한 대화는 보통 어떻게 진행되나요?

이런 질문들은 팀원들에게 들은 내용을 모두 또는 일부를 다시 당신 부하 직원에게 알리기 위한 것보다, 팀원들이 이야기하는 중요한 공통 주제가 무엇인지를 알아보는 것이 주목적이다. 하지만 그런 공통된 주제들이 튀어나왔다고 당신 부하 직원과 꼭 공유해야 한다는 의미는 아니다. 사안마다 다를 수 있다. 예를 들어, 어떤 재능 있고 잠재력이 풍부한 직원이 업무상 어려움을 호소했다면 팀 전체의 문제는 아니지만, 분명 담당 매니저와 자리를 만들어 혹시 모를 이직을 막아야 한다. 스킵 레벨 원온원에서 무엇을 알게 되었든, 어느 한 팀원이 당신의 부하 직원에게 보복을 당하는 사태가 생기지 않도록 특히 조심해야 한다.

5단계: 라포를 형성한다

라포 형성이 스킵 레벨 원온원에서 특별히 중요한 이유는 팀원으로선 직급 차이가 크게 나는 자기 매니저의 윗사람과 단둘이 앉아 있어야 한다는 사실 자체만으로도 긴장되는 일이기 때문이다. 우선 팀원과 나눌 수 있는 공통된 주제를 찾을 수 있다면 대화와 소통이 한결 쉬워진다. 미리 부하 직원을 통해 해당 팀원에 대한 사전 조사를 해보면 단서를 찾을 수 있다. 예를 들어, 관심 사항이 비슷할지도 모른다. 고향이 같거나 취미가 같을 수도 있고, 자녀 나이가 같을지도 모른다. 핵심은 한 개인으로서의 팀원을 알고 싶다는 의지를 보여주는 것이다. 라포를 쌓으려면 이런 연결고리를 찾는 것이 관건이고, 특히 처음 몇 번의 회의에서 그렇다. 서로를 더 잘 알아가는 데 도움이 될 예시 질문은 6장 내용을 참고하길 바란다.

6단계: 대화 체계를 바로잡는다

8장부터 10장까지는 공감하며 듣기와 같은 원활한 원온원 진행 방법들을 살펴봤다. 모든 내용이 스킵 레벨 원온원에도 그대로 적용되지만, 스킵 레벨 회의에서는 "매니저와 이 문제를 상의해본 적이 있나요?"라는 질문이 특히 중요하다. 팀원들과 스킵 레벨 원온원을 진행하다 보면 당신의 부하 직원이 더 잘 처리할 수 있는 문제가 있을 수 있다. 그래서 팀원에게 그 문제를 담당 매니저와 상의해봤냐고 물어보는 것이 중요하다. 팀원들의 답에서 귀중한 통찰도 얻게 될 것이다. 예를 들어, 어떤 팀원은 문제를 들고 매니저를 찾아가 본 적이 없거나 망설였을 수 있다. 아니면, 매니저가 팀원의 의견을 묻지도 않고 독단적인 행동을 취했거나 막무가내로 해법을 제시했을 수도 있다. 당신은 팀원들이 당신을 거리낌 없이 대해주길 바라겠지만, 팀원들이 무언가를 가장 먼저 의논해야 할 사람은 그들의 매니저임을 확실히 해야 한다. 그렇지 않다면 그 이유를 확인하고 바로잡아야 한다. 그런 후에야 부하 직원이 매니저로서 어떻게 자신의 팀원들과 신뢰와 친밀감을 쌓을지를 조언할 수 있다.

7단계: 팀원들을 칭찬한다

칭찬은 돈 한 푼 안 들이고 받는 사람에게 긍정적 영향을 미치는 방법이다. 누가 업무를 특별히 잘하고 있다면 잘하고 있다고 당사자에게 말해줘라! 상사에게 받는 진심이 담긴 구체적 칭찬은 엄청난 선물처럼 느껴질 것이다. 부하 직원에게 어느 팀원이 우수하고, 어느 팀원이 기대 이상이며, 어느 팀원에게 커다란 잠재력이 있는지를 물어라. 스킵 레벨 원온원에서는 칭찬이 가장 중요한 요소다. 조직이 조직원들의 노고를 높이 사고 있으며 이에 대해 감사한다는 점을 늘 알려줘라.

8단계: 후속 조치를 철저하게 관리한다

문제 해결이나 정보 공유, 혹은 피드백과 제안 실행 등, 관련이 있다면 스킵 레벨 원온원 이후 당신이 취할 조치, 행동을 명확히 밝혀라. 신뢰가 쌓이고 팀원들이 다시 회의 장소에 나오는 데 확신이 생길 것이다. 반대로 회의 후에 자료 전달이나 당신이 해준 조언을 행동으로 실천하기 등 팀원이 해야 할 일도 명확히 해야 한다. 스킵 레벨 원온원에서 얻은 교훈을 두 사람 모두 실천하는 것이 중요하다.

'그 문제'는 피한다

이 장에서 계속 강조해온 핵심 주제인 '부하 직원의 권위를 위태롭게 만들 일을 경계하라'에 대해 다시 한번 얘기하려고 한다. 당신은 '그거 좋은데요'라고 별 뜻 없이 말했어도 조직 내 당신의 직급 때문에, 스킵 레벨 원온원에 참여하는 팀원에게는 '정말 좋은 생각입니다. 바로 해봅시다!'로 들릴 수 있다. 다시 말해, 고위급 간부의 제안은 지시로 해석될 때가 많다. 따라서 당신은 언어 사용에 촉각을 세워야 한다. 당신이 스킵 레벨 원온원을 하는 목적은 팀원들에게서 배우려는 게 목적이지 동의나 반대를 표현하려는 것이 아니다. 의사결정은 부하 직원과 할 일이다. 의논할 일이 있다면 그 최초의 의논 상대는 늘 팀원들의 매니저여야 한다. 팀원들이 이구동성으로 얘기하는 주제일 경우 특히 그렇다.

이 모든 단계를 밟아야 한다니 시간이 늘 부족한 당신에게는 너무 지나친 투자라고 느껴질지도 모른다. 하지만 스킵 레벨 원온원이 누군가의 리더인 당신과 당신 부하 직원의 업무 효율, 팀 전체의 업무 몰입도와 팀워크, 나아가 전반적인 팀 문화에 미칠 긍정적 파장을 고려해보면 충분히 보상받을 투자다. 교사보험 및 연금협회TIAA의 한 임원이 한 말로 결론을 대신한다.

> 스킵 레벨 원온원에서 당신은 믿을 수 없을 정도의 방대한 정보를 얻는다. 현장에 최대한 깊숙이 들어가 업무 진행상황과 소문 등을 확인할 수 있고, 팀원들과 소통하며, 조직에서 벌어지고 있는 상황과 이슈에 대한 더 분명한 시야를 제공받는다. 또한 팀원 모두가 소중하며 당신도 다가가기 쉬운 리더라는 인식이 퍼진다.

- **스킵 레벨 원온원만의 유용성**: 스킵 레벨 원온원은 당신과 당신 부하 직원의 팀원들과 진행하는 회의다. 당신의 부하 직원을 대신해 팀원들의 매니저가 되자는 취지가 아니라, '현장'에 대한 통찰을 얻고 팀에 좀 더 고위급 지원을 제공하기 위함이다. 따라서 당신이 부하 직원들과 하는 일반적인 원온원과 비슷하지만, 목적이 다르다. 당신이 이끄는 팀과 당신이 관리하는 부하 직원들에게 어떤 일이 일어나고 있는지 맥을 짚어보고, 팀 내 다양한 직급의 사람들과 신뢰를 쌓고, 정보를 나누며 조언하는 자리다. 일반적인 원온원보다 빈도는 낮지만, 일반적인 원온원에서는 얻을 수 없는 통찰을 얻을 수 있다.
- **철저한 준비를 거친 스킵 레벨 원온원**: 다시 말하지만, 스킵 레벨

원온원을 '준비 없이 바로 시행해선 안 된다.' 성공의 첫발은 부하 직원들에게 실행 의사와 그 이유를 설명하는 데서 시작된다. 스킵 레벨 원온원의 진정한 목적을 누차 강조하여 예상되는 질문이나 우려에 대비해야 한다. 스킵 레벨 원온원에 참석하게 될 팀원들도 같은 방법으로 이해시켜야 한다. 이런 단계를 밟지 않으면 팀원들은 당신이 스킵 레벨 원온원을 하려는 목적이 지나친 간섭이거나 자신들의 매니저나 팀 전체에 문제가 있기 때문이라고 생각하게 된다.

- **성공적인 스킵 레벨 원온원 준비하기:** 팀 전체와 스킵 레벨 원온원을 시작하려는 이유를 충분히 논의했다면 이제 일정을 정할 단계다. 아젠다를 꼭 마련하고 특히 초기에는 친밀감을 쌓는 데 집중한다. 당연히 팀원들이 하는 말에 먼저 귀 기울여야 하지만, 당신도 개략적인 질문은 준비해두어야 한다. 팀원이 칭찬받을 일을 했다면 칭찬하고, 이행하기로 약속했던 사항을 확인하며 회의를 끝낸다.

- **부하 직원의 권위 보호하기:** 스킵 레벨 원온원은 팀원들의 매니저인 당신 부하 직원들에 대한 통찰을 얻을 수 있는 훌륭한 방법이긴 하지만, 권위를 흔들어서는 안 된다. 예를 들어, 팀원이 회의 중 제시하는 아이디어에 동의해선 안 된다. 어떤 아이디어에 대한 동의 문제는 팀원의 매니저, 즉 당신의 부하 직원이 결정할 일이다. 열린 마음으로 이야기를 들어주고 담당 매니저와 상의해본 적이 있는지를 묻기만 하라. 또한 팀원들의 애로사항 등은 당신의 부하 직원이 리더로서 성장하는 데 도움이 되는 방향으로 활용해야 한다.

15장

회의가 많아 숨 막힐 것 같아요. 방법이 없을까요?

대부분 직장에는 매일같이 많은 회의가 이어지다 보니, 또 다른 회의가 생긴다는 건 생각만 해도 끔찍한 일이다. 15장에서는 당신이 주도하거나 팀 업무상 필요한 회의에서 비생산적인 시간 낭비를 줄일 수 있는 몇 가지 전략을 제시하려고 한다. 따라서 원온원에만 국한되지 않고, 당신이 참석하는 모든 '회의들'을 다뤘다. 원온원을 추가해도 팀원들이 반길 수 있도록 여러 회의를 전반적으로 간소화하여 개선하는 방법을 제시한다.

시간 낭비를 줄이기 위한 전략

회의 문화와 관행을 바꿔 가는 일은 리더의 핵심 역할이다. 그런데 회의는 본질적으로 경험을 공유하는 사회적 현상이다. 즉 참석자 모두가 변화에 능동적으로 개입해야 한다. 따라서 팀원들과의 대화는 필수다. 참신한 아이디어와 방법을 모색할 수 있는 대화, 관성을 깨고 새롭고 건강한 틀을 짜낼 수 있는 대화를 해야 한다. 따라서 회의량을 현명하게 조절할 수 있는 두 가지 대화를 소개한다.

대화 1: 회의가 필요할 때와 필요 없을 때

이 대화의 목적은 보통 회의가 언제 필요한지에 대해 합의점을 끌어내기 위해서다. 다시 말해, 회의를 알리기 전에 이 세 가지 질문을 자신에게 해봐야 한다. 1) 꼭 만나야 할 설득력 있는 목적이 있는가? 2) 그 목적을 달성하려면 만나서 의견을 교환하며 참여해야 성공과 동의가 확보되는가? 3) 그 목적 달성에 더 효율적인 의사소통 방식이 있는가?(비대면 미팅, 이메일 등) 만약 '예, 예, 아니오'가 답이라면 회의를 하는 것이 타당하다. 이 기준을 팀이 가장 잘 이해하려면 다양한 회의 형식을 함께 하나하나 검토해봐야 한다. 형식마다 팀 전원이 필요성 여부를 함께 결정하거나 회의 외에 다른 방법은 없을지, 다른 방법이 있다면 그 방법은 무엇이 될지를 결정해야 한다. 새로운 회의 형식에 대한 수용과 기대치를 극대화하기 위해 꼭 전체의 동의를 얻어야 한다.

다음으로 팀과 회의를 심사한다. 일회성 혹은 비정기적 회의 외에 모든 회의를 평가한다. 없애도 되는지, 시간이나 빈도를 줄여도 되는지 검토한다. 마지막으로 누구는 늘, 누구는 주기적으로, 누구는 회의의 일부만(회의 아젠다의 일부에만 연관될 때), 그리고 누구는 회의록을 전달하는 등의 방식으로 보고만 받아도 되는지 결정한다. 심사는 팀원들이 자유롭게 의견을 낼 수 있도록 익명의 조사 형식으로 해도 좋다.

심사 결과를 반영해보면 당신은 물론이고 팀 전체의 회의 부담이 현저히 줄어들 것이다. 하지만 회의에 따르는 부담을 줄이는 문제와 관련해 훨씬 더 큰 문제가 종종 발생한다. 내 연구에 따르면, 모든 일이 중요하다고 생각하는 리더들은 우선순위를 정해 주의 깊게 전략적으로 움직이는 리더들보다 훨씬 더 많이 회의를 하는 것으로 나타났다. 하지만 우선순위를 정하는 데 아무리 정성을 다하는 리더라도 회의마다 그 당위성을 개별적으로 고민해야 한다. 그 고민 과정에서 회의 과잉 문제가 어느 정도 해결될 것이다. 기억할 것은 직원 참여와 관계 형성에 회의가 차지하는 역할이 큰 건 명백한 사실이므로, 우선 사항을 줄이지 않고 회의만 줄이면 예상 못 했던 심각한 결과를 초래할 수 있다는 점이다. 따라서 원칙적으로는 나 역시 회의 다이어트에 찬성하지만, 더 효과적이고 간소한 회의로 시간을 줄이는 것이 궁극적 목적이어야 한다. 이것이 바로 두 번째 대화의 주제이기도 하다.

대화 2: 회의 시간을 단축하라

팀원들에게 (구글 캘린더 같은) 온라인 소프트웨어나 앱의 기본 설정 시간인 60분 같은 정해진 틀에서 벗어나, 어느 정도의 회의 시간이 효율적일지 진지하게 생각해달라고 부탁하라. 대화 1에서처럼 팀 전체의 기대치를 조율하기 위해 다양한 회의 형식을 의논해봐도 좋다. 이런 과정을 통해 많은 회의 시간이 단축되는 효과를 노리는 것이다. 일은 그 일을 처리하는 데 할당된 시간만큼 늘어난다는 파킨슨 법칙Parkinson Law을 봐도 회의 시간 단축은 중요한 문제다.[1] 즉, 회의가 한 시간으로 잡혀 있으면 신기하게도 실제로 한 시간이 걸린다. 30분으로 정해진 회의도 마찬가지다. 이런 성향을 역으로 활용해보자. 보통 회의는 30분이나 1시간을 하지만 20분, 25분 혹은 45분이나 50분으로 잡아봐도 괜찮다. 시간을 줄이면 긍정적 압박이 작용하여 아마도 계획한 시간과 상관없이 회의 목적이 달성되어 있을 것이다. 연구로도 약간의 압박이 집중력과 다급함을 끌어내 더 효율적으로 일하게 된다는 사실이 입증됐다.[2] 따라서 회의 시간을 줄이면 시간 절약은 물론, 더 효율적인 결과를 낳을 수 있다. 리더인 당신은 회의 시간을 가지고 실험을 진행해야 한다. 일단 회의 시간을 줄여라. 늘 시간이 없어 허덕였으니, 회의 시간 단축으로 시간을 벌 기회를 찾아라. 약간의 어려움은 참아내야 한다. 단축된 회의 시간을 팀과 실험하며 조정해가면 된다.

협업 차원에서 보면 이 두 가지 대화는 미래의 새로운 업무 환경을 만들어가기 위한 첫발을 내딛는 것과 같다. 모두에게 시간을 돌려주는 결과로 이어질 것이다. 하지만 이 퍼즐을 완성하는 데 필요한 한 조각이 있다. 회의 시간을 더 효과적으로 활용해야 한다. 회의가 효과적이면 더 명확하고 확실한 결과를 낳을 것이고, 그러면 회의를 자주 혹은 많이 할 필요가 없어진다.

더 효율적으로 회의를 진행하려면

나는 회의 운영을 주제로 전 세계 수천 명을 인터뷰했다. 회의를 노련하게 운영할 줄 아는 리더들은 모두 자신의 역할이 다른 사람들의 시간을 관리하는 것이라는 사고방식을 가지고 있다. 흥미롭게도 리더들은 중요한 고객이나 상사와 회의할 때 참석자들이

'시간만 낭비했네'라는 기분으로 회의장을 빠져나가는 일이 없도록 관리자의 자세를 취하는 경우가 대다수지만, 팀이나 동료들과의 회의에선 이런 관리자의 자세를 내려놓는 경우가 종종 있다. 중요성이 덜한 회의라는 생각 때문에 드러나는 태도다. 그런 태도가 심각한 문제일 수밖에 없는 이유는 조직 내 상사든, 얼을 게 있는 어떤 상대든 누구에게나 시간은 소중하기 때문이다. 반면, 관리자의 사고방식으로 회의에 임하면 의사결정과 문제 해결을 처음부터 끝까지 의도를 갖고 접근하게 된다. 효과적인 회의를 위한 사전 준비는 부수적인 일이 아니고, 그렇게 많은 시간을 요구하지도 않는다. 연습을 통해 익숙해지면 몇 분이면 충분하다. 결국, 연습이 관건이다. 회의 전, 회의 중, 그리고 회의 마무리로 나누어, 그때마다 실천해야 할 사항에는 무엇이 있는지 알아보자.

회의 전 실천사항

강력한 아젠다를 준비하라. 효과적인 회의를 위한 아젠다를 준비한다. 아젠다에 대한 참석자의 의견을 수집하여 회의 전 미리 배포하는 것과 같은 기본적인 사항은 앞에서 설명했으니, 회의 참석자들의 참여도와 회의 효과를 높일 혁신적인 아젠다 작성 방법으로 바로 들어가 보자. 아젠다를 주제별로 정리하는 대신 일련의 질문을 만드는 방법이다. 그러면 회의를 주선한 사람이 회의를 통해 달성하고자 하는 목적을 진심으로 고민하게 된다. 또한 질문에 답해야 하는 당사자가 필요하므로 회의에 꼭 참석해야 할 사람이 누군지가 더 명확해진다. 질문에 답하는 형식을 취한 회의는 언제 마무리를 지을지, 회의가 성공적이었는지도 명확히 알 수 있다. 모든 질문에 답이 달린 그때일 테니까. 퀴즈쇼와 같은 분위기라 참석자들은 회의에 더 큰 흥미를 느끼게 된다. 아젠다가 될 질문들이 잘 떠오르지 않는다면, 그 회의는 무의미할 가능성이 크다.

세심하게 회의 규모를 관리하라. 회의 참석자 수가 많아지면 취지가 아무리 좋더라도 참석자들의 발언 시간이 줄어들고 이견 조율이 힘들어진다. 또한 큰 집단일수록 익명을 유지하려는 일명 '사회적 태만Social loafing'이라는 현상이 나타나 참석자 전원을 포용하는 측면에서 문제가 발생한다.[3] 우리에겐 군중 속에 숨어들려는 성향이 있어 회의 규모가 커지면 사회적 태만이 고개를 들 가능성도 커진다. 게다가 회의 질도 떨어진다.[4] 그러므로 회의에 너무 많이 초대하지 마라. 소속감을 고려해 모두를 초대하고 싶을 수도 있지만, 이는 틀린 판단이다. 여기서 주의해야 할 점은 내 연구에 따르면 대부분 직원은 회의를 그다지 반기지 않으면서도 막상 회의에 초대받지 못할까 봐 걱정한다는 것이다.

따라서 회의에 초대받지 않은 팀원들이 소외감을 느끼는 일이 없도록 미리 대화나 이메일로 이유를 설명해야 한다. 고립공포감FOMO을 일찌감치 차단해야 한다. 고립공포감을 줄이는 데 도움이 될 세 가지 방법은 다음과 같다.

---

1. 왜 참석하지 않아도 되는지 그 이유를 명확히 설명해준다. 초대받지 않았다는 사실을 덜 개인적으로 받아들일 것이다.

2. 회의 주제에 대해 의견을 물어라. 자신이 가치를 인정받고 있다고 느낄 것이다.

3. 회의에서 나온 핵심 사항과 결정 내용 등을 정확히 기록해, 회의가 끝나면 보내준다. 정보 부족이 가져올 불안감을 해소해줄 것이다.

마지막으로 회의 규모를 줄이는 데 있어 고려할 수 있는 또 하나의 방법은 회의를 주제별로 쪼개 해당 주제와 관련된 사람들을 그 주제를 다루는 회의 때 초대하는 것이다. 아젠다와 시간을 참석자의 출입을 기준으로 안배하면 된다. 과하다는 느낌 없이 수용적이고 효과적인 회의가 될 것이다. 참석자들은 시간이 절약되어 고마워할 것이다.

(가능하다면) 화상회의 카메라는 ON으로 켜둔다. 존재감은 참여와 수용을 의미한다. 카메라를 켜두면 존재감, 참여, 수용력이

높아지고 집중을 방해하는 멀티태스킹을 줄여주는 효과가 있다. 물론 피로감을 키울 수도 있지만, 내가 조사한 바에 따르면 회의 피로감은 회의 규모와 시간, 그리고 얼마나 효과적인 회의인지에 더 크게 영향받는다. 참고로, 일정에 회의가 없는 휴식기를 넣어 직원들이 다른 업무를 처리하거나 쉴 수 있는 시간을 마련해주는 것도 피로를 관리하는 좋은 방법이다. 마지막으로, 자기 보기 기능은 꺼둔다. 본인 얼굴은 안 보여도 카메라는 켜져 있어 다른 참석자들에게는 당신이 보이는 기능이다. 보통 화상회의에서 우리는 자신의 영상을 보고 있게 되는데, 그 자연스럽지 않은 상황이 과한 자기평가를 초래해 정신적으로 지치는 일명 '줌피로zoom fatigue'를 경험하게 된다고 한다.[5]

회의 중 실천사항

우선 시작을 잘해야 한다. 그래야 효과적이고 참여도가 높으며 모두를 수용하는 회의로 이어진다. 특히 회의를 주관하는 당신의 기분이 중요하다. 연구에 따르면 회의 주최자의 기분이 참석자들에게 전염되어, 참석자들 기분이 주최자의 기분을 따라간다고 한다.[6] 활력 있고 감사하는 기분으로 회의를 시작해야 한다. 조직이 힘든 시기라면 더더욱 그렇다. 그렇게 하면 회의 분위기가 긍정적 방향으로 나아가게 되고, 결국 회의 수용도와 성공에 핵심인 적극적인 참여, 창의적인 의견 제시, 경청과 건설적인 대화가 오가게 된다.[7] 무조건 긍정적으로 보이라는 뜻은 아니지만, 어려운 상황에서도 우리는 얼마든지 활력 있고 감사하는 태도를 보일 수 있다.

적극적인 진행으로 몰입감을 높여라. 회의 주최자는 곧 적극적인 진행자다. "샌디, 어떻게 생각해요?"와 같은 말로 참석자들의 관심을 북돋고 몰입감을 높여야 한다. 두서없는 발언을 하거나 주제에서 벗어난 말을 하는 참석자가 있다면 친절하게 알려주어 회의의 몰입도가 떨어지지 않도록 해야 한다. 회의 주최자라면 당연히 해야 할 일이고, 참석자들도 당신에게 그러한 역할을 기대한다. 만약 참석자가 많은 가상회의라면 단체 대화방 기능을 적극적으로 활용하길 권한다. 내 연구에 따르면 회의에 더 많은 목소리를 끌어낼 수 있는 핵심 장치다. 회의 진행자로서 할 일이 많다면, 대화방 관리자를 지정하면 된다.

다양한 회의 방식을 활용하라. 회의 방식을 골고루 섞어야 한다. 회의 형식이 다양해지면 참석자들의 활기와 참여도가 높아진다. 예를 들어, 때때로 '침묵 회의'를 활용해보는 것이다. 회의의 효과와 참여도를 높이는 데 그 어떤 방법보다 효과적인 방법이 될 수 있다. 참석자들의 아이디어, 관점, 그리고 통찰을 끌어모으는 데 침묵이 여러모로 유용하다는 사실은 연구로도 밝혀졌다. 침묵

속에서 (공유 문서에 여럿이 아이디어를 입력해보는 식으로) 이루어지는 브레인스토밍과 대화로 토의하는 브레인스토밍을 비교해보면, 전자에서 거의 두 배 많은 아이디어가 도출될 뿐만 아니라, 아이디어의 질도 훨씬 더 창의적이라고 한다.[8] 그 이유가 뭘까? 글로 의사소통하면 모두가 동시에 '말하기'가 가능하다. 차례를 기다릴 필요가 없다. 게다가 아이디어가 동시에 쏟아져 그만큼 걸러지는 아이디어가 줄어든다. 요즘엔 구글독스 같은 공유 협업 플랫폼들이 많아 '침묵 회의'를 도입하기가 훨씬 수월해졌다. 문서에는 답해야 하는 핵심 질문이나 논의할 주제가 반드시 포함되어야 한다. 그런 다음, 모든 회의 참석자에게 15분 동안 문서에 의견을 달아 달라고 하는 식으로 참여를 독려한다. 그 시간 동안 참석자들은 적극적으로 아이디어를 내고 다른 사람의 아이디어에 의견을 달며 글로 협업하게 된다. 시간이 다 되면, 회의 주최자는 회의를 종합하여 핵심 내용, 결론, 그리고 후속 조치를 결정한다. 회의 결과가 명확하지 않다면 일단 회의를 끝내고 모두가 토의했던 내용을 검토한 후 다시 회의를 소집하면 된다. 업무 경과보고가 주목적인 회의도 침묵 회의로 대신할 수 있다. 각자 공유 문서에 업무 경과를 작성한 후, 함께 검토하며 의견을 달면 된다. 굉장히 효율적일 뿐만 아니라, 한자리에 모여서 하지 않아도 되는 건 덤이다. 꼭 시도해보길 바란다.

회의 마무리하기

회의 시간이 길어져선 안 된다. 회의가 늦게 시작해도 문제지만, 내 연구에 따르면 회의가 길어질 때 참석자들이 더 큰 스트레스를 받는다고 한다. '회의는 끝나는 시간이 꼭 정해져 있어야 한다.' 그리고 회의가 끝나기 몇 분 전 반드시 핵심 내용을 다시 한 번 정리해야 한다. 핵심 내용마다 해당 업무에 대한 책임을 맡은 담당자DRI: Directly Responsible Individual도 확인한다. 중요한 항목은 기록으로 남겨도 좋다. 하지만 회의 전체를 일일이 기록한다기보다 핵심 사항과 후속 조치를 간략한 개요 형식으로 기록해 참석자들은 물론 참석하지 않은 사람들에게도 정보를 공유하려는 게 목적이다. 만약 아젠다가 질문 형식이었다면 질문에 대한 답이 기록하고 공유하는 자료가 될 것이다.

당신이 회의 주최자가 아니라면 회의 운영이 잘못되어 시간이 길어져도 마땅히 손쓸 방법이 없다. 이럴 때 사용할 수 있는 전략은 가능하다면 회의 일정을 조금 다르게 짜보는 것이다. 다시 말해, 방해 없이 업무에 집중할 수 있는 시간을 빼놓고 그 시간을 무슨 일이 있어도 지키려고 노력하는 방법이다. 그리고 회의는 그 시간을 피해 잡도록 한다. 그다음 정기적으로 참석하는 회의를 살펴본다. 정말 꼭 참석해야 하는 회의인가, 아니면 시간 낭비일 뿐인가? 중요한 회의가 아니라면 주최자를 찾아가 (당신과 관련된) 회의 일부만 참석해도 되는지를 의논해본다. 혹은 아예 참석하지 않겠다고 얘기해볼 수도 있다. 또는 회의 3~4번 중 한 번만 참석할 수도 있다. 중요한 회의라면 회의록을 통해 회의 결과를 전달받으면 그만이다. 물론, 주최자에게 꼭 참석해야 하는지를 구분해달라고 부탁하는 것도 좋은 방법이다. 마지막으로, 새로운 회의가 생겼는데 참석할 필요가 없다는 생각이 들 땐 주최자를 찾아가 방법을 상의한다. 보통 회의 주최자들은 한 명도 소외되면 안 된다는 생각에 필요 이상으로 많은 사람을 부른다. 그 사실을 일깨워 주면, 망설임 없이 참석인원 목록을 줄여줄 것이다.

조직 차원에서 회의 수를 줄이는 전략

조직들은 회의 시간을 줄이고 회의의 효율성을 제고하기 위한 다양한 전략을 시도해왔다. 나와 함께 작업해온 일부 조직에서 효과를 본 몇 가지 방법을 소개한다. 당신 조직에 맞는 방법도 있고 안 맞는 방법도 있을 것이다. 방법은 마음에 드는데 도입할 권한이 없을 수도 있다. 하지만 전반적인 회의 개선안이니 참고해두면 좋을 것이다.

1. 어떤 조직에서는 10명 이상의 큰 회의는 임원급의 승인을 받아야 한다. 다소 과하게 들릴 수도 있지만, 참석자 목록

작성에 좀 더 심혈을 기울이게 된다는 점이 핵심이다.

2. 임원 한 명에게 회의 운영에 핵심이 되는 프로세스를 맡긴다. 그러면 회의를 관리하고 발전시켜 가는 일이 조직 차원의 일이 된다. 기술 투자를 관리하는 최고정보관리책임자CIO를 두는 것처럼, 큰 비용이 투자되는 업무 프로세스에 흔히 적용되는 방식이다.

3. 구글 캘린더 같은 프로그램의 기본 설정 시간을(30분이나 1시간이 아니라 25분이나 50분 등으로) 줄인다.

4. 짧은 주기로 간략하게 설문조사를 하는 펄스서베이pulse survey 방식을 활용해, 회의가 몰입과 참여 차원에서 효과적인지를 평가한다. 회의 측정 대시보드를 만들고 다양한 측정값이 재무적으로 바로 환산되는 시스템을 구축한다. 그렇게 하면 회의를 개선해가는 데 책임소재가 명확해질 것이다.

5. 회의 주관 능력 개발 프로그램을 신입사원 온보딩 교육, 인재 양성 프로그램과 같은 조직 내 역량 개발 시스템에 포함한다.

6. 회의 없는 주기를 만들어봐도 좋다. 내 연구 결과에 따르면 그 효과가 꽤 상반되긴 하지만, 효과적으로 실행된다면 분명히 잠재력이 있는 방법이다.

회의의 효율을 높이는 것이 당신의 역할이다

이제까지 제시한 모든 아이디어를 잘 활용한다면 팀은 더 많은 시간을 벌게 되고, 무엇보다도 각종 회의를 더 효율적으로 진행할 수 있게 될 것이다. 다른 사람이 주최하는 회의는 몰라도 당신 자신의 회의는 통제할 수 있다. 성공적인 회의를 낳을 훌륭한 선택의 주최자는 바로 당신이다. 관리자의 위치를 고수해야 한다. 효과적인 회의를 진행하기 위해 노력하며 모범이 되어야 한다. 회의의 효율을 높이고 참석자 과잉 문제를 해결하는 것이 당신의 역할이고, 모든 회의가 그 역할을 다할 기회다. 도전을 받아들여라. 이 도전에 응해 최대한의 성과를 낳을 수 있는 훌륭한 원온원을 실행할 충분한 시간을 확보하라.

- **막무가내식의 회의 축소가 능사는 아니다:** 직원들이 회의가 너무 많다며 불평해도, 조직 민주주의를 위해 회의는 필수다. 하지만 지나치게 많은 회의가 낳는 부정적인 결과를 막기 위해 그 수를 줄이고 효율성을 높일 여러 가지 전략이 있다.
- **팀과 대화하라:** 리더인 당신은 회의를 통제할 힘이 있다. 회의에

관한 두 종류의 대화로 통제력 발휘를 시작하라. 첫째, 회의가 언제 정당화되고 언제 정당화될 수 없는지에 대한 명확한 기대치를 세운다. 그 새로운 기준으로 기존에 진행 중인 여러 회의를 심사하고 필요하다면 조정한다. 둘째는 회의 시간 줄이기에 관한 대화로, 늘 60분 동안이었던 회의를 50분으로 줄여보는 것이다. 이런 대화로 회의 횟수와 시간이 줄어들어 팀원들도 감사해할 것이다.

- **회의의 효율을 높여라:** 목표는 회의 폐지가 아니라 중복되는 시간을 줄이고 피로와 답답함을 해소하기 위해 회의를 더 효율적으로 만들자는 것이다. 이를 위해 주최자인 당신이 활용할 수 있는 다양한 전술이 있다. 이를 회의 전, 회의 중, 그리고 회의 마무리 실천사항으로 세분화할 수 있다. 강력한 아젠다 수립, 활력을 불어넣는 적극적인 참여 유도, 침묵 회의 같은 다양한 전략 실험, 회의 내용 이행을 담보해줄 적절한 회의 마무리 등이 세 단계 실천사항의 몇 가지 예다.

- **조직 차원의 전략을 활용한다:** 나는 많은 조직이 전반적인 회의 수를 줄이기 위해 사용하는 다양한 전술을 접해왔다. 회의 규모가 크면 조직 차원의 승인을 받도록 하거나 회의 효율성 평가 설문조사를 진행하는 등 종류는 다양하다. 아직 당신이 이런 방법을 도입할 권한이 없을 수도 있고 조직마다 활용하는 전략도 다르겠지만, 회의 수를 전반적으로 줄여가는 노력에 분명 도움이 되는 방법이다.

16장
마치며: 원온원으로 어떻게 가치를 구현할 것인가?

우리를 정의하는 건 우리가 하는 말과 생각이 아니라 우리가 하는 행동이다.
— 제인 오스틴, 《오만과 편견》, 《이성과 감성》 저자

나에게 제인 오스틴의 말은 큰 울림으로 다가온다. 우리 행동이 우리를 정의한다. 우리가 하는 행동이 무엇이 중요하고 우리가 추구하는 진정한 가치가 무엇인지 보여준다. 가끔 나는 리더들에게 무엇을 소망하고 어떤 리더가 되고 싶은지, 즉 열망하는 가치가 무엇인지 묻는다. 무수하게 다양한 답변 중 공통적으로 나타나는 몇 가지 답변을 소개한다.

이 가치들은 모두 원온원과 깊게 통하는 면이 있다. 다시 말해, 원온원이 이러한 가치들을 구현하고, 무엇보다도 행동으로 옮겨 보여줄 수 있는 가장 좋은 기회다.

또한 원온원은 조직이 추구하는 가치를 떠받치는 기반이다.

기다림	후함과 관대함	성장과 발전
긍정적인 변화 만들기	감사하는 마음	개방성과 민첩함
	지원과 지지	믿음직함

인텔	고객 우선, 두려움 없는 혁신, 결과 중심, **하나의 인텔, 포용, 품질, 성실. 이는 우리의 의사결정과 서로를 대하는 방식**, 고객이 달성하고자 하는 목표에 맞는 서비스를 제공하고 선한 세상의 동력이 되는 기술을 만들어가는 기준이다. 우리의 목적을 위해 단결하고 우리만의 가치를 동기로 우리의 야망을 달성하며 고객의 성공을 돕는다.
IBM	모든 고객의 성공을 위한 헌신. 회사와 세계에 이바지하는 혁신. **모든 관계의 핵심은 신뢰와 개개인의 책임감이다.**
TIAA	고객을 최우선으로 생각한다. 신뢰를 일깨운다. **고객을 소중히 여긴다.** 서로를 돌본다. 성실하게 행동한다. 옳은 일을 한다.
어도비	우리는 진실하고, 고객과 **직원을 기쁘게 할 최고의 경험 창출**에 탁월하며, 혁신적이고, **포용과 수용의 자세로** 고객, 파트너, **직원**, 지역사회와 **적극적으로 연대한다.**

위 표에 나오는 몇몇 유명한 조직의 가치 선언문에서 그 증거를 찾아볼 수 있다. 효과적인 원온원과 일맥상통하는 부분은 굵은 글씨로 강조했다.

이외에도 수많은 가치 선언문 사례가 있지만, 거의 모든 가치 선언문에 담긴 공통된 메시지는 기업이 추구하는 가치 구현에 원온원이 절대적으로 중요하다는 사실일 것이다. 원온원은 개인과 조직의 가치 실현, 팀원과 팀의 성공에 직결되는 등 모든 요구 조건을 충족하는, 의미 있고 긍정적 영향을 발산하는 이상적인 활동이다. 물론, 원온원은 선택사항이다. 하지만 여러 가지 측면에서 원온원은 의무라고 주장하고 싶다. 원온원은 리더십의 구현이며 조직 전체에 가치를 전달하는 데 핵심이 되는 방법이기 때문이다.

원온원 진행 방법과 주기 같은 원온원 관련 정책이 마련된 조직이 있을까? 다양한 산업별 고위급 간부들과 인터뷰를 진행해본 결과, 대부분 업무관리 매뉴얼은 있지만, 시스코Cisco를 제외하고 원온원 진행과 관련된 공식적인 틀이 마련된 조직은 없었다. 매니저들이 각자 알아서 꾸려나가고 있었다. 원온원을 당연하다고까지 생각하는 조직이나 리더들이 있지만, 효과적인 원온원 수행 방법에 대한 공식적이고 보편적인 지침이나 체계, 혹은 원온원을 수행하기 위한 명확한 요구조건을 갖춘 조직은 보기 드물다. 이 장 뒤에 나오는 체크리스트에

> 조직 전체에 통용될 수 있는 원온원 실행 규칙과 원온원 시스템 수립에 필요한 절차를 담았으니 꼭 확인해보기 바란다.

원온원은 사람에 대한 중대한 투자다

원온원은 사람에 대한 중대한 투자다. 시간이 많이 드는 일인가? 당연하다. 하지만 어떤 측면에서 꼭 그렇지도 않다. 만약 매주 30분 혹은 격주로 1시간 동안 팀원 한 명과 원온원을 하면 1년에 대략 25시간 정도다. 제대로 원온원을 실행하면 얻을 수 있는 엄청난 성과를 생각하면 그렇게 엄청난 시간 투자일까? 주간 혹은 격주간 진행되는 원온원으로 몰입과 성과, 근속과 같은 핵심 지표가 끌어올려진다는 연구 결과로 미루어봐도 그 답은 '아니오'다. 원온원을 통해 당신이 열망하는 가치를 표현할 수 있다고 믿는다면 그 답은 역시 '아니오'다. 당신에게 당신 팀원들의 행복과 성공이 중요하다면 그 답은 '아니오'다.

이 책의 주제는 매니저와 팀원 간 원온원이지만 동료, 고객, 공급업체와의 관계로까지 원온원이 충분히 확장될 수 있다는 점을 강조하고 싶다. 남의 이야기에 귀 기울이고 그 사람을 존중하면 관계는 풍성해진다. 타인의 개인적·실질적 요구조건을 챙겨

주는 일도, 신뢰를 쌓고 약속을 이행하는 일도 마찬가지다. 나는 불교계의 명언으로 이 책을 마무리하려 한다. "우리 삶의 가치는 얼마나 오래 사느냐가 아니라 얼마나 세상에 공헌하느냐에 달렸다." 우리는 원온원을 통해 사람, 팀, 그리고 조직에 깊고 의미 있는 방식으로 공헌하게 된다. 그 결과, 우리는 타인의 성공을 돕고 일터의 환경을 긍정적으로 바꿔나가는 데 작게나마 힘을 보태고 있는 거울 속의 우리를 보게 될 것이다.

> **핵심 포인트**
>
> ✓ **원온원과 개인 가치 구현:** 우리의 행동은 우리의 가치를 담아내고, 우리의 가치는 우리에게 무엇이 중요한지를 사람들에게 알려준다. 원온원은 당신이 사람들을 돕고, 리더로서의 능력을 보여주며, 팀과 조직이 원하는 핵심 목표를 달성할 수 있는 중요한 방법이다. 따라서 원온원이 선택사항처럼 보이더라도 의무적으로 실행하길 바란다. 당신이 원온원을 실행하고, 그 과정에서 효과적인 당신만의 원온원을 정립해가는 앞으로의 여정에 이 책이 도움이 되길 희망한다.

스킵 레벨 원온원과
원온원 시스템 체크리스트

원온원 시스템 수립에 필요한 절차와 스킵 레벨 원온원 진행에 도움을 주는 두 가지 템플릿을 담았다.

1. 최고의 스킵 레벨 원온원을 위한 체크리스트
2. 조직 차원의 원온원 시스템 수립에 필요한 절차

1. 최고의 스킵 레벨 원온원을 위한 체크리스트

다음 목록은 스킵 레벨 원온원을 도입하거나 기존의 스킵 레벨 원온원을 평가할 때 유용한 체크리스트다.

단계	설명	확인
부하 직원에게 알리기	스킵 레벨 원온원을 도입하기 전에 직속 보고자에게 이를 시행하겠다는 계획을 '꼭' 알려야 한다. 이를 통해 이루고자 하는 목적을 구체적으로 설명하고 팀원의 질문에 정확히 답한다. 이 첫 단추를 잘못 끼우면 부하 직원과의 관계가 흔들리고 신뢰에도 금이 갈 수 있다.	[ ]
팀원들에게 알리기	팀원들과도 위의 1단계를 똑같이 진행한다. 팀원들이나 팀에 문제가 있어서가 아니라 얼굴을 마주 볼 시간을 마련해 관계를 발전시켜 가는 것이 목적이라고 꼭 설명해준다.	[ ]
일정 짜기	기대치가 분명해졌으니, 다음 단계는 일정 짜기다. 일반적인 원온원만큼 자주 갖지는 못해도 모든 팀원에게 기회가 돌아가야 한다. 단, 회의를 한 주에 몰아서 피로해지는 일이 없도록 주의한다.	[ ]
아젠다 정하기	아젠다도 일반적인 원온원과는 약간 다르다. 팀원들이 입을 여는 데 도움이 될 일반적인 질문이면 충분하다. 팀원들이 어떤 주제를 말할 때 편안해하는지와 회의에서 얻을 수 있는 교훈이 무엇인지를 평가한다. 궁금한 점을 질문할 기회도 준다.	[ ]

단계	설명	확인
라포 형성	두 계층 위의 상급 관리자는 구성원에게 위협적으로 느껴질 수 있다. 이러한 직급 차이를 인지하고, 소통에 더 큰 노력을 쏟아야 한다. 불안감을 줄이기 위해 공통분모를 찾아라. 그러면 좀 더 솔직하고 열린 대화가 이어질 것이다.	[ ]
효과적인 상호작용	질문을 하고, 팀원 말에 경청하며 공감한다. 정보와 관점을 공유하고, 팀원이 하는 말에 박자를 맞춘다. 최대한 협조적인 자세를 보인다. 특히, 팀원의 매니저인 당신 부하 직원의 권위를 흔들지 않는다. 항상 팀장과 먼저 의논했는지를 묻고, 팀장과 상의하지 않은 의견에 동의하지 않도록 주의한다.	[ ]
칭찬하기	칭찬 한마디로 돈 한 푼 안 들이면서 팀원에게 큰 감동을 선물할 수 있다. 당연히 칭찬이 필요한 일을 했다면 꼭 인정해준다. 부하 직원에게 어떤 팀원의 어떤 점을 칭찬하고 축하해줘야 하는지 물어보는 것이 큰 도움이 된다.	[ ]
후속 조치	회의 후, 이행이 필요한 사항을 꼭 확인한다. 필요하다면, 팀원들이 자신의 팀장(당신의 직속 보고자)과 이에 관해 확인하도록 권한다. 한편, 당신도 정보 제공과 같은 약속을 했다면 꼭 지켜야 한다.	[ ]

2. 조직 차원의 원온원 시스템 수립에 필요한 절차

다음 목록에서는 조직 차원의 원온원 시스템 수립에 필요한 절차를 상세하게 단계별로 풀어냈다. 이 접근법은 인적자원관리HR와 변화관리change management 계획의 성공적인 도입 사례에 관한 연구 자료와 시스코의 혁신적인 전사적 원온원 접근법에서 얻은 통찰력을 바탕으로 한다. 당신이 몸담은 조직이 그간 겪어온 변화, 조직 문화와 니즈를 반영해 수정해서 사용해도 무방하다.

확인	단계
[ ]	**대표를 정한다.** 최고인사담당자CHRO, 최고운영책임자COO, 부서장 등 최고 임원 중 원온원 시스템의 '얼굴'이 될 사람을 정한다.
[ ]	**팀을 모은다.** 다양한 기능과 직급에 잘 맞는 세분화된 원온원 시스템을 시행하기 위해 여러 부서원으로 구성된 팀을 짠다.
[ ]	**비전을 세운다.** 원온원의 핵심이 되는 기대치, 목표와 전반적인 운영 원칙을 문서화한다. 이때 원온원이 추구하는 비전이 조직의 가치, 다른 인적자원 관리 시스템과 꼭 맞물려야 호응을 높일 수 있고, 이런 새로운 시스템 수립이 종종 '유행'을 따라가는 성향을 막을 수 있다.

확인	단계
[ ]	**세부 사항을 마련한다.** 이 책에서 다룬 내용을 활용해 주기나 양식 같은 틀을 갖출지, 아니면 원온원 담당자 재량에 맡길지를 결정한다. 원온원의 효율성 제고를 위해 플랫폼 같은 기술을 활용할지 말지도 결정한다. 간단한 공유 양식이나 문서를 활용하는 비공식적인 방법도 있고, 또는 특정 기술을 바탕으로 팀원의 의견 제시, 매니저의 검토, 사후 계획 등을 좀 더 공식적으로 체계화하는 방법도 있다. 시스코 홈페이지에서 공식적인 시스템의 좋은 사례를 확인하길 바란다(https://www.cisco.com/c/r/team-development/teamspace/checkins.html).
[ ]	**다양한 채널로 소통한다.** 원온원 시행과 관련된 모든 '방식'과 '이유'를 적극적이고 투명하게 전달한다. 일반적인 우려사항을 '자주 묻는 질문FAQ'과 같은 코너를 통해 해소해준다. 매니저들도 담당 팀과 자리를 만들어 궁금한 사항에 답하도록 한다.
[ ]	**교육을 제공한다.** 원온원의 절차, 비전, 실행, 그리고 전반적인 기대치를 이해할 수 있도록 포괄적인 교육을 제공한다.
[ ]	**원온원을 시작하고 지원한다.** 팀원들의 흥미를 유도하기 위해 의미 있는 원온원 시작 기념행사를 연다. 원온원 시스템이 운영되기 시작하면 팀원들이 궁금해하는 질문이나 문제가 해결될 수 있도록 매니저들과 팀원들을 지도하고 적극적으로 지원한다.
[ ]	**경과를 모니터링한다.** 원온원이 특정 기술을 활용한 공식적인 시스템이라면 측정 대시보드를 활용해 진행상황을 감독한다. 비공식적 시스템을 선택했다면 펄스 서베이 같은 설문조사 방법을 활용한다.

확인	단계
[　]	**결과를 평가한다.** 원온원의 도입으로 직원 몰입도와 이직률에 변화가 있었는지 등 조직의 중요한 핵심 지표에 원온원 시스템이 어떤 영향을 주고 있는지를 평가한다. 평가해야 할 핵심 지표는 원온원 시스템 비전 선언문에서 밝힌 내용과 일치해야 한다. 매니저들이 원온원을 더 효과적으로 운영하는 방법에 대한 피드백을 얻을 수 있도록 평가 자료를 수집할 수 있다면 이상적이다.
[　]	**원온원 시스템을 개선해간다.** 원온원의 가치 극대화를 위해 팀원과 매니저가 제시한 평가와 의견을 반영해 필요한 측면을 수정한다. 수정사항도 평가하여 원온원 시스템이 꾸준히 개선되도록 한다.

감사의 글

1년이라는 시간과 5,200단어로 책이 완성되었다. 표지에는 내 이름만 새겨져 있지만, 수많은 훌륭한 분들의 도움이 있었다. 우선, 나의 에이전트인 질 마르샬Jill Marsal에게 감사한다는 말을 전한다. 그간 정말 큰 힘이 되었고 훌륭한 멘토가 되어주어서 감사한 마음이다. 다음으로 옥스퍼드 편집장 데이나 블리스Dana Bliss에게 감사드린다. 끊임없는 응원과 지도는 정말 소중한 선물이었다. 조직과학 박사과정 학생이었고 현재는 박사가 된 리아나 크레머와 잭 플린첨의 손길도 이 책 전체에 묻어 있다. 두 사람 없이 이 책을 혼자 완성하는 것은 불가능했을 것이다. 둘 다 놀랍고 뛰어난 파트너였다. 사랑의 마음을 전한다.

'사랑' 하면 또 아내 샌디Sandy Rogelberg, 어머니 제인Jane Rogelberg, 딸 사샤Sasha Rogelberg와 남편 래니Laney Myers, 손자 고든 Gordon Rogelberg, 절친 피터Peter Kahn, 장모님Lynn Doran, 나의 사랑하는 반려견 모치Mochi를 빼놓을 수 없다. 고맙다는 말로는 뭔가 부족하다. 모두 나의 든든한 반석이고, 내 삶 그 자체다. 매일 아침 여러분을 향한 사랑으로 가득 차 눈을 뜬다.

나를 반듯하게 키워준 소중한 존재지만 슬프게도 이 세상을 떠난 분들에게도 감사를 전하고 싶다. 가장 먼저 아버지 조엘Joel에게 감사를 전한다. 끊임없이 도전하고 한계를 뛰어넘어 보라고 격려해주시며 깊은 사랑을 주셨다. 정말 보고 싶고, 한 번 더 꼭 껴안고, 함께 식사하며 웃고 싶다. 그리고 할아버지와 할머니 두 분의 무조건적인 사랑 덕분에 어릴 적 (아마 지금도) 순수하고 장난기 가득한 아이로 지낼 수 있었다. 이외에도 내 삶에는 감사할 분들이 정말 많다. 정말로 훌륭한 분들이 많다. 일일이 사랑과 감사를 표현할 수 없지만, 다들 알 것이라 믿는다. 나는 정말 행운아다. 내가 가진 모든 것에 감사한 마음이다.

주

들어가며: 과학적 근거에 기반한 원온원, 어떻게 접근할 것인가?

1   https://blog.lucidmeetings.com/blog/how-many-meetings-are-there-per-day-in-2022
2   van Eerde, W., & Buengeler, C. (2015). Meetings all over the world: Structural and psychological characteristics of meetings in different countries. In J. A. Allen, N. Lehmann-Willenbrock, & S. G. Rogelberg (Eds.), *The Cambridge handbook of meeting science* (pp. 177–202). New York, NY: Cambridge University Press.
3   https://www.bbc.com/news/magazine-17512040

1장 원온원을 꼭 해야 할까요?

1   Byham, T. M., & Wellins, R. S. (2015). *Your first leadership job: How catalyst leaders bring out the best in others*. Hoboken, New Jersey: John Wiley & Sons.
2   https://www.gallup.com/services/182138/state-american-manager.aspx
3   https://hbr.org/2016/12/what-great-managers-do-daily
4   Dahling, J. J., Taylor, S. R., Chau, S. L., & Dwight, S. A. (2016). Does coaching matter? A multilevel model linking managerial coaching skill and frequency to sales goal attainment. *Personnel Psychology*, 69(4), 863–894.
5   https://twitter.com/adammgrant/status/1396808117069963275?lang=en
6   https://knowyourteam.com/blog/2019/10/10/the-5mistakes-youre-

making-in-your-one-on-one-meetings-with-direct-reports
7   Kahana, E., Bhatta, T., Lovegreen, L. D., Kahana, B., & Midlarsky, E. (2013). Altruism, helping, and volunteering: Pathways to well-being in late life. *Journal of Aging and Health*, 25(1), 159–187. https://doi.org/10.1177/0898264312469665
8   Sneed, R. S., & Cohen, S. (2013). A prospective study of volunteerism and hypertension risk in older adults. *Psychology and Aging*, 28(2), 578–586. https://doi.org/10.1037/a0032718

2장 팀원들이 원온원을 부담스러워하진 않을까요?

1   DeMare, G. (1989). Communicating: The key to establishing good working relationships. *Price Waterhouse Review*, 33, 30–37.
2   https://en.wikipedia.org/wiki/Chinese_whispers

3장 의논할 일이 생길 때 회의하면 되지 않나요?

1   https://hypercontext.com/wp-content/uploads/2019/11/soapbox-state-of-one-on-ones-report.pdf

4장 원온원 일정은 어떻게 잡아야 하나요? 하루에, 몰아서, 아니면 분산해서?

1   Csikszentmihalyi, M. (1975). *Beyond boredom and anxiety*. San Francisco: Jossey-Bass.
2   Csikszentmihalyi, M. (1997). Flow and education. *NAMTA Journal*, 22(2), 2–35.
3   Ceja, L., & Navarro, J. (2011). Dynamic patterns of flow in the workplace: Characterizing within-individual variability using a complexity science approach. *Journal of Organizational Behavior*, 32(4), 627–651.
4   Emerson, H. (1998). Flow and occupation: A review of the literature.

Canadian Journal of Occupational Therapy, 65(1), 37 – 44.

5   Jett, Q. R., & George, J. M. (2003). Work interrupted: A closer look at the role of interruptions in organizational life. *The Academy of Management Review*, 28(3), 494 – 507.

5장 산책하며 원온원을 해도 될까요?

1   Künn, S., Palacios, J., & Pestel, N. (2019). Indoor air quality and cognitive performance.
2   Park, R. J., Goodman, J., Hurwitz, M., & Smith, J. (2020). Heat and learning. *American Economic Journal: Economic Policy*, 12(2), 306 – 339.
3   Jahncke, H., Hygge, S., Halin, N., Green, A. M., & Dimberg, K. (2011). Open-plan office noise: Cognitive performance and restoration. *Journal of Environmental Psychology*, 31(4), 373 – 382.
4   Okken, V., Van Rompay, T., & Pruyn, A. (2013). Room to move: On spatial constraints and self-disclosure during intimate conversations. *Environment and behavior*, 45(6), 737 – 760.
5   Meyers-Levy, J., & Zhu, R. (2007). The influence of ceiling height: The effect of priming on the type of processing that people use. *Journal of Consumer Research*, 34(2), 174 – 186
6   Cohen, M. A., Rogelberg, S. G., Allen, J. A., & Luong, A. (2011). Meeting design characteristics and attendee perceptions of staff/team meeting quality. *Group Dynamics: Theory, Research, and Practice*, 15(1), 90 – 104. https://doi.org/10.1037/a0021549
7   Shi, T. (2013). The use of color in marketing: Colors and their physiological and psychological implications. *Berkeley Scientific Journal*, 17(1), 16.
8   Clayton, R., Thomas, C., & Smothers, J. (2015, August 5). How to do walking meetings right. *Harvard Business Review*. Retrieved from https://hbr.org/2015/08/how-to-do-walking-meetings-right
9   https://www.sciencedaily.com/releases/2014/06/140612114627.htm

6장 밝게 웃으며 잘 지내는지 정도를 물어보면 될까요?

1   https://sloanreview.mit.edu/article/leading-remotely-requires-new-communication-strategies

7장 '아젠다'가 꼭 필요한가요?

1   Blanchard, K., & Ridge, G. (2009). *Helping people win at work: A business philosophy called "Don't mark my paper, help me get an A"*. FT Press.

8장 원온원 진행에 활용할 수 있는 일반 모델이 있을까요?

1   Byham, T. M., & Wellins, R. S. (2015). *Your first leadership job: How catalyst leaders bring out the best in others*. John Wiley & Sons.
2   Judge, T. A., Piccolo, R. F., & Ilies, R. (2004). The forgotten ones? The validity of consideration and initiating structure in leadership research. *Journal of Applied Psychology*, 89(1), 36–51.
3   https://www.forbes.com/sites/joefolkman/2013/12/19/the-best-gift-leaders-can-give-honest-feedback/?sh=551c3b194c2b

9장 팀원의 니즈를 충족하려면 뭘 어떻게 해야 할까요?

1   Newman, A., Donohue, R., & Eva, N. (2017). Psychological safety: A systematic review of the literature. *Human Resource Management Review*, 27(3), 521–535.
2   Castro, D. R., Anseel, F., Kluger, A. N., Lloyd, K. J., & Turjeman-Levi, Y. (2018). Mere listening effect on creativity and the mediating role of psychological safety. *Psychology of Aesthetics, Creativity, and the Arts*, 12(4), 489.
3   Zenger, J., & Folkman, J. (2014, January 15). Your employees want the negative feedback you hate to give. *Harvard Business Review*.

4   Fisher, C. D. (1979). Transmission of positive and negative feedback to subordinates: A laboratory investigation. *Journal of Applied Psychology*, 64(5), 533-540.
5   Zenger, J., & Folkman, J. (2014, January 15). Your employees want the negative feedback you hate to give. *Harvard Business Review*.
6   Bond, C. F., Jr., & Anderson, E. L. (1987). The reluctance to transmit bad news: Private discomfort or public display?. *Journal of Experimental Social Psychology*, 23(2), 176-187.
7   Minnikin, A., Beck, J. W., & Shen, W. (2021). Why do you ask? The effects of perceived motives on the effort that managers allocate toward delivering feedback. *Journal of Business and Psychology*, 1-18.
8   Zenger, J., & Folkman, J. (2014, January 15). Your employees want the negative feedback you hate to give. *Harvard Business Review*.
9   https://marshallgoldsmith.com/articles/teaching-leaders-what-to-stop
10 https://www.glassdoor.com/employers/blog/employers-to-retain-half-of-their-employees-longer-if-bosses-showed-more-appreciation-glassdoor-survey
11 https://www.pnas.org/doi/10.1073/pnas.0913149107
12 https://journals.sagepub.com/doi/abs/10.1177/2167702615611073
13 https://www.ncbi.nlm.nih.gov/pmc/articles/PMC7375895
14 https://journals.sagepub.com/doi/10.1177/0898264310388272
15 https://www.tandfonline.com/doi/full/10.1080/00224545.2015.1095706

10장 원온원은 어떻게 시작하고 끝을 맺어야 할까요?

1   Rosenthal, R., & Babad, E. Y. (1985). Pygmalion in the gymnasium. *Educational Leadership*, 43(1), 36-39.
2   Kahneman, D., Fredrickson, B. L., Schreiber, C. A., & Redelmeier, D. A. (1993). When more pain is preferred to less: Adding a better end. *Psychological Science*, 4(6), 401-405.

11장 원온원에서 팀원은 뭘 해야 하나요?

1. Baldoni, J. (2010). *Lead your boss: The subtle art of managing up*. Amacom Books.
2. Nadler, A. (1997). Personality and help seeking. *In Sourcebook of social support and personality*(pp. 379-407). Springer, Boston, MA.
3. Geller, D., & Bamberger, P. A. (2012). The impact of help seeking on individual task performance: The moderating effect of help seekers' logics of action. *Journal of Applied Psychology*, 97(2), 487.
4. https://marshallgoldsmith.com/articles/try-feedforward-instead-feedback

12장 원온원이 끝났는데, 이제 뭘 하면 되죠?

1. Amabile, T., & Kramer, S. (2011). *The progress principle: Using small wins to ignite joy, engagement, and creativity at work*. Harvard Business Press.
2. https://marshallgoldsmith.com/articles/questions-that-make-a-difference-the-daily-question-process
3. https://dialoguereview.com/six-daily-questions-winning-leaders

13장 성공적인 원온원이었는가?

1. Myers, D. G. (1980). *The inflated self*. New York: Seabury Press.

15장 회의가 많아 숨 막힐 것 같아요. 방법이 없을까요?

1. Parkinson, C. N., & Osborn, R. C. (1957). *Parkinson's law, and other studies in administration*(Vol. 24). Boston: Houghton Mifflin. Also see http://www.economist.com/node/14116121
2. Karau, S. J., & Kelly, J. R. (1992). The effects of time scarcity and time abundance on group performance quality and interaction process.

Journal of Experimental Social Psychology, 28(6), 542-571.

3   Simms, A., & Nichols, T. (2014). Social loafing: A review of the literature. *Journal of Management*, 15(1), 58-67.

4   Aubé, C., Rousseau, V., & Tremblay, S. (2011). Team size and quality of group experience: The more the merrier? *Group Dynamics: Theory, Research, and Practice*, 15(4), 357.

5   Bailenson, J. N. (2021). Nonverbal overload: a theoretical argument for the causes of zoom fatigue. *Technology, Mind, and Behavior*, 2(1).

6   Barsade, S. G., Coutifaris, C. G., & Pillemer, J. (2018). Emotional contagion in organizational life. *Research in Organizational Behavior*, 38, 137-151.

7   Grawitch, M. J., Munz, D. C., Elliott, E. K., & Mathis, A. (2003). Promoting creativity in temporary problem-solving groups: The effects of positive mood and autonomy in problem definition on idea-generating performance. *Group Dynamics: Theory, Research, and Practice*, 7(3), 200-213.

8   Heslin, P. A. (2009). Better than brainstorming? Potential contextual boundary conditions to brainwriting for idea generation in organizations. *Journal of Occupational and Organizational Psychology*, 82(1), 129-145.

원온원 대화의 기술

초판 1쇄 인쇄 2024년 9월 20일
초판 1쇄 발행 2024년 10월 10일

지은이 스티븐 G. 로겔버그
옮긴이 이재득 | **감수자** 양민경
펴낸이 오세인 | **펴낸곳** 세종서적(주)

주간 정소연 | **편집** 최정미
표지 디자인 유어텍스트 | **본문 디자인** 김미령
마케팅 조소영, 유인철 | **경영지원** 홍성우
인쇄 탑 프린팅 | **종이** 화인페이퍼

출판등록	1992년 3월 4일 제4-172호
주소	서울시 광진구 천호대로132길 15, 세종 SMS 빌딩 3층
전화	(02)775-7011
팩스	(02)776-4013
홈페이지	www.sejongbooks.co.kr
네이버 포스트	post.naver.com/sejongbooks
페이스북	www.facebook.com/sejongbooks
원고 모집	sejong.edit@gmail.com

ISBN 978-89-8407-510-8 03320

• 잘못 만들어진 책은 바꾸어드립니다.
• 값은 뒤표지에 있습니다.